本书获教育部人文社科研究青年基金项目“宋代巴蜀地区墓葬石刻艺术研究”资助

（项目编号：15YJC760078）；四川美术学院学术出版基金资助。

图像与空间

宋代巴蜀地区墓葬石刻艺术研究

孙垂利　夏　悦　韩晓玲　著

西南师范大学出版社

国家一级出版社　全国百佳图书出版单位

图书在版编目(CIP)数据

图像与空间 : 宋代巴蜀地区墓葬石刻艺术研究 / 孙垂利, 夏悦, 韩晓玲著 . -- 重庆 : 西南师范大学出版社, 2021.9

ISBN 978-7-5697-1111-0

Ⅰ. ①图… Ⅱ. ①孙… ②夏… ③韩… Ⅲ. ①陵前石刻—研究—四川—宋代 Ⅳ. ①K877.404

中国版本图书馆CIP数据核字(2021)第187247号

图像与空间

——宋代巴蜀地区墓葬石刻艺术研究

TUXIANG YU KONGJIAN

——SONGDAI BASHU DIQU MUZANG SHIKE YISHI YANJIU

孙垂利　夏悦　韩晓玲　著

责任编辑：段小佳
责任校对：李晓瑞
装帧设计：观止堂_未氓
排　　版：张　艳
出版发行：西南师范大学出版社
地址：重庆市北碚区天生路2号
市场营销部：023-68868624
邮编：400715
印　　刷：重庆友源印务有限公司
幅面尺寸：170mm×240mm
印　　张：19
字　　数：331千字
版　　次：2021年9月 第1版
印　　次：2021年9月 第1次印刷
书　　号：ISBN 978-7-5697-1111-0
定　　价：68.00元

序

《图像与空间——宋代巴蜀地区墓葬石刻艺术研究》是一部针对四川地区宋墓的以考古学为基础的、综合历史学方法的、偏向艺术史范式的研究著作，这一范式选择无疑是颇有意味的。因为墓葬文化说到底是关于死亡的问题，而宋墓石刻，则是彼时四川地区上至达官贵人，下至黎民百姓关于死亡的艺术性表达。因此，以艺术史的范式切入这一问题，无疑是恰当且有趣的。

说到死亡问题，这理所当然是一个极其严肃的话题。古埃及人对此表达得最为神圣，似乎一个人一生下来，所有生活目的便是为了死亡做准备。这一态度，显然影响到古希腊的哲学家们。就像柏拉图在《斐多》篇中所述，苏格拉底面对死亡时是欢快的，并且表示，一位真正的哲学家，一直在学习死亡，练习死亡，因为他们确信死亡只是肉体的消失，而灵魂不灭。与此相比，中国文化以儒家为核心，看待死亡问题则颇为严肃。面对学生关于死亡的疑问，尽管孔夫子采取了回避态度，只是说："未知生，焉知死？"但联系孔夫子对于敬鬼神的种种态度，显然认为死亡是件非常严肃的事情，因而有了后世关于丧事的种种严苛规定。不过，得益于相对封闭的地理环境，四川地区历来显示出别样的文化传统。即如死亡问题，于川人看来，既非西方哲学家形而上的理解，也非正统儒家眼中的严肃可畏，死亡似乎是一种颇具幽默感的仪式。这种对死亡的幽默感，早在四川汉墓中即表现得淋漓尽致。汉墓中，常见摆满鸡鸭鱼肉的陶制砧板，挂满铜钱的青铜摇钱树，夸张的说唱俑，欢快的舞蹈俑，一派生活气息。画像砖上，各类世俗生活场景温馨而动人。即便是神仙题材的画像砖，西王母身边到处是餐具吃食，蟾蜍为其舞蹈，玉兔为其擎灯，让观者忍俊不禁。从四川宋墓中的种种表现看，这种幽默感显然成功地延续下来。

治平三年，司马光应邀为苏轼母亲程氏作《苏主簿夫人墓志铭》说："蜀人之祔也，同垅而异圹。"彼时，父亲苏洵新丧，苏轼兄弟将奉灵柩归蜀，与其母合葬于一处。上述这段话，是二苏兄弟告诉司马光的，司马光对此感到奇怪，因此记录在为程氏所作墓志铭中。此后不久，苏轼作《书温公志文异圹之语》解释说："古今之葬皆为一室，独蜀人为一坟而异藏，其间为通道，高不及肩，广不容人。生者之室，谓之寿堂，以偶人被甲执戈，谓之寿神以守之，而以石瓮塞其通道。既死而葬则去之。"这一奇怪葬法，在当今发掘的四川宋墓中颇多见，足见二苏所言非虚。按照苏轼所述，蜀人一次性建造一座双穴墓，两穴之间有通道，先用砖石堵起来。待后死者葬入，则撤去通道砖石，令两穴连通，形成同墓异穴结构。以前读苏词"千里孤坟，无处话凄凉"时常常疑惑，苏轼发妻王弗墓与舅姑墓相连，为何称"孤坟"？看了四川宋墓结构，方明白是怎么回事。显然为王弗造墓时，已经建好了双穴，彼时苏轼仍在世，故王弗墓为"孤坟"。至于生者之穴，蜀人称之为寿堂，意思是可以为生者增寿。即如已发现的双室墓中，常见墓室内刻有各种祈求长寿的图像，令人不免生疑：人都死了，还要祈求长寿吗？实则是死者为生者祈寿，希望生者晚点来会于地府。对此，除了道家的一些解释作为支撑外，也见得蜀人对于死亡问题的幽默感。因为它将生者与死者紧紧联系在一起，从而模糊了生死界限；并通过各种优美有趣的图像，将死亡进行了艺术转化，令死亡变得不再可怖。

当然，《图像与空间——宋代巴蜀地区墓葬石刻艺术研究》一书所做的工作仍是初步的。作者只是将四川宋墓的形制、石刻题材的分类、石刻的空间关系做了基础性归纳，并就此对四川宋墓的文化指向进行了一定程度的讨论。上述关于四川宋墓死亡文化主题的阐发，一方面是笔者通读书稿的有感而发，另一方面也希望作者今后能够就此问题展开更为深入的研究，以期推动四川宋墓与相关问题的研究。

是为序。

张　文

二〇二一年八月 于重庆北碚

前　言

墓葬石刻艺术，一般认为其归属于墓葬美术范畴。而墓葬美术作为中国历史悠久、植根深厚的一个礼仪美术传统，也是考古信息最为丰富的一个综合性艺术系统，集中体现了某一文化地理单元中人类对生命的艺术理解。宋代作为我国古代社会、艺术、文化等诸多领域的发展高峰，在墓葬艺术中亦产生了许多独特的类型，在中国古代墓葬艺术中占有重要地位。宋代的巴蜀地区，特别是在南宋时期，由于相对独立的地理单元和文化传统，形成并产生了数量巨大、造型精美、内容丰富的墓葬石刻艺术。这些墓葬石刻多样化地表现了家居活动、孝悌故事、出行、求仙、花卉植物、动物、神灵、装饰图案等诸多内容，营造了一种独特的、艺术化的死亡文化氛围。即便是在巴蜀地区内部，由于不同区域、不同社会阶层、不同性别的人对死后世界的不同想象，因此石刻的题材内容也呈现明显的差异性，显示了宋代巴蜀地区人们对死亡的艺术化的理解。

更为重要的是，在墓葬中，艺术的本质只是手段而非终极目的。想象和建构墓葬的过程，就是想要为墓主人创造出一个形而上学的“环境”，一个微缩的宇宙。以艺术为手段，墓葬中特殊的空间和图像被创造出来以代表死者的存在，以重构他的视觉、保留他的形象、展示他的社会等级和官阶、颂扬他的道德和精神成就（巫鸿《黄泉下的美术——宏观中国古代墓葬》）。因此，以人类学的视角来观察，墓葬的实质是作为一个礼仪空间而存在。着眼于此，本书的研究除了墓葬石刻艺术本身之外，更关注对这些石刻内容组合的系统性分析，注重从原始功能及象征性角度做出解释，从而将石刻艺术的墓葬礼仪功能做充分的阐释——联结生与死的媒介。

目录

绪　论

一、选题缘起

本书中的宋代“巴蜀地区”指的是一个文化上的概念，大体来说，其地理范围相当于宋代的益州路（后称成都府路，治所为今四川省成都市）、梓州路（后称潼川府路，治所为今四川省三台县）、利州路（治所为今陕西省汉中市）、夔州路（治所为今重庆市奉节县），即所谓“川峡四路”。大致在今天的重庆市和四川省的行政范围内。

宋代作为中国古代社会、艺术、文化等诸多领域发展的高峰时期，在墓葬美术方面亦占据了重要地位。特别是两宋时代的巴蜀地区，由于其相对独立的地理单元和文化传统，形成并产生了数量巨大、造型精美、内容丰富的墓葬石刻艺术。与中原地区流行的墓葬中的砖雕壁画相比，体现出了较强的独特性。在该区域数量众多的石室墓的墓门、墓壁、墓顶等位置分布的大量石刻艺术造型，具有极高的艺术价值、历史价值和文化价值。但是，由于目前学界旨趣多在大足石刻等地上石刻，对于地下墓葬石刻艺术则明显关注不够。

巴蜀地区由于其盆地地形，有着相对封闭的自然地理环境，使得这一地区有着较强的文化独立性。而随着中国政治经济文化中心的东移南迁，其战略地位日趋重要。宋代特别是南宋时期，开发力度远迈前朝，许多地区已经“无寸土之旷”[①]了。宋代巴蜀地区人口繁盛、经济发达，并因其独特的地理形势，社会相对平静，文化艺术活动比较繁荣，产生了大量精美的石刻雕塑艺术。

据笔者的不完全统计，巴蜀地区（含四川与重庆）已发现的宋代墓葬计有900余座，其中带有石刻的石室墓葬有700余座，这些墓葬石刻多样化地呈现了诸如家居活动、孝悌故事、出行、花卉植物、动物、神灵、装饰图案等内容。为我们呈现出巴蜀地区宋人对死后世界的丰富想象，显示了当时人们对死亡的艺术化理解。更为重要的是，在墓葬构建中，艺术的本质只是手段而非目的。墓葬作为一种特殊的系统，是丧葬文化的视觉化体现，表达人们对死亡、来世和幽冥世界的理解与想象。而构建墓葬并对墓葬空间进行装饰（如绘画、雕刻等），其根本目的是为墓主人营造一个形而上学的，具有象征意味的礼仪空间。即以艺术化的手段，为亡者创造出一个特殊的空间，以重构他的视觉、保留他的形象、

① [元]脱脱等撰:《宋史地理志五》，文渊阁四库全书本。

展示他的社会等级和官阶、颂扬他的道德和精神成就。[①]

因而,以美术史的视角来观察,我们可以发现墓葬的实质是作为一个礼仪空间而存在的,从这个角度出发来重新审视墓葬美术,可使我们能够对隐藏在墓葬背后,关于古人的知识、思想和信仰世界有更加清晰、系统的认识。它们的被创造,是基于古人对于死后世界的种种假设,在生死这个最具普遍意义的哲学命题下,所营造的具有终极关怀价值的艺术产物。

一般来说,学界关于墓葬美术的研究大致有两种路径:一是以葬礼礼仪为研究对象,揭示葬礼所反映的复杂社会关系;二是着眼于墓葬内部的空间结构,发现墓葬在设计、装饰和陈设中隐含的逻辑和理念,阐释它们折射出的古代社会关系、历史记忆、宇宙认知,以及信仰世界等更深层次的内容。[②]从以往的研究来看,学界更多地关注墓葬石刻作为艺术本体的存在,即墓葬石刻"刻的是什么""怎么刻"的问题,割裂地将墓葬石刻以物别分为若干类型分别进行研究,从中抽取可供文化史、经济史、社会生活史研究的辅助材料,不仅较少地关注石刻的礼仪功能与文化意义,并且此种研究方法是以割裂与破坏墓葬作为整体性的实物存在和分析对象为代价的。这种"消解原境"的研究在某种程度上破坏了对整个墓葬的历史重构和解释。[③]具体到对于巴蜀地区宋墓的研究来说,石室墓作为该地区较为独特的丧葬形式,已经有不少的学者关注。比如石室墓的形制、随葬品、年代学等整体性的研究,以及墓葬中典型石刻图像的专题研究等。但这些研究多是从考古学的范式去进行分区分类研究,或从美术史的范式进行审美的研究,或者基于二者研究基础上进行一个历史学的归纳。而本文则是从社会文化史的角度出发,将石室墓中的墓葬石刻视作是巴蜀地区一种重要文化特征的表现形式,在此基础上进行分析解读。

宋代的巴蜀地区墓葬石刻材料丰富,那么丰富的墓葬石刻背后的核心主题思想是什么?有没有一个建墓核心之所在?这是一个笔者格外关心的问题。首先,目前学界根据墓葬石刻的内容、图像或者画像角度等方面对其进行了不同的分类,但大都看到的是各种石刻题材或者儒释道三教在墓葬中的影响,显

① [美]巫鸿:《黄泉下的美术——宏观中国古代墓葬》,施杰,译,北京:生活·读书·新知三联书店,2010年。

② 杨嫣:《论死生信仰中的古代墓葬艺术》,《美术大观》2015年第4期。

③ [美]巫鸿:《时空中的美术——巫鸿中国美术史文编二集》,梅玫、肖铁、施杰,等译,北京:生活·读书·新知三联书店,2016年,第163-164页。

然这种看法是站在今人的角度上来看的。那么立足于古人的视角,这些石刻题材背后建墓者想要表达的是什么样的主题思想？其背后的文化指向是什么？是要表现儒家的福祚绵长、佛教的极乐世界还是道教的永生仙境？抑或是表现世俗生活的永恒主题？这些都是值得深思的。其次,巴蜀地区石刻墓葬广为流行,它的载体大量选用石头仅仅是因为巴蜀多山多石的地理环境？那么其他区域照样有与此相类似的地理环境,为什么石室墓葬仅在巴蜀地区流行起来？显然背后有很深的文化含义值得我们去推究。最后,对于宋代巴蜀墓葬石刻的盛行,有的学者已经注意到了地理环境、经济、文化等方面的影响,但我们认为这些解释仍然不够充分,某种葬式的流行除了考虑必要的基础之外,还有一种重要的技术性基础,构建墓葬需要大量的人才和技术基础的支持。

首先,墓葬石刻属于地下实物材料,这种用实物和图像写成的历史相对于文字材料来说,它直观形象,仿佛原景再现。而历史研究的史料也应该不断地探索和开发,不应该局限于某一方面。墓葬石刻材料的大量出现为“图像证史”提供了依据。其次,以往学界多偏重考古学、美术史范式的研究,但这种单纯的研究石刻并不能挖掘石刻背后的引申含义。也由此决定了本题的研究方法是以考古学为基础的,运用社会文化史的方法进行研究。最后,关于墓葬石刻在巴蜀地区的盛行,学界对其山石崇拜的历史基础和人才技术基础关注度还不够,对该问题的研究也有待深入。

二、研究现状

(一)宋代巴蜀地区石室墓石刻研究综述

1.宋代巴蜀地区石室墓的发掘情况

宋代墓葬在巴蜀地区多有发现,主要可分为砖室墓与石室墓两种。一般而言,宋代巴蜀地区墓葬石刻基本出土于石室墓葬,故而我们将关注重点聚焦于石室墓葬。石室墓葬,即以石料为构墓建材而建造的墓葬,因取材便捷,故而石室墓广泛分布在成都平原周边的山地和四川盆地周围及以内的丘陵地带,包括今天川北的江油、阆中、绵阳、广元、巴中、广安等市,川南的宜宾、眉山、乐山、资阳、内江、自贡、泸州等市,以及四川盆地东部的重庆、四川达州、广安等市(因川西高原不在宋代疆域之内,故不纳)都有广泛分布。

巴蜀地区宋代石室墓葬的发掘情况可大致分为四个阶段。第一阶段为20世纪三四十年代(即解放前夕),主要在宜宾南溪李庄和旧州坝发现了两处南宋石室墓,并将考古报告刊于《中国营造学社汇刊》。第二阶段为20世纪五六十年代。新中国成立后,随着社会生产生活和国家各项事业的恢复发展,全国范围内大规模的文物普查和田野考古工作也开始有序展开。这一阶段,随着各类工程建设的推进,巴蜀地区宋代石室墓葬的发现数量逐渐增多。但是,由于客观条件的限制,50年代所发表的报告,往往对墓葬只有简单的文字描述,很多信息无法进一步了解;60年代则有了照片和绘图,墓葬材料的可研究性得到提高。这一时段的宋代石室墓葬有:重庆沙坪坝井口宋墓,重庆大足城东、弥陀、双河等乡的纪年宋墓,成都金堂宋墓,彭山观音乡宋墓,泸州凤凰山宋墓等。第三阶段为20世纪70年代至20世纪末。由于历史原因,60年代中期到70年代初的考古发现和研究相对减少乃至停滞,其后则开始复苏。随着1972年《考古》和《文物》复刊,以及《四川文物》的创刊,各类墓葬的发掘和报告逐渐增多。而三峡工程的建设,重庆市文物局、重庆市移民局连续出版了《重庆库区考古报告集》1997卷、1998卷、1999卷。考古发现和考古报告大量增加,如重庆荣昌沙坝子宋墓、重庆永川高洞子宋墓,四川资中赵雄墓、彭山双江镇虞公著夫妇合葬墓、华蓥安丙家族墓、内江顺河大菩萨山宋墓、彭山凤鸣山宋墓等。其中,安丙墓、虞公著夫妇合葬墓、赵雄墓等均有十分精美的石刻,为研究当地的古代文化和思想观念提供了宝贵的材料。第四阶段为2000年至今。21世纪伊始,随着重庆市、四川省各地区基建工程的大规模展开,一大批宋代石室墓陆续发现。这期间重要的墓葬发掘有:重庆渝北区石桩大田宋代石室墓群,重庆市大足区龙水镇明光村宋墓,重庆市合川区观山墓群宋代石室墓,重庆市江津区白沙中学宋墓,四川泸县青龙、喻寺、奇峰镇宋墓,四川资中县烂泥湾宋墓,四川渠县新和乡宋墓,四川青川县竹园金子山乡宋墓,四川宣汉县观山乡宋墓,四川达川白岩村宋墓等。其中,2004年出版的《泸县宋墓》不仅收录了2002年抢救性发掘的6座石室墓,而且附录了《征集的泸县宋墓石刻》插图,内容丰富,图案精美,具有极高的历史和艺术研究价值,也为不同领域研究者提供了丰富的实物研究材料。

2.宋代巴蜀地区石室墓的研究综述

(1)宋代巴蜀地区墓葬研究

随着巴蜀地区宋墓的发掘,对这些宋墓的研究也相应展开。早期该地区的宋墓研究有刘志远、坚石《川西的小型宋墓》(《文物》1955年第9期),对成都平原小型火葬墓的关注与讨论;洪剑民《略谈成都近郊五代至南宋的墓葬形制》(《考古》1959年第1期),对成都近郊宋墓特征及演变做了有益探讨;王家祐于1959年发表《四川宋墓札记》(《考古》1959年第8期),该文简要介绍了四川宋墓种类,以及当时流行的夫妇同穴异室合葬墓的葬俗。另外,霍巍、黄伟著有《四川丧葬文化》(四川人民出版社,1992年)一书,综合研究了四川宋墓的类型与特征、墓葬雕刻艺术、随葬神煞俑、道教镇墓文、合葬习俗,以及火葬墓等问题,是目前较为系统阐述四川宋墓葬制葬俗的著作。近年来,随着学界对巴蜀地区宋墓的关注日益增多,尤其是随着巴蜀地区宋墓发掘数量日益增加,对宋墓的研究多呈现出对墓葬形制、墓葬年代和墓葬出土材料进行考察,以探讨当时的社会风俗、人物风貌、艺术特点乃至思想观念与信仰世界。兹分述如下:

在巴蜀地区宋墓的类型和分期分区问题上,陈云洪《试论四川宋墓》(《四川文物》1999年第3期)一文有着细致的谈论,不仅对巴蜀地区宋墓的墓葬类型、年代分期进行了深入系统的分析,而且构建起巴蜀宋墓的大致的时空框架。另外,赵忠波的《从葬制葬俗变革看社会变迁——四川盆地宋墓的考古学观察》(四川大学硕士学位论文,2007年),则对四川盆地的宋代墓葬进行了分期、分区,并通过分析四川盆地宋墓所体现的葬制葬俗特点,讨论了区域宋墓变革的内在原因。

随葬品方面,巴蜀地区宋墓中出土了大量的随葬俑,其中有的俑因其独特的造型、性质和用途引起了学者的注意,张丽华在《十二生肖的起源及墓葬中的十二生肖俑》(《四川文物》2003年第5期)中对巴蜀宋墓中的十二生肖俑(亦称十二时辰俑)的起源和变化进行了专题讨论;白彬则在《隋唐五代宋元墓葬出土神怪俑与道教》(《中国道教考古》,线装书局,2006年)一文中对成都平原宋墓中随葬神怪俑的性质、用途进行了深入考证,并讨论了其与道教史的相关问题。同时,他在《雷神俑考》(《四川文物》2006年第6期)一文中,就宋墓中常见的牛首人身俑、鸟首人身俑、人首鱼身俑和陶鼓进行了考证,认为其皆与道教系统中的雷神有关,区别于汉代家禽家畜俑。此外,道教镇墓文是成都平原上宋墓的一大特色,也引起了众多学者的讨论。其中,霍巍《谈四川宋墓中的几种道教刻石》(《四川文物》1988年第3期),对四川地区出土的敕告文、华盖宫文、镇墓真文进行了细致的研究,提出宋代巴蜀地区道教仍是一种兴盛的宗教力量,并从中看出儒、释、道三教相互融合的趋势；张勋燎在《川西宋墓和陕西、河南唐墓出土镇墓文石刻之研究——道教考古专题研究之三》(《南方民族考古》第五辑，1993年)一文中对出土道教石刻的源流进行了深入分析，指出四川宋墓常见的“五方炼度真文”出自道教灵宝派，“天帝敕告文”与“华盖宫文”则源自道教上清派；另外，张勋燎又在《江苏、陕西、河南、川西南朝唐宋墓出土镇墓文石刻之研究》(《中国道教考古》，线装书局，2006年)一文中，结合历史背景和文献材料，进一步对川西宋墓出土的镇墓文石刻的类型、组合、性质做了全面、深入的阐释和论证。

从墓葬看宋代丧葬风俗也是一个重要的研究角度。雷玉华《唐宋丧期考：兼论风水术对唐宋时期丧葬习俗的影响》(《四川文物》1999年第3期)一文对宋代的停丧、迁葬习俗进行了考证，认为这一现象与堪舆风水之术有关。

通过墓志铭对墓主人进行研究对补充传世文献之阙亦有重要意义。杨祖垲《资中宋右丞相赵雄墓记实》(《四川文物》1995年第6期)，刘雨茂、荣远大的《北宋宋构夫妇墓葬的发现和初步研究》(《四川文物》1999年第3期)和四川省文物考古研究院《华蓥安丙墓》(文物出版社，2008年)等文章和考古报告研究补充了宋代重要人物史料，进而对宋代政治史、家族史的研究等诸多方面具有推动作用。

夫妻合葬墓是巴蜀地区宋墓的典型墓形，朱章义在《四川宋代合葬墓的两个问题》(《成都文物》1992年第3期)与《从川西宋墓看当时妇女在家庭中的地位》(《文物考古研究》，成都出版社，1993年)两文对这种墓形进行了专门探讨，认为合葬墓反映了两宋妇女地位在一定程度上得到了提升。

(2)宋代巴蜀地区墓葬石刻研究综述

回顾近年来的宋代巴蜀地区墓葬石刻研究发现，学界多将目光集中在石刻的形象上，分析其反映的社会与文化等意蕴。如廖奔《广元南宋墓杂剧、大曲石刻考》(《文物》1986年第12期)一文中对广元出土的宋墓雕刻中的杂剧、大曲做了考证；刘敏《安丙家族墓地墓室“四象”石刻考》(《中华文化论坛》2007年第2期)以华蓥安丙家族墓地的“四象”浮雕为中心，探讨了其艺术形式的继承和演变历史，认为“四象”是时人寄托亡灵于宇宙的象征；刘威《安丙墓“真武”图像意义考》(《美术学报》2015年第3期)则以安丙墓中后壁“真武”形象为考证对象，认为其与南宋与金之间的对立有关。

川南地区的泸县由于出土大量精美的宋代墓葬石刻图像而备受学界瞩目，这一方面的研究及成果也较为丰富。如李雅梅、张春新的《川南泸县南宋墓葬鸟兽石刻的象征意义》(《文艺研究》2009年第1期)从自然的再现、文化的表征、生命的重构三个层次分析了泸县宋墓中的鸟兽石刻浮雕像；冯东东的《四川南部南宋墓葬二度空间的石刻造型艺术研究》(重庆大学硕士研究生学位论文，2009年)对泸县宋墓石刻的艺术构思和文化表征做了剖析；朱晓丽、张春新的《川南泸县宋墓石刻图像的"框形结构"》[《西南大学学报》(社会科学版)2010年第1期]认为泸县宋墓石刻在图像语言中大量运用了"框形结构"，并对这种结构进行了艺术学分析；龙红、王玲娟的《论南宋时期川南墓葬石刻艺术的历史文化价值》(《中国文化研究》2010年第1期)认为川南墓葬石刻具有十分特殊的历史文化价值，可称之为当世社会发展的一部内容丰富、情节鲜活的"百科全书"；张春新《南宋川南墓葬石刻艺术》(重庆大学出版社，2011年)一书就川南墓葬石刻(主要为泸县宋墓石刻)的形制、结构、艺术特点、人物形象和文化内涵等方面有较为细致的讨论。

综上所述，我们可以发现，虽然目前学界的研究视野越来越关注宋代巴蜀地区墓葬石刻，相关研究也不断深入。但一方面，尚缺乏对其的整体性、系统化研究，大多就某一石刻内容、某一石刻形象或某一石刻结构进行探讨；另一方面，就上述研究情况看，对宋代巴蜀地区墓葬石刻的研究大多利用艺术学的分析范式，而综合利用艺术史、思想史、人类学等方法对石刻的内容、布局、功能及其象征性的演绎和建构，则是发掘宋代历史文化信息和思想内涵的重要手段。再者，以往的研究往往就石刻而言石刻，缺乏站在制作者意图上分析其文化象征意义，即对墓葬的研究需建立以死者为中心的视野，考虑制作者为何并如何为死者营造如此精美的"石刻世界"。

(二)墓葬美术研究综述

运用艺术史的研究方法是近几年来墓葬美术材料研究的主要范式之一。但从欧美艺术史研究的人类学取向到罗森(Jessica Rawson)将图像与思想、观念的互动引入中国墓葬艺术研究，再到中央美院范景中和曹意强的对西方理论引入[①]和巫鸿、邢义田、李清泉等学者的研究成果来看，墓葬美术材料的研究无论在理论还在运用上都呈现出多学科融合的态势。[②]

1.国内研究综述

国内的墓葬美术材料研究主要集中在中古史领域[③]，随着文本材料可发掘余地日益减少和地下材料的日益积累，除简牍、墓志之外的美术材料日益引起了学者的重视。在总论方面，如杨泓《美术考古半世纪——中国美术考古发现史》(人民美术出版社，2015年)涉及中国考古学科发展以来半个世纪的发掘成果，资料翔实全面；在个案及断代研究方面，宿白的《白沙宋墓》(文物出版社，2002年再版)、杨泓的《南北朝墓的壁画和拼镶砖画》(《中国考古学论丛》，科学出版社，1993年)、《汉唐美术考古和佛教艺术》(科学出版社，2000年)、贺西林的《古墓丹青——汉代墓室壁画的发现与研究》(陕西人民美术出版社，2001年)；李清泉的《宣化辽墓：墓葬艺术与辽代社会》(文物出版社，2008年)、郑岩的《逝者的面具：汉唐墓葬艺术研究》(北京大学出版社，2013年)等研究成果都具有代表性。乔志强《二十世纪中国美术史学史研究》将百年来中国美术史研究的兴起与发展脉络做了详细的整理与介绍，对我们厘清墓葬美术研究的发展现状具有重要的参考价值。[④]另外，由巫鸿和郑岩两位学者发起的古代墓葬美术研究国际学术研讨会，每两年举行一次，会议成果汇编为《古代墓葬美术研究》，目前已出版到第四辑，主要围绕着中国古代墓葬美术的理论范式、不同时期墓葬美术的个例分析等进行讨论。[⑤]

涉及具体的墓葬美术材料，汉画像石研究是一个重要领域，姜生《汉帝国的

---

① 20世纪80年代以来，观念史作为历史解读方式被引入到艺术史的研究领域之中。艺术史学家开始通过器物、图像发掘其中作为“观念的东西”。同时，这种学术潮流也引起国内艺术史学者的重视，如中央美院的范景中和曹意强十分注重引进西方关于艺术与思想、观念的讨论。2006年，他们组织出版了《美术史与观念史》期刊，在《序言》中强调美术史要“以观念史为羽翼”，即艺术史学者因将图像艺术放置在历史场景、历史过程中去考察，并强调对艺术作品的解释除了关注社会文化，还应该体现出图像背后的思想观念。此外，还可以参考曹意强的《什么是观念史》(《新美术》2003年第4期)、《观念史的历史、意义与方法》(《新美术》2006年第6期)二文。

② 限于篇幅以下仅列举国内外关于中国墓葬美术材料的研究成果。

③ 所谓中古史即由秦始皇统一六国到清代鸦片战争(1840年)之前的这段历史，参见白寿彝主编《中国通史》(12卷本)第一卷《导论》。

④ 乔志强：《二十世纪中国美术史学史研究》，广州：广东人民出版社，2016年。

⑤ 巫鸿、郑岩：《古代墓葬美术研究》，第一辑由文物出版社于2011年出版，第二、第三、第四辑由湖南美术出版社分别于2013、2015、2017年出版。

遗产:汉鬼考》(科学出版社,2016年)用汉画像石对汉代的鬼神观念做了精彩分析;邢义田《画为心声:画像石、画像砖与壁画》(中华书局,2011年)收录的文章《格套、榜题、文献与画像解释》通过对汉画像石上一失传的故事题材——“七女为父报仇”的分析,既讨论了艺术创作的格套,又考虑到汉代“复仇”观念涉及儒家经典的理解,进而上升到秩序与自由、家庭与社会层面。另外,对青铜时代墓葬美术遗存的研究,有张光直《美术、神话与祭祀》(生活·读书·新知三联书店,2013年)一书利用商周青铜遗物及其纹饰、陶器上的刻画符号讨论其历史文化意义。

另外,受海外研究尤其是巫鸿、德沃夏克(Max Dvorak)等学者“作为精神史的艺术史”的影响,国内越来越多的学者开始试图理解图像所表现或隐藏于形式中的思想含义,以诠释其背后的个人与时代的文化和思想。如郑岩的《魏晋南北朝壁画墓研究》(文物出版社,2002年)试图解释图像背后的象征意义,探讨图像在研究精神文化方面的价值;邹清泉《北魏孝子画像研究》(文化艺术出版社,2007年)则通过深入考察墓葬中的孝子画像,追溯古代孝道思想的传承与变迁,揭示北魏孝风盛行与孝子图流行的社会背景和历史原因;李清泉《宣化辽墓:墓葬艺术与辽代社会》(文物出版社,2008年)以宣化张氏家族壁画墓群为中心,考察了墓葬壁画的图像内容,提出“备茶图”和“备经图”题材反映了宋辽时期佛道两教在发展演变的过程中互相作用与影响,整个墓葬壁画集中地体现出辽代汉人的理想生活状态和精神风貌。

2.海外研究综述

海外汉学家亦较早地关注中国墓葬美术材料的运用,并受到人类学取向的影响而偏重文化史的研究,关注其所展示的风俗、意识与心理方面的内容。近年来,在这方面涌现出许多重要的著作。例如罗森(Jessica Rawson)强调中国墓葬美术的研究要体现这种图像与思想、观念的互动,进而她认为中国人自古以来的各种仪式和墓葬都属于“观念世界”的范畴[①]。罗森在《中国古代的艺术和文化》(北京大学出版社,2002年)一书中收录的若干论文《中国的丧葬模式——

① 罗森教授在探讨古代的建筑与艺术时,特别强调观念的重要性,并提出了分析视觉艺术的三个层次:日常的物质世界;体制性或制度性的世界;观念世界。并且,她认为,每个不同层次皆包含了物质构成和社会结构,同时又由信仰系统所支撑。参见Jessica Rawson:“Han Dynasty Tomb Planning and Design”,Actes Des Symposiums Internationaux Le Monde Visuel Chinois, eds. Chrystelle Maréchal and Yau Shun-chiu Numéro Spécial, No.2 (Paris, 2005):103-116.

思想与信仰的知识来源》《思想与图像的互动——从中国后世观念看随葬陶俑》便是从观念世界的角度来探讨商周时期的青铜器与秦汉时期的随葬墓俑;《作为艺术、装饰与图案之源的宇宙体系》(收录于《祖先与永恒——杰西卡·罗森中国考古艺术文集》,生活·读书·新知三联书店,2011年)一文则探讨了"关联宇宙观"的哲学观念与图像艺术的联系,将中国古代物质文化的变化视为重大的思想和信仰断裂的证据,并认为古代中国人的思想框架与其物质的、人造的世界之间可以建立起紧密的联系。

巫鸿是以艺术史的视角研究图像材料的代表性学者。其《武梁祠:中国古代画像艺术的思想性》(生活·读书·新知三联书店,2006年)一书通过研究武梁祠石刻的图像内容,分析武梁祠整个图像程序展开的思想观念,考察武梁祠石刻与汉代思想、社会之间的关系。《礼仪中的美术:巫鸿中国古代美术史文编》(生活·读书·新知三联书店,2005年)、《黄泉下的美术——宏观中国古代墓葬》(生活·读书·新知三联书店,2010年)、《时空中的美术——巫鸿中国美术史文编二集》(生活·读书·新知三联书店,2016年)中许多篇文章更是围绕图像展开,以发掘图像的历史意义,通过"中间层次"[①]的美术史研究,试图构建图像与文献之间的桥梁,体现不同时期的社会体制与思想意识。在其最新出版的著作《"空间"的美术史》(上海人民出版社,2018年)中,以"空间"为核心,提出了研究古代美术史材料的新概念——拥有三个层次的递进的综合体"总体空间"[②],为古代墓葬空间的整体性研究提出了新的方法和视角。

---

① 巫鸿"中间层次"的提法试图规避"低层"研究只对个别器物或图像的关注,以及"高层"研究对整个艺术传统的宏观思辨,而专注于联系图像与文献、艺术作品与社会。

② 在巫鸿看来,所谓的递进的综合体——"总体空间"包括三个层次,在第一层次上,器物、图像、陈设和建筑等形式共同构造出一个"视觉和物质空间";在第二个层次上,构成这个空间的因素扩展到引起其他知觉感受的非视觉对象,如引起味觉、知觉和嗅觉感受,或联想的食品、酒醴、香炉、乐器、舞伎、灯盏、插花等,这个空间称为"知觉空间",其范围与"视觉和物质空间"重合,内涵则有所不同;第三个层次上,构成空间的因素进一步包括了主体的活动与感受,这种活动可以是真实的,也可以是想象的(如灵魂在坟墓中的起居和神灵在天地间的游弋),在这些真实或想象的行动和感受中,空间被理解为建构主体经验(包括想象中的经验)的所在,因此被称作"经验空间"。详参氏著《"空间"的美术史》,上海:上海人民出版社,2018年,第159–160页。

三、研究目的与研究范围

（一）研究目的

宋代巴蜀地区墓葬石刻材料因数量众多、图像精美、内容丰富多样而逐渐受到学者的注意。本书拟从墓主人的角度，讨论墓主的“主体位置”（Subject Position）是如何通过石刻材料及其隐喻的象征空间而获得，即如何以死者为中心，通过艺术化、象征性的手段来营造宋代巴蜀地区墓葬石刻。因此，本书将着重讨论宋代巴蜀地区墓葬石刻内容、布局与功能。具体而言，即将墓葬石刻还原到其具体所在的墓壁，首先讨论墓主人灵魂所在的后壁的石刻，而后依次讨论墓室其他部分，包括墓室前部、左右侧壁，墓顶和底部的石刻内容并分析这些石刻与墓主人位石刻的关系——即其是如何为墓主人提供礼仪性功能的。并在此基础上分析墓室各部分与墓主人之间的关系及其特点和功能。以此试图建立对宋代巴蜀地区墓葬石刻的整体性、系统化研究模式，进而了解宋代巴蜀地区社会生活、丧葬习俗与思想、信仰观念的历史面貌。

（二）研究范围

1.研究的时间范围

本书的时间范围聚焦于两宋时期，即960年至1279年。①

2.研究的空间范围

本书的空间范围为巴蜀地区。巴蜀地区首先是作为一个地理概念存在的，巴蜀地区位于我国长江上游、西南内陆的腹地，西接青藏高原与横断山脉，北接大巴山山脉，东接巫山，南临云贵高原，大致四川盆地重合。其次，从文化上看，巴蜀地区因其盆地地形，有着相对封闭的自然地理空间，使之成为中国文化多样性中文化独立性较强的重要区域。早在西汉时期，司马迁就已经充分认识到了这一区域内部的整体性和相较于其他区域的独特性，历经千年，到两宋时期，巴蜀地区依然沿袭着这一文化格局。最后，从行政区划上看，巴蜀地区大致为今天四川省（除处于川西高原的甘孜州、阿坝州与凉山州等区域）和重庆市辖区

① 关于宋代灭亡的时间有两种观点，一是以1276年元军破行都临安，南宋太皇太后谢氏携恭帝出降为止，二是以1279年崖山之役，残宋势力全军覆没为止。因1276年临安虽破，但巴蜀如泸州、重庆、钓鱼城等宋朝部分四川领土尚未沦陷，其纪年尚属宋代，故本书采用第二种观点。

内。该区域在宋代,则为川峡四路的管辖范围,包括北宋之成都府路、梓州路、夔州路和利州路,南宋之成都府路、潼川府路、利州路和夔州路。但由于北宋夔州路之施州、珍州和思州在今湖北及贵州境内,利州路之金州、洋州、兴元府、凤州、沔州、大安军、阶州、文州和西和州等在今甘肃、陕西境内;南宋夔州路之施州、珍州和承州分别在今湖北及贵州境内,利州路之兴元府、洋州、文州、兴州和大安军等在今陕西及甘肃境内,故不在本书研究的地域范围之内。

四、研究对象与研究方法

(一)研究对象

墓葬石刻是以石室墓为依托的造型艺术。宋代巴蜀地区拥有大量的石室墓葬,其墓门、墓壁、墓顶等位置分布着大量的石刻,具有很高的艺术价值、历史价值和文化价值。如前所述,与割裂地将墓葬石刻分为若干类型分别进行研究相比,本书更注重对石刻在巴蜀地区宋墓中的布局、组合等系统性分析。故而将墓葬石刻还原到其所在墓室的本来位置,就显得很有必要。但将墓葬石刻还原到其所在墓室的原本位置的条件却甚为苛刻。首先,我们必须保证这个墓室结构是完整的,墓室内的石刻是保存完好的,并且该墓是经过科学发掘,有比较详细的发掘报告的。虽然宋代巴蜀地区带石刻的石室墓葬数量众多,但能够满足上述两个条件的墓葬却并不多。从目前笔者所掌握的宋代石室墓葬报告来看,可供笔者分析和探究的墓葬石刻样本的基数是众多的,其题材和内容也是十分丰富的。但是,由于破坏严重而许多墓葬仅存数壁,甚至仅存一壁,加之许多墓葬系抢救性发掘,之后就被分割收藏入当地的文博单位,对墓室无法一窥全貌,亦难以还原其中石刻的"原境"。故而我们能够讨论的形制保存完好、空间结构保存完整的墓葬数量是有限的,本文即专注于此类空间结构保存较为完整,并在一定区域和一定时间具有代表性的墓葬。如南溪李庄宋墓、宜宾旧州坝宋墓、泸县青龙镇宋墓、泸县喻寺镇宋墓、泸县奇峰镇宋墓、资中赵雄墓、泸州叙永天池宋墓、华蓥安丙家族墓地、华蓥许家堝宋墓、广元河西公社杜光世夫妇合葬墓、广元青川县竹园镇金子山宋墓、广元昭化曲回乡宋墓、广元罗家桥宋墓、广元072医院宋嘉泰四年(1204年)石室墓、乐山井研县金井坪宋墓、乐山城西宋墓、乐山仁寿县古佛乡宋墓、资中县烂泥湾宋墓、资中县大包山宋墓、安岳老鸹山张悦夫妇合葬墓、南充仪陇县新政镇宋代石室墓、彭山双江镇虞公著夫妇合葬墓、重庆沙坪坝井口宋墓、重庆大足龙水镇明光村磨儿坡宋墓、大足城北环二路锅盖坡宋墓、大足龙神湾南宋王若夫妇墓、大足城西公社宋墓、永川佛耳岩石室墓、荣昌区沙坝子宋墓、北碚澄江苦塘沟宋代墓群等来自巴蜀地区各内部分区的墓葬作为典型代表，着重分析石刻在较为完整的墓葬空间中所具有的象征意义及其功能。同时，本书在讨论典型墓葬石刻之外，也会涉及其他墓葬空间结构虽然有所缺损，但仍包含有丰富历史信息的石刻题材的墓葬，作为论证的补充。

（二）研究方法

1.考古学方法

本文开展研究的基础性工作是利用考古报告等材料对巴蜀地区宋墓中图像资料进行系统整理和考古类型学归类，还原石刻图像在墓葬中的空间分布，保证考古资料的完整性。

2.图像学方法

图像是学术研究的重要材料，并为历代遵奉“左图右史”的学者所重视，宋人郑樵曾道：“图，经也；书，纬也，一经一纬，相错而成文……古之学者为学有要，置图于左，置书于右，索象于图，索理于书。”①现代图像学研究领域最具有影响力的学者E.帕诺夫斯基在《视觉艺术的意义》一书中认为对美术作品的解释分三个层次：一是解释图像的自然意义；二是发现和解释艺术图像的传统意义即作品的特定主题的解释，称图像志分析；三是解释作品的更深的内在意义或内容，这称为图像学分析即其所谓的象征意义。就巴蜀地区宋墓中的石刻图像而言，选择何种图像组合和位置安排，必然是经过有意识地选择、设计和构思，体现了区域宋人在历史传统和价值观念下的群体性认知和个性化表达。

3.文化人类学的方法

文化人类学是研究人类所创造的文化，以揭示人类文化的本质的一门学科。其中功能学派认为任何一种文化现象，不论是抽象的社会现象，如社会制度、思想意识、风俗习惯等，还是具体的物质现象，如手杖、工具、器皿等，都有满

① [宋]郑樵：《通志》卷72《图谱略》，杭州：浙江古籍出版社，1988年，第837页。

足人类实际生活需要的作用，即都有一定的功能。它们中的每一个与其他现象都互相关联、互相作用，都是整体中不可分的一部分。就本书而言，就是各类图像题材在墓葬中的位置，从文化人类学的功能角度出发，它为死者发挥怎样的功能。

第一章

宋代巴蜀地区石室墓及其石刻概况

第一节 宋代巴蜀地区石室墓的形制与分类

关于宋代巴蜀地区石室墓葬的类型学研究，历来为考古学者所重视。就目前的研究成果而言，考古学界对其的考察与研究呈现出由浅而深的趋势，无论是对四川地区[①]，还是以南方或长江流域中上游为考察视域[②]，都对巴蜀地区的石室墓葬做出细致的分类与分期。在学界以往的研究基础上，我们对宋代巴蜀地区带石刻的墓葬形制大致有了一个较为清晰的认识。总体而言，从形制上看，宋代巴蜀地区带石刻的石室墓，大都用石料砌成，并埋入地下。这些石室墓的墓室平面以长方形为主，墓顶有券拱顶、平顶、藻井顶、盝顶等。这些石室墓的形制多样，从单室墓、双室墓到多室墓都有发现。南宋时多为双室墓，有并列双室，也有前后双室，墓内多做石棺台、排水沟和壁龛。[③]同时，这些石室墓的结构差异也较大，有的结构简单，墓室狭窄，墓顶及两壁素面无图案，只有后壁有龛，刻有少量图案；有的则结构复杂，墓室有前室、甬道和后室等部分，并施有复杂的仿木建筑结构，墓壁、柱、台基和藻井等处都雕刻有花卉、动物、人物、故事、四神等图案。从时段上看，宋代巴蜀地区的这种带雕刻的石室墓葬在北宋尚属少见，南宋时则逐渐增多。兹分类做简要介绍。

一、单室墓

单室墓，根据墓室的结构，可以分为三种类型：

---

① 宋墓研究始于王家祐先生于1959年发表《四川宋墓札记》(《考古》1959年第8期)，该文简要介绍了四川宋墓种类，以及当时流行的夫妇同穴异室合葬墓的葬俗。陈云洪《试论四川宋墓》(《四川文物》1999年第3期)一文有着细致的谈论，他不仅对巴蜀地区宋墓的墓葬类型、年代分期进行了深入系统的分析，而且构建起巴蜀宋墓的大致的时空框架。

② 针对南方地区宋墓的研究有吴敬《南方地区宋代墓葬研究》(社会科学文献出版社，2015年)、张梦纳《南方宋墓装饰题材的区域性研究》(吉林大学考古学硕士学位论文，2017年)等；崔力凡《长江上游地区宋代石室墓研究》(北京大学考古学与博物馆学硕士学位论文，2011年)则将目光集中于长江上游地区。虽然这些专著和论文都有提及宋代巴蜀地区带雕刻的石室墓，但都未有深入的讨论。

③ 秦大树：《宋元明考古》，北京：文物出版社，2004年，第156页。

（一）券拱顶墓

券拱顶墓以条石、石板砌成，墓顶则以楔形条石砌成，或以拱形条石放在石柱上构成。有的墓葬结构简单，如乐山城西市师范校发掘的四所石室墓，均为券拱顶，形状与大小相近，长度均为2.45米，宽在0.80～0.95米之间，无仿木结构建筑，墓室后壁龛内由上、中、下部组合而成，并分别雕刻有高浮雕石刻图案，其他三壁均为素面。[①]有的墓葬结构较为复杂，墓室中仿木结构复杂，有精美的石刻图案，长度均在3米以上，规模大，如邻水宋墓，墓室长3.82米、宽1.76米，[②]以及华蓥安丙家族墓地，五处墓葬皆为长方形单室券拱顶。[③]

（二）平顶墓

平顶墓以石块条石砌成，墓室顶部为平顶，如泸州合江佛荫镇瓦房子村石室墓，顶部为平顶，饰有花卉；达州渠县新和乡宋墓较为复杂，墓道和后室平顶，墓室中部券顶，正壁及左右壁有龛，雕刻有人物、花卉、动物等图案，生动精美；[④]重庆合川邓家坟山石室墓群的两座宋墓，均为平顶，墓内壁刻有人物浮雕对称图像；[⑤]绵阳北川香泉乡宋墓墓室无装饰，唯有石门外壁有浅浮雕花草纹饰。[⑥]

（三）藻井顶、盝顶墓

藻井顶、盝顶墓规模较大，多以大型条石、片石构筑，长3～6米、宽2～4米，整个墓室仿木结构复杂，龛均为仿木壁龛，墓壁、龛内、台基和藻井或盝顶周围都充满了石刻浮雕。如泸县青龙镇一、二、三号墓均为藻井顶，而喻寺镇一号墓和奇峰镇一、二号墓则均为盝顶。[⑦]2009年，在泸州叙永县天池整理出来的四座南宋时期的墓葬中，三座为藻井顶或盝顶：09SLXTM1为长方形单室石室墓，藻井顶；09SLXTM2长方形单室石室墓，盝顶；09SLXPM1长方形单室石室墓，藻井

① 乐山市文管所：《乐山宋墓清理简报》，《考古与文物》1993年第6期。

② 四川省文物考古研究所、邻水县文物保护管理所：《邻水县合流镇后坝南宋墓清理简报》，《四川文物》2003年第3期。

③ 华蓥市文物管理所、广安市文物管理所、四川省文物考古研究院：《华蓥安丙墓》，北京：文物出版社，2008年。

④ 马幸辛：《川东北历代古墓葬的调查研究》，《四川文物》2001年第2期。

⑤ 中国考古学会：《中国考古学年鉴2004》，北京：文物出版社，2005年，第318页。

⑥ 邓天富：《北川县香泉宋墓》，《四川文物》1991年第5期。

⑦ 四川省文物考古研究所等：《泸县宋墓》，北京：文物出版社，2004年，第6、23、38、53、74、88页。

顶，三墓均刻有武士、花卉及墓主人像图案。[①]

二、双室墓

双室墓，两墓室间有通道相连，或中间隔墙连在一起，或门墙连在一起，双室同时建在同一墓穴之中。这种墓葬形制多用于夫妻合葬。据苏轼《东坡志林》卷7记载，巴蜀地区非常流行这种葬制，称之为“同坟异葬”或“同穴异室”墓，其目的是因为夫妇死有先后，葬后死之人时，如见先死之人尸首腐败，恐伤害子孙之心，而两室之间留有通道则可以满足传统“榖则异室，死则同穴”的伦理需求，苏轼称赞其“最为得体”。[②]根据墓室结构，此类双室墓又可以细分为以下几种类型：

（一）券拱顶墓

券拱顶墓即用楔形条石砌成拱顶。此类墓葬规模较大，结构复杂，用仿木石柱、石板建成，带有仿木结构壁龛，壁上有精美的雕刻图案。如广元杜光世夫妇合葬墓，东西墓室形制相近，两室并列，以墙相隔，无门相通。墓门外有墓道。各室长2.8米、宽1.22米，墓壁及后龛雕刻有仿木结构建筑和精美的石刻；[③]华蓥驾挡丘宋墓M1、M5为双室合葬墓，券顶，长2.42米，墓室两壁及后壁龛台均素面无纹，只有后壁龛中剔地起突莲花幢灵牌位；[④]广元072医院宋嘉泰四年（1204年）石室墓为长方形双室并列，券顶墓，西室（女墓）后壁龛内浮雕有室内陈设、侍女注酒及交椅图像，左右壁刻“唐氏乳姑”“曾参心痛”“郭巨埋儿”“刘庯行孝”“丁兰奉木”等孝行图；东室（男墓）亦刻室内陈设图，带帔交椅及叉手侍童图像，左右两壁刻有杂剧演出图4幅；[⑤]华蓥许家堝宋墓的墓室平面呈长方形，两墓室之间隔绝互不相通。整个墓室内空间基本可分割为墓门、棺室、椁室、后龛

---

① 四川省文物考古研究院、泸州市博物馆、叙永县文物管理所：《四川叙永天池宋墓清理简报》，《四川文物》2010年第2期。

② ［宋］苏轼：《东坡志林》卷7《书温公志文异圹之语》载：“古今之葬着，皆为一室，独蜀人为同坟而异葬。其间为通道，高不及眉，广不能容人……蜀人之葬，最为得礼也。”详见孙凡礼点校：《苏轼文集》，北京：中华书局，1986年，第2062–2063页。

③ 四川省博物馆、广元县文管所：《四川广元石刻宋墓清理简报》，《文物》1982年第6期。

④ 四川省文物考古研究所、广安市文物管理所、华蓥市文物管理所：《华蓥市永兴镇驾挡丘宋墓群发掘简报》，《四川文物》2009年第1期。

⑤ 廖奔：《广元南宋墓杂剧、大曲石刻考》，《文物》1986年第12期。

等四个子空间。左、右两墓室结构基本相同。两侧壁及后壁台基刻有八卦卦形图案。[①]

（二）平顶墓

以大石板盖顶，墓室的结构区别较大，有的无仿木结构，但有简单的雕刻图案，如南充木老乡韩家坟宋墓M1、M2为双室合葬墓，两墓左右壁无雕刻，仅有一后龛刻有莲花图案；[②]再如青川金子山乡宋墓M1、M2，左右壁皆无龛无雕刻，只有后壁龛中刻有桌椅器具等图案；[③]有的有仿木结构建筑，雕刻也较为丰富，如三台县杨凳寺宋墓，同穴异葬，中间只隔一墙，左右壁、后壁皆设有龛，但无雕刻，仅有后壁龛有金乌负日、吉语和饮食器具等图案。[④]

（三）藻井顶、盝顶墓

此类墓葬结构复杂，带有仿木的石柱、梁、斗拱等。墓壁、龛内雕刻有精美的石刻图像。如彭山虞公著夫妇合葬墓，全长4.95米，可分为享堂和棺室两部分，壁上有仿木结构的龛，墓门也采用仿木结构，左右室结构相近，墓顶前部为盝顶，后部位三角形藻井顶。龛内及四壁都有精致的石刻浮雕，如四灵、孝悌故事、开芳宴、妇人启门图等；[⑤]再如重庆沙坪坝井口宋墓，墓室长3.6米、宽1.28米，有甬道，两室间有过道相连，墓顶为叠涩而成的四重藻井顶，左右壁各有一龛，后壁一龛，龛内刻有孝行、四神、格子门等图案；[⑥]泸县青龙镇一号墓墓顶前部为方形藻井，后部为三角形藻井；喻寺镇一号墓墓室长4.52米，墓顶前部为盝顶，后部为三角形藻井顶；奇峰镇一、二号墓，墓顶前后为盝顶，后部斜铺石板封顶。[⑦]

---

① 四川省文物考古研究所、广安市文物管理所、华蓥市文物管理所：《四川华蓥许家坝宋墓清理简报》，《四川文物》2010年第6期。

② 四川省文物考古研究所、南充市嘉陵区文物管理所、南充市高坪区文物管理所：《南充市嘉陵区木老乡韩家坟宋墓清理简报》，《四川文物》2004年第2期。

③ 青川县文管所、四川省文物考古研究所：《青川县竹园金子山乡宋墓清理简报》，《四川文物》2001年第2期。

④ 三台县文化馆：《四川三台县发现一座宋墓》，《考古》1973年第6期。

⑤ 任锡光：《四川彭山发现宋墓两座》，《文物》1958年第3期。

⑥ 重庆市博物馆历史组：《重庆井口宋墓清理简报》，《文物》1961年第11期。

⑦ 四川省文物考古研究所等：《泸县宋墓》，北京：文物出版社，2004年，第6、53、74、88页。

三、多室墓

如南充仪陇县新政镇宋代石室墓为仿木构三室的石室墓，该墓坐北朝南，由主室和东西室构成，主室由前后室构成，有门可通。前室为长方形，两壁有龛，但素面无雕刻。后室平面呈六边形，边长0.5～1米，后室近门处左右两侧各有一龛，龛下剔地起突有牡丹图案，后壁有仿木结构壁龛，龛作单檐顶，龛内雕有一高僧坐像，坐于素面的须弥座上。龛下方有一浅浮雕云彩，刻瑞鹿衔草图案。东侧室北壁刻一仿木单檐顶龛，龛吻如狼，龛下刻一浮雕牛，作起伏状。西侧室石门上刻有方格纹，石门中刻一浮雕花卉，后壁施有仿木卷棚顶龛，龛中刻有一长方形灵牌位，有字迹但模糊不易辨识。龛下刻两朵对称祥云，云下浮雕一牛，作回首状。①

第二节　宋代巴蜀地区石室墓的石刻图像的题材

巴蜀宋墓石刻雕刻精美、形象逼真，将现实生活中的图景及传说幻想的东西全部刻画在了石头上，正如马克思所说："生前认为最珍贵的物品，都与已死的占有者一起殉葬到坟墓中，以便他在幽冥中继续使用"②，而墓室内雕刻的石刻图像就是墓主人生前财富的随葬品，是墓主人昔日生命的重现。雕琢的石刻将墓主人生前精致、细腻的现实生活情景尽可能鲜活地"复制"在地下空间，让冰冷的石室变得充满生机和情趣。可以说，巴蜀地区的宋人将墓葬作为人间社会的微缩和翻版，用石刻绘画再现了古人理想化的社会生活，使之呈现出丰富多彩的文化内涵。

从发掘的考古资料来看，巴蜀宋墓石刻内容丰富，题材多样，几乎涵盖了社

① 仪陇县文物管理所：《四川仪陇县新政镇宋代石室墓清理简报》，《四川文物》2013年第5期。

② [德]马克思：《摩尔根〈古代社会〉一书摘要》，中国科学院历史研究所，译，北京：人民出版社，1965年，第51页。

会生活的方方面面。从内容上看,有墓主人及侍女、仆从等有关人物组成的日常生活的现实图景。这种现实图景,有日常的劳作画面、动植物祥瑞的画面、家居生活的场面、休闲时的乐舞表演、墓主人羽化登仙的场景,还有死者生前值得纪念的各种历史事件等。张春新在《南宋川南墓葬石刻艺术》一书中将泸县宋墓石刻细分为七大类:"一是四灵造像,青龙、白虎、朱雀、玄武等;二是人物造像,墓主人、墓主人夫妇、男女武士、侍男、侍女、乐伎等;三是场景造像,飞天、戏婴、妇人启门、出行、乐舞、器乐演奏等;四是植物图案,有牡丹、莲花、荷花、菊花等花卉;五是动物图案,凤凰、白鹤、狮子等;六是家具图案,桌子、椅子、屏风,茶壶等;七是建筑图案,梁柱、斗拱、桥梁等",这一分类,比较具体全面地涵盖了巴蜀宋墓石刻的主要题材①。在总结既有研究成果的基础上,本书较为全面地收集了宋代巴蜀地区墓葬石刻材料,并将其分为五种类型:

一、四灵类

四神,也称四象、四维、四灵等,即东宫青龙、西宫白虎、南宫朱雀、北宫玄武。青龙又称苍龙,朱雀又称朱鸟、赤雀,玄武即龟蛇。中国传统的天文学体系将天赤道附近的星空划分为二十八宿,并分别由四象统辖。冯时先生指出:"象是中国传统星官体系最基本的概念,而四象后来作为四个赤道宫的象征,最终形成了由五种动物组成的四组灵物,分别具有四种不同颜色以及代表四个不同方向,并与二十八宿完成固定配合的严整形式"②,即四象是我国古代先民对天文星象的物态化、艺术化想象,从而形成的关于星象的认知体系。并通过古人"象"的思维方式,将之与四方、四季、四色、五星、五行等知识相匹配,形成了一套神秘性和政治色彩浓厚的宇宙观念,并融入中国传统文化体系之中,深刻影响着中国人的思想观念和信仰世界。

---

① 张春新:《南宋川南墓葬石刻艺术》,重庆:重庆大学出版社,2001年,第3页。

② 冯时:《中国天文考古学》第2版,北京:中国社会科学出版社,2010年,第409页。

四神最早见诸史料可追溯到战国时期，[①]而其图像则可追溯到6500年前的仰韶文化时期，[②]可见其历史渊源由来已久。四神的动物形象配置也是经历了复杂的流变，最后在两汉时期逐渐定型为我们今天所见到的形象。[③]四神是宋代巴蜀地区的墓葬石刻中最为常见的图像石刻，在墓室中，它们均按照左青龙右白虎，前朱雀后玄武的方位进行配置（因部分墓室发掘时已遭受毁坏，故部分四神石刻残缺），具体如表1-1所示：

表1-1　宋代巴蜀地区石室墓中四神配置一览表

宋墓名称	时间	左壁	右壁	墓室前部	墓室后壁
泸县青龙镇宋墓M1、M2、M3	南宋中期	青龙	白虎		
泸县喻寺镇宋墓	南宋淳熙三年（1176年）	青龙	白虎		
资中赵雄墓	南宋绍熙年间			朱雀	玄武
华蓥安丙家族墓M2	南宋嘉定年间	青龙	白虎	朱雀	玄武
华蓥安丙家族墓M1	南宋咸淳元年（1265年）迁葬	青龙	白虎	朱雀	玄武
华蓥安丙家族墓M3	南宋嘉定年间	青龙	白虎		
华蓥安丙家族墓M5	南宋嘉定年间	青龙	白虎		玄武
广元岳池代家坟古墓群M2	宋	青龙	白虎	朱雀	玄武
彭山双江镇虞公著夫妇合葬墓（2座）	南宋中后期	青龙	白虎	朱雀	玄武
彭山观音山宋墓（2座）	宋	青龙	白虎	朱雀	玄武
广元河西公社石刻墓（2座）	南宋	青龙	白虎	朱雀	玄武
资中县大包山墓M1	南宋中晚期	青龙	白虎		玄武

① 《礼记·曲礼》载："行，前朱鸟而后玄武，左青龙而右白虎，招摇在上。"[清]孙希旦撰：《礼记集解》，北京：中华书局，1989年，第84页；战国晚期成书的《吴子》记载吴起在回答魏武侯问三军进止时说："必左青龙右白虎，前朱雀后玄武，招摇在上，从事于下"；[战国]吴起：《吴子兵法》，郑州：中州古籍出版社，1993年，第76–77页。《淮南子·兵略训》云："所谓天数者，左青龙右白虎，前朱鸟后玄武"，其中，角、亢为青龙，参、井为白虎，星、张为朱雀，斗、牛为玄武（刘文典撰：《淮南鸿烈集解》，北京：中华书局，1989年，第510页）。《史记·天官书》中对四象所包含的二十八宿亦有详尽论述，详参[汉]司马迁：《史记》卷27《天官书》，北京：中华书局，1959年，第1295–1308页。

② 濮阳市文物管理委员会、濮阳市博物馆、濮阳市文物工作队：《河南濮阳西水坡遗址发掘简报》，《文物》1988年第3期。

③ 关于四神的动物配置，冯时先生已有非常详尽而严谨的论述，详参冯时：《中国天文考古学》（第2版），北京：中国社会科学出版社，2010年，第409–433页。

续表

宋墓名称	时间	左壁	右壁	墓室前部	墓室后壁
资中县大包山墓M2	南宋中晚期		白虎		玄武
资中县大包山墓M3	南宋中晚期			朱雀	玄武
资中县大包山墓M4、M5	南宋中晚期	青龙	白虎	朱雀	玄武
资中县烂泥湾宋墓M3	南宋中期	青龙	白虎		玄武
叙永天池宋墓09SLXXM1（2座）	南宋中后期早段	（左墓室）青龙	（右墓室）白虎		
叙永天池宋墓09SLXPM1	南宋中后期早段	青龙	白虎		
内江顺河区马鞍石乡大菩萨山宋代画像石墓	南宋	白虎	青龙		
沙坪坝井口宋墓（2座）	南宋	青龙	白虎	朱雀	玄武
大足区龙神湾南宋王若夫妇墓（2座）	南宋	青龙	白虎		玄武
涪陵生基岗石室墓群M1	宋	青龙	白虎		
荣昌县沙坝子宋墓	宋	青龙	白虎		
合江县马街子田村宋墓13、14号画像石棺	宋	青龙	白虎	朱雀	玄武（14号石棺无玄武）

除上表列举的20余例墓葬外，《泸县宋墓》一书中收录了泸州市征集而来的石刻，四神图案占很大部分。[①]永川高洞子崖墓群M1的墓室仿宫殿式建造，呈八边形，每根立柱和壁面，分别雕刻出青龙、白虎、朱雀、玄武天地四方神。[②]关于四神图像在宋代巴蜀地区的墓葬中的配置及其功能与象征意义，则在下文有详尽论述。

二、人物造像类

宋代巴蜀地区的人物类石刻艺术造型数量大且类型非常丰富。人物类石刻按照其形象，又可以细分为以下几类：

① 四川省文物考古研究所等：《泸县宋墓》，北京：文物出版社，2004年，第116–135页。

② 重庆市文化局等：《重庆文物总目》，重庆：西南师范大学出版社，1996年，第241页；王昌文：《永川发现宋代崖墓》，《四川文物》1989年第6期。

（一）墓主人像

第一类人物石刻造型为墓主人像。从在墓中的位置分布来看，墓主人石刻造型大量分布于宋代巴蜀地区石室墓的墓室后壁，象征墓主人死后的灵魂所在。从石刻图像造型的组合形式上看，有的为墓主人独坐，有的为墓主人夫妇并坐，有的为墓主人居中、两边为侍者的组合，如重庆江津钢改厂石室墓壁龛正中为墓主人浮雕像，左右各一位侍者[①]，有的为墓主人居中、位于幔帐之内的组合，还有的为墓主人和半启门的组合等多种形式。

（二）仆役、侍者

第二类人物石刻造型为仆役、侍者，包括男仆和女仆。墓主人将生活中侍奉的仆人雕刻在墓室内，梦想死后享受同等安乐。从造型上看，这些侍者年龄差异颇大且形态各异，有年纪尚小的侍童，也有略显老态的老仆，他们或捧物，或叉手侍立，围绕在墓主人身旁，一如在阳世的家庭居室之中，为主人的生活起居所忙碌着。

（三）武士

在巴蜀地区的墓葬石刻之中，武士类石刻是最为常见也是最为重要的一部分。他们一般被雕刻在墓室门柱的两侧，两两相对，共同守护墓主人死后的安宁。武士形象的石刻题材在巴蜀地区的各个墓室普遍存在，从一般的中下层官僚及平民阶层，如广元杜光世夫妇墓、泸县宋墓等，到高等级墓葬，如资中赵雄墓、华蓥安丙墓中，都有相当数量的武士石刻题材的存在。从人物造型上看，这些武士石刻大体不仅有男性武士，在泸县牛滩镇滩上村二号墓墓门两侧、广元河西公社石刻宋墓左室两侧、眉山彭山区双江镇虞公著夫妇合葬墓西室墓室棺室室门两侧石柱上则发现有女性武士，她们身穿铠甲，头戴兜鍪，手执武器，飒爽英姿丝毫不逊于男武士。

（四）僧道形象

宋代佛道两教继续兴盛，两教不仅衍生出众多流派，更呈现出儒、释、道三教合流与世俗化的倾向。宋代的巴蜀地区也是佛道两教兴盛的区域，两教深刻

① 重庆市文化局等：《重庆文物总目》，重庆：西南师范大学出版社，1996年，第226页。

地影响了巴蜀地区宋人的社会生活、思想观念与信仰世界。宋代巴蜀地区出土的许多僧道形象的石刻,证实了佛道文化对巴蜀宋人丧葬习俗、死亡观念的影响。在此类图像之中,道教人物石刻有神祇、仙人等形象,如华蓥安丙家族墓地M2的墓室之中,就出现了神人化的玄武,经学者考证,认为这是道教的重要神祇之一真武神形象;同样在该墓后室两侧墓壁,刻有乘祥云、持笏的仙人形象。佛教人物石刻则有僧人形象出现,如南充仪陇县新政镇宋代石室墓的后室北壁就刻有一僧人内穿僧祇支,盘膝禅坐于须弥座上。[①]另外,重庆市文化局主编的《重庆文物总目》中简要记录了重庆大足神仙洞石室墓两侧壁有高浮雕菩萨、僧人造像,但不知实际情况。[②]

三、场景造像类

所谓场景造像,即通过特定的人物、器具和环境的组合,营造出具有特定象征意义的场景,并试图通过此类场景造像表达墓主人(或子孙)的某种意图。此类图像一般造型复杂,但内涵丰富,具有相当的研究价值。宋代巴蜀地区墓葬石刻的场景造像内石刻题材多样,造型各异,但大体可以分为以下几类:

(一)飞天

飞天属于佛教造型艺术,是佛教传说中乾达婆(紧那罗)的化身,原本是古印度神话中的音乐之神和歌舞之神。进入佛经后,他们衍化成一群能歌善舞的神灵,每当佛讲经说法或佛涅槃时,他们都要脱去衣服,凌空飞舞,奏乐散花。[③]随着佛教和佛教艺术的传入,飞天作为一种极富佛教文化韵味的艺术造型,也随之进入中国。巴蜀地区宋代石刻墓葬中,亦发现有飞天形象。四川省文物考古所编著的《泸县宋墓》一书中,收录了泸县出土的大量宋代(具体来说是南宋时期)墓葬石刻。其中就有八块浮雕飞天图案。[④]按照雕刻技艺,可分为高浮雕与浅浮雕两种:

其一,高浮雕的飞天图像。出土于泸县石桥镇新屋嘴一号墓墓室前、后横

---

① 仪陇县文物管理所:《四川仪陇县新政镇宋代石室墓清理简报》,《四川文物》2013年第5期。

② 重庆市文化局等:《重庆文物总目》,重庆:西南师范大学出版社,1996年,第181页。

③ 郑汝中、台建群:《中国飞天艺术》,合肥:安徽美术出版社,2000年,第2页。

④ 四川省文物考古研究所等:《泸县宋墓》,北京:文物出版社,2004年,第159-161页。

梁上的两块高浮雕飞天图案，位于墓室前横梁上的飞天，右侧刻水仙，左侧刻牡丹，飞天头戴花冠，面部丰满，右手托一荷叶，荷叶上站立一朱雀；位于后横梁上的飞天，亦手捧荷叶，荷叶中有一只正在爬行的乌龟，这两方飞天图与道教四神伴生，明显受到道教文化的影响。该墓室和新屋嘴村二号墓还出土了两块高浮雕飞天图，一幅雕刻在墓室横梁的弧形底面上，一正一反，共持一轮盘；另一幅两位飞天头戴花边巾帽，身穿窄袖长袍，左边飞天双手合十，右边则双臂张开，手执衣带，衣带向后飘扬，整体线条流畅。

其二，浅浮雕的飞天图像。泸县牛滩镇玉峰村施大坡一号墓出土了两块飞天浮雕，一块飞天即系压地隐起的浅浮雕。其上沿部分残损。飞天身躯弯成U字形，头部位于石刻左端，面带微笑。右手持瑞草，左手持衣带，身穿交领长袍，梳双髻，衣带向后飘飞。另一块与之相似，飞天身体倾斜，头部位于石刻右端，头梳双堕髻，身穿交领长袍，右手持莲花，左手持带。同一位置的二号墓也出土了两块飞天石刻，均为压地隐起的浅浮雕。第一块飞天上沿部分残损，飞天呈俏姿，头部位于石刻左侧，绾高髻，戴花冠，深目高鼻，身穿交领长袍，挽袖，束腰带，长袍下沿呈长叶形状。内穿抹胸，左手弯曲，部分残断，右手持带。另一块飞天石刻中段下沿部分残损，石刻宽1.04米，高0.35米，头部位于石刻右端，呈俯式，头梳髻，戴花冠，身穿交领长袍，挽袖，内穿抹胸，束腰带，右手持衣带，左手部分残损。

（二）婴戏图

婴戏即展现儿童嬉戏的场景。婴戏图是中国古代绘画艺术中重要的题材之一。通过展现孩童游戏玩耍的场景，表达古人追求香火繁盛、多子多福，生命得以不断延续的生育观念。佛教典籍中又有化生童子、莲花童子、罗睺罗等记载，丰富了中国传统中对儿童形象的认识。如华蓥安丙家族墓地M1的须弥座式台基束腰内和后壁龛两侧石壁上均刻有孩童怀抱瑞草和仙禽游戏的场景。[①]另外，大足龙水镇明光村磨儿坡发掘出的三座墓室的墓壁和后龛上方雕刻有孩童在栏杆上玩耍的场景，生动传神。[②]

① 华蓥市文物管理所等：《华蓥安丙墓》，北京：文物出版社，2008年，第32-33页。

② 重庆大足石刻艺术博物馆：《重庆大足龙水镇明光村磨儿坡宋墓清理简报》，《四川文物》2002年第5期。

（三）启门图

启门图是宋代墓葬中一个重要的题材，其主要场景表现为双扇安设的门扉，一扇关闭，一扇微微开启，一位女性从缝隙中露出半身或全身，手中或捧什物。追溯启门图的历史，可以发现，从汉代开始启门图就出现在墓室、墓祠和石阙画像中，到宋辽金元时期又再度盛行，不仅见于墓葬，也见于石窟、佛塔、经幢、舍利函、铜镜、瓷枕、卷轴画乃至文学作品中。启门图是宋代巴蜀地区墓葬石刻中的常见题材，一般出现在后壁，有时则出现于侧壁，甚至左、右侧壁和后壁多个位置同时出现。值得注意的是，巴蜀地区宋墓中的启门图并不限于妇女，在许多墓中以男性的形象出现，如荣昌沙坝子宋墓和泸县青龙镇二号墓的启门图，男侍者手捧印盒，侍立于仿木结构假门前；①也有手持武器，站立于门前的，如大足龙神湾王若夫妇墓M1（王若墓）的启门图中的男侍者就手持骨朵，站立于双扇门前。②

（四）出行图

出行图也是宋代巴蜀地区墓葬石刻中的常见题材。通常刻于墓室的侧壁，以展示墓主人出行（或将要出行）的场景，从一人一驴（如广元河西公社杜光世夫妇合葬墓左室）到规模庞大、扈从人数众多的仪仗车马队伍（如资中赵雄墓），反映出此类石刻的差别是极大的。而出行的载具也有很大差异，有轿、马、驴等，反映了当时人们出行的真实面貌。

（五）庖厨图与备宴图

庖厨图和备宴图是指展现厨房的烹饪活动，以及仆人准备宴会或侍奉墓主人进食的场景。宋代巴蜀地区墓葬石刻中庖厨图和备宴图占据很大部分，生动展示了墓主人日常饮食、宴饮的场景。如广元河西公社杜光世墓西壁雕刻的一幅庖厨图，共三个人物，两女侍身穿短衣，头绾髻，一人挑水，一人吹火，灶台上放有五格蒸笼，另有一人，报告则称为樵夫。人物形象刻画真实细腻，具有浓厚的生活气息。③再如彭山双江镇虞公著夫妇合葬墓右室左壁雕刻的一幅备宴

---

① 四川省博物馆、荣昌县文化馆：《四川荣昌县沙坝子宋墓》，《文物》1984年第7期。

② 大足石刻研究院：《重庆市大足区龙神湾南宋王若夫妇墓发掘简报》，《四川文物》2015年第4期。

③ 四川省博物馆、广元县文管所：《四川广元石刻宋墓清理简报》，《文物》1982年第6期。

图,上部正中置有一桌,桌上放有带温酒器的酒注子及带托子的酒杯,桌前置三酒瓶,其中一瓶有架。桌子周围有五个身着长衫的侍者,除桌后一人外,均面向右侧,其中立于左侧的一人正伸手整理桌上的酒具。桌右靠上有一人肩负一琴。此外,在桌前的左右两侧,有二人拱手相对而立,下面的三个侍者则一人挑有温酒炉的担子,炉火正旺,上有两个酒注子,其左置一小方桌,桌左一人整理桌上的食具。再左边一人拱手而立。这幅备宴图共刻有十个人物形象,展示了墓主人精致而又排场的宴饮生活。[①]

(六)乐舞及器乐演奏图

宋代巴蜀的石室墓葬中,常出现成组的乐舞演奏者,或拍鼓吹奏,或挥衣而舞,还有杂耍表演,场面热闹欢快。广元地区出现较多的此类石刻,如罗家桥南宋大曲石刻墓,墓室内雕刻有三幅演奏图,人物姿态各异,所持乐器不同,经考证为宋代大曲;[②]重庆大足龙水镇明光村磨儿坡宋墓M2,墓室侧壁上各刻一牌楼,右侧牌楼圆雕五人,持不同乐器进行演奏,右侧牌楼则圆雕若干观众,演奏达到高潮时,部分观众还会吹哨,整个场面左右呼应,栩栩如生。[③]

(七)蓬莱仙岛图

蓬莱山是先秦两汉时期方士口中虚构的仙山,所谓“诸仙人及不死之药皆在焉”[④],到唐宋时被道教吸纳为“十洲三岛”的仙境体系之中,作为道教诸神、仙人修行得道的洞天福地。目前发现的宋代巴蜀地区石刻墓葬中对道教仙境最直观地展现的是位于彭山区的南宋虞公著夫妇合葬墓中的蓬莱山图。在其东西墓室后壁的龛内皆雕刻有蓬莱仙境图案。东室的蓬莱山系高浮雕,图下部分刻有波涛翻滚的海潮,上刻蓬莱仙山,蓬莱山下有通向山顶的石阶小径迂回而上,半山间刻有镂空亭。亭的对面山间刻有灵芝仙草,山顶为茂密丛林,林中筑一洞室,室门顶上刻有“蓬莱”二字,山麓栖息一仙鹤,山下有一身着长服的长须

---

① 四川省文物管理委员会:《虞公著夫妇合葬墓》,《考古学报》1985年第3期。

② 李成渝、林青、马彦:《四川省广元县罗家桥一二号墓伎乐石雕的研究》,《音乐探索·四川音乐学院学报》1985年第1期。

③ 重庆大足石刻艺术博物馆:《重庆大足龙水镇明光村磨儿坡宋墓清理简报》,《四川文物》2002年第5期。

④ [汉]司马迁:《史记》卷28《封禅书》,北京:中华书局,1959年,第1385页。

长者，面朝登山小路，作登山状。西室的蓬莱山图系浅浮雕，因受潮剥蚀严重。但大体隐约可见山麓间有仙鹤和母鹿、小鹿，上山的道路亦为石阶小径，崇山峻岭中亦有亭阁建筑。[①]从东室的蓬莱山图中，可以看到一位长服的长者，站立于山脚的海岸边，正沿着登山小径，向写有“蓬莱”的山顶洞室走去。另外，眉山市彭山区观音乡还出土了两座宋墓，其中M1前室左右两壁各有浮雕武士像一个，棺室四壁有四神图案，后壁有龛，雕有“蓬莱仙岛”图，但只有文字记录，无法看到该图实际的样貌。[②]

（八）孝行图

孝是传统儒家伦理中最为重要的一项道德规范和行为准则。通过在墓葬中刻画孝行故事，展现墓主人对后世子孙的道德要求，以及子孙通过孝行图达到永恒的行孝目的。宋代巴蜀地区墓葬中的孝行故事石刻发现较少，主要集中在四川广元和重庆沙坪坝等地，广元罗家桥南宋墓的女室共有孝行图四幅，分别是“杨香打虎”“董永别妻”“原谷谏父”“伯俞泣杖”；[③]广元072医院宋嘉泰四年（1204年）石室墓的西室（女墓）后壁龛内浮雕有室内陈设、侍女注酒及交椅图像，左右壁刻“唐氏乳姑”“曾参心痛”“郭巨埋儿”“刘庯行孝”“丁兰奉木”等孝行图；[④]重庆沙坪坝井口宋墓刻有“王延元求鱼”“姜诗至孝”“陆绩怀橘”“李氏孝女”“郭巨埋儿”“丁兰刻木奉亲”“子路负米”“闵损至孝”“目连救母”“阿难入城见孝子”等孝行故事石刻。[⑤]

四、动植物类

在巴蜀地区的宋代石室墓葬中，动物和植物类石刻造型较为常见。其中，动物类造型有白鹤、孔雀、鹿、马、狮子、驯象图、双象朝阳、驯熊图、鲤鱼戏珠等。如四川省邻水县合流镇后坝南宋墓墓门侧壁有一力士图案门楣一块，在中部用剔地起突方法刻有一狮头图案，狮额正中刻有一个“王”字。在墓室的左侧壁有

① 四川省文物管理委员会：《虞公著夫妇合葬墓》，《考古学报》1985年第3期。

② 任锡光：《四川彭山发现宋墓两座》，《文物》1958年第3期。

③ 李成渝、林青、马彦：《四川省广元县罗家桥一二号墓伎乐石雕的研究》，《音乐探索·四川音乐学院学报》1985年第1期；另见廖奔：《广元南宋墓杂剧、大曲石刻考》，《文物》1986年第12期。

④ 廖奔：《广元南宋墓杂剧、大曲石刻考》，《文物》1986年第12期。

⑤ 重庆市博物馆历史组：《重庆井口宋墓清理简报》，《文物》1961年第11期。

飞鹤图，均展翅向后龛方向飞翔，动态十足，惟妙惟肖。[①]又如，安岳老鸹山宋墓的墓顶壶门内有浅浮雕龟鹤莲叶图、二人舞狮图等。[②]而在植物类石刻中，花卉类石刻造型较为常见，在川南（代表如泸县宋墓）、川北（代表如广元杜光世及其妻弋氏墓、清川县竹园金子山乡宋墓等）、川东（代表如华蓥安丙墓）、川中（代表如资中宋右丞相赵雄墓）及重庆（代表如大足龙水镇明光村磨儿坡宋墓）等地均有发现。巴蜀地区宋墓石刻中的花卉图案主要雕刻在墓门、墓道、壁龛假门的门额、格眼、障水板以及过梁等位置。花卉的种类主要包括牡丹、荷花、菊花、水仙、忍冬、蔓草、荔枝和枇杷等。这些花卉图案不仅有装饰和审美的作用，而且具有非常丰富的内在含义。在雕刻技法上，宋代花卉石刻技术也相当成熟。作为巴蜀地区宋墓石刻造型的重要内容，花卉石刻更符合大众情趣，更贴近百姓生活。如颇具地域特色的荔枝和枇杷等植物，就是宋代其他地域墓葬美术领域较少表现的题材内容。

五、仿木结构建筑

仿木结构建筑石刻是宋代巴蜀地区墓葬石刻的重要组成部分，如仿木石柱、仿木斗拱、枋、阑额、雀替、歇山顶屋檐、藻井顶、须弥座、门、窗，甚至各类牌楼和亭台楼阁等，与宋代中原地区的砖雕壁画墓交相辉映。如白鹞沟石室墓群赵梦得石室墓葬中，其左耳室双扇格子门上刻牛尾锁，阑额刻花卉，用浅浮雕八棱柱，柱上承栌斗，刻有“龟鹤”“寿山”字样。[③]又如，重庆大足龙水镇明光村磨儿坡宋墓中，墓室后壁头龛上有一牌楼高 140 厘米、宽 90 厘米，牌楼前由两个八棱柱支撑，后置于头龛顶部，牌楼顶为歇山式，其下有斗、普拍枋、柱等仿木建筑构件。[④]

另外，宋代巴蜀地区石室墓葬中常见一些如剪刀、执壶、酒杯、灯具、衣架等生活用具，或者桌子、椅子、屏风、帷幔等家具物件之类的石刻。这些生活家具用品题材以现实生活中常见的物品为范本，真实再现了当时人们的日常起居。

---

① 文物保护管理所：《邻水县合流镇后坝南宋墓清理简报》，《四川文物》2003 年第 3 期。

② 王玉：《四川安岳县老鸹山南宋墓清理简报》，《考古与文物》2009 年第 1 期。

③ 重庆市文化局等：《重庆文物总目》，重庆：西南师范大学出版社，1996 年，第 226 页。

④ 重庆大足石刻艺术博物馆：《重庆大足龙水镇明光村磨儿坡宋墓清理简报》，《四川文物》2002 年第 5 期。

如广元072医院宋嘉泰四年(1204年)石室墓两座墓室的后壁壁龛中,均刻有一桌一椅,桌上摆放有食具、酒器,又有侍者侍立于旁,似乎正在侍奉墓主人进食。[①]

① 廖奔:《广元南宋墓杂剧、大曲石刻考》,《文物》1986年第12期。

第二章

宋代巴蜀地区石室墓的石刻图像题材位置安排

正如前文所述,墓葬石刻的礼仪功能只有将其放置于“原境”上,才能被合理地完整理解。而这个“原境”就是组成墓室的各个石壁。通过上文对宋代巴蜀地区带石刻的石室墓形制的梳理,我们发现,无论单室还是多室墓,墓室大都为长方形结构,而组成墓室就包括前、后、左、右、上、下这六个空间,墓葬石刻就分布在这六个空间上。具体来说,包括:(1)墓室后壁,即正对墓门的墙壁,这也是墓室的主壁;(2)墓室前部,即墓门处,由于宋代巴蜀地区石室墓的墓门多已无存,故而墓门处只包括墓门门额及左右门框;(3)墓室左、右侧壁,这一部分的石刻题材最为复杂;(4)墓室的顶部,宋代巴蜀地区石室墓中有许多墓室顶部置有藻井,在藻井内雕刻有精美图案;(5)墓室的底部,这一区域主要放置墓主人的棺木及其他陪葬物品,其中里面的也包含有买地券等石刻物品。本书将以典型的宋代巴蜀地区石室墓为例,将宋代巴蜀地区的墓葬石刻还原到其在墓中的原生位置,依次讨论墓室六个空间的石刻题材及其与墓主的关系,而后进一步讨论这六个空间的关系,最终指向宋代巴蜀地区石室墓石刻空间的关系的功能,即墓葬石刻到底是营造了一个怎样的空间关系来为死者服务的。

在宋代巴蜀地区带石刻的石室墓中,后壁是具有特殊功能和象征意义的,在这一部位的壁龛之中,通常会设置特定的场景造像,来表示墓主人的灵魂所在。本章就以宋代巴蜀地区典型的石室墓葬为例,围绕其后壁的石刻图像,分析其类型并探讨其在墓室空间内所起到的功能与象征意义。

第一节　墓室后壁石刻图像的题材

作为死者灵魂在墓中存在的标志,墓主人位石刻一般由墓主形象或无形的空间表现。宋代巴蜀地区石室墓的后壁龛内有着丰富的墓主人位题材石刻(详见表2-1),但依据其内容和功能,大体可以分为三种类型:

一、墓主人像

第一类是直接呈现墓主人形象。一般为墓主人端坐在椅子上，侍从环绕其左右。如华蓥安丙家族墓M2内龛下部中间雕刻墓主人安丙坐像（图2-1），左右各侍立一女性。安丙坐于椅子上，头戴东坡巾，平视前方，颏下胡须垂至腰部，其左右侧各立一侍女，一人拱手而立，面色恭顺；一女则捧一布袋，从布袋中露出的元宝可知，这个袋子展示了墓主人丰厚的财富。[①]当时人们相信，只要破坏了某人的肖像，不仅会将肖像的功能毁坏，甚至会为某人带来厄运。M2中，安丙本人的雕像被人为地破坏（墓室内还发现其他人为故意损毁的现象，如棺室左右壁雕刻的驯兽图部分被人打坏，墓志也被人打碎），值得注意的是，这种情况只发生在安丙墓中，故而是进入墓室者的一种泄愤行为。[②]通过毁坏墓中的安丙雕像，目的就是破坏安丙在地下生活的宁静，使之无法享受正常的祭奠与供养。

图2-1 四川华蓥安丙墓安丙坐像[③]

广元河西公社杜光世夫妇合葬墓右室后壁龛内所刻的女墓主人念佛图（图2-2），上部刻布檐帷帐，帐内正中女主人座椅上，手执佛珠一串，正在念经祈祷，两侧各立一侍女，正恭敬地站在墓主人身侧。[④]从构图上，我们可以发现，在这些墓主与侍从的组合中，墓主和侍从的身体比例有着较大的差异，即墓主的身

① 华蓥市文物管理所等编：《华蓥安丙墓》，北京：文物出版社，2008年，第58–59页。
② 华蓥市文物管理所等编：《华蓥安丙墓》，北京：文物出版社，2008年，第148页。
③ 华蓥市文物管理所等编：《华蓥安丙墓》，北京：文物出版社，2008年，第148页。
④ 四川省博物馆、广元县文管所：《四川广元石刻宋墓清理简报》，《文物》1982年第6期。

形比例通常比侍从要高大，如华蓥安丙墓M2中，安丙明显比两侧侍女要高大得多。这种现象不难理解，为突出墓主人的形象，一个做法就是让墓主居于图画中央，另一种途径就是将墓主形象塑造得比同图框中的人物更为高大。另一些墓主人像反映了墓主人的地位。如资中烂泥湾宋墓M2与M3为夫妻同穴异葬的双室墓，后龛内皆高浮雕墓主人坐像(图2-3)，坐像均头戴直脚璞头，身穿圆领宽袖长袍，反映了墓主人官僚阶层的属性。[①]

图2-2　四川广元宋墓念佛图[②]

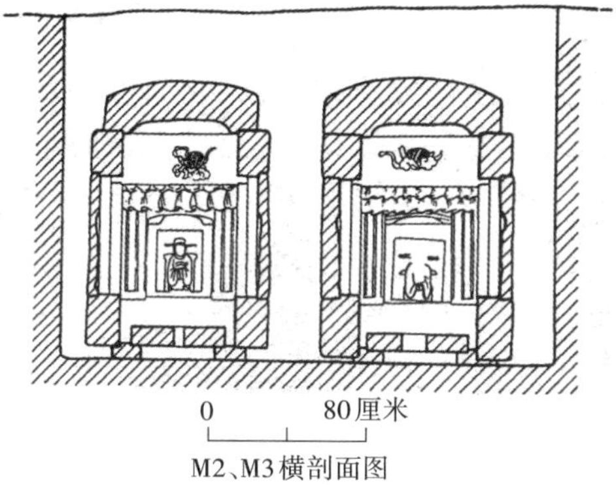

图2-3　资中烂泥湾宋墓墓主像[③]

在中原地区宋金墓葬中发现的墓主夫妇对坐宴饮图与这类图像有相似共通之处。河南禹县白沙1号宋墓前室西壁的夫妇宴饮图画面上方砖雕卷帘并绘以幔帐，幔帐下方的正中位置砖雕桌案、注壶和两个茶盏，桌案两侧又雕出两把椅子，以及袖手对坐的墓主夫妇(图2-4)。其中男性墓主，面蓄胡须，头戴蓝帽，身穿圆领蓝袍；女性墓主，头梳高髻，身着绛糯白裙。两人皆侧身面东观看东壁的乐舞表演。墓主夫妇的背后还各绘一堵屏风，两屏之间则绘以分别手捧圆盒、唾壶和果盘的男女侍者。给人印象颇深的是，画中的墓主夫妇像以及桌椅、注壶和茶盏等，即是以浮雕加彩绘的方式完成的，看上去格外真切、醒目。此类图像宿白先生称之为“开芳宴”[④]，秦大树先生认为这类墓主人图像应该代

① 四川省文物考古研究院、资中县文物管理所:《四川资中县烂泥湾宋墓发掘简报》,《四川文物》2015年第2期。

② 四川省博物馆、广元县文管所:《四川广元石刻宋墓清理简报》,《文物》1982年第6期。

③ 四川省文物考古研究院、资中县文物管理所:《四川资中县烂泥湾宋墓发掘简报》,《四川文物》2015年第2期。

④ 宿白:《白沙宋墓》,北京:文物出版社,2002年,第48页。

表墓主人夫妇的灵位。[①]其后,这一题材发现于晋北、河北、内蒙古乃至南方地区,巴蜀地区的墓主人石刻可能与之有关[②]。但在宋代巴蜀地区所见的墓主人像基本为主人独像,基本未发现有夫妇对坐的现象。笔者推测,这应该与宋代巴蜀地区的夫妇同穴异葬风俗有关,所谓夫妇同穴异葬,即夫妻分葬于两墓室,其间有通道相连,或中间隔墙连在一起,或门墙连在一起,双室同时建在同一墓穴之中。这种墓葬形制多用于夫妻合葬。据苏轼《东坡志林》卷7记载,巴蜀地区非常流行这种葬制,称之为"同坟异葬"或"同穴异室"墓,其目的是因为夫妇死有先后,葬后死之人时,如见先死之人尸首腐败,恐伤害子孙之心,而两室之间留有通道则可以满足传统"彀则异室,死则同穴"的伦理需求,苏轼称赞其"最为得体"。两墓室分开,夫妻各葬一室,那么该室便只雕刻一人。

图2-4 河南禹县白沙1号宋墓前室西壁的夫妻对坐图[③]

还有一种墓主人像则较为特殊,如彭山虞公著夫妇合葬墓东室后壁龛中,雕刻墓主人身着长服,正欲攀登蓬莱仙山的场景(图2-5,西室亦刻蓬莱仙山,但已因漫漶而模糊不清,这里就以东室为例),图下部分刻有波涛翻滚的海潮,将此岸的现世与彼岸的仙境隔断开,图上部分刻蓬莱仙山,蓬莱山下有通向山顶的石阶小径迂回而上,半山间刻有镂空亭。亭的对面山间刻有灵芝仙草,山顶

① 秦大树:《宋元明考古》,北京:文物出版社,2004年,第146页。

② 李清泉:《"一堂家庆"的新意象——宋金时期的墓主夫妇像与唐宋墓葬风气之变》,《美术学报》2013年第2期。

③ 宿白:《白沙宋墓》,北京:文物出版社,2002年,第48页。

为茂密丛林，林中筑一洞室，室门顶上刻有“蓬莱”二字，图的中部为山麓，正引导墓主人向山上的仙洞走去。①整个石刻场景都在告诉观者，墓主已脱离尘世，进入长生不死的仙境了。

图2-5 彭山南宋虞公著夫妇合葬墓东室后壁的蓬莱仙岛图②

二、墓主人座

所谓墓主人座，指删除墓主肖像，代以由其他形象、场景所“界框”（巫鸿语）的无形空间。在宋代巴蜀地区石室墓葬中，我们常看到一把空椅子，它或者单独摆放在图像的中央，或其两侧站立侍从，总之这种场景中组合的家具及人物通常也比较丰富，包括屏风、座椅、帷幔、桌子、侍者等图像。如泸县奇峰镇一号墓后壁龛内剔地起突刻有屏风、座椅。屏风由三扇组成，两端的两扇外敞，呈八字形，每扇均雕刻出榜眼、腰华板、障水板，中扇屏风前刻一交椅。二号墓的后壁龛内则在剔地起突屏风和座椅左侧刻一女侍，头绾高髻，表情平和，微向左视，身着圆领长袍，右手扶在交椅靠背上，左手扶在交椅左侧的把手上，似乎正在等待墓主人入座（图2-6）。③安岳老鸹山宋墓M1后壁亦出现类似情况，在图

① 四川省文物管理委员会：《虞公著夫妇合葬墓》，《考古学报》1985年第3期。

② 四川省文物管理委员会：《虞公著夫妇合葬墓》，《考古学报》1985年第3期。

③ 四川省文物考古研究所等：《泸县宋墓》，北京：文物出版社，2004年，第82、93页。

像中，屏风前刻有一把靠椅，靠椅两侧各有一个身着长袍的男侍立像，表情恭顺平和，双手拱于胸前呈侍立状（图2-7）。[①]大足龙水镇明光村磨儿坡宋墓M1中亦雕刻侍女与交椅组合的图像，两位侍女恭恭敬敬，站立在座椅旁边，或持生活物品，或手捧执壶似要为墓主斟酒，将墓主的家居生活刻画得淋漓尽致（2-8）。[②]

奇峰镇一号墓后壁龛正视图

奇峰镇二号墓后壁龛正视图

图2-6 泸县奇峰镇一号墓（左）、二号墓（右）后壁龛[③]

① 王玉：《四川安岳老鸹山南宋墓清理简报》，《考古与文物》2009年1期。

② 重庆大足石刻艺术博物馆：《重庆大足龙水镇明光村磨儿坡宋墓清理简报》，《四川文物》2002年第5期。

③ 四川省文物考古研究所等：《泸县宋墓》，北京：文物出版社，2004年，第82页

图2-7　安岳老鸹山宋墓M1后壁的座椅图[①]

图2-8　大足龙水镇明光村磨儿坡宋墓M1后壁龛的座椅图[②]

广元河西公社杜光世夫妇合葬墓左室后壁龛、广元青川县竹园镇金子山宋墓两座墓室的后壁龛、广元昭化曲回乡宋墓后壁龛、广元072医院宋嘉泰四年(1204年)石室墓西(左)室龛内均浮刻有备宴图。以广元072医院宋嘉泰四年石室墓西(左)室龛内的备宴图(图2-9)为例,图像中浮雕一桌,罩桌幔,上有带托酒盏一件,装带叶硕果的盘子一个。桌侧立一丫髻侍女,双手捧莲花塞酒注,正向盏内注酒。另一侧有一交椅,上铺椅被。桌椅上方悬帷幔,生动地将墓主人家宅生活的一个场景呈现,[③]这时桌子旁的交椅就不是空荡荡的,而墓主人无形的灵魂早已在此,享受宴饮乐趣了。司马光就曾在《书仪·居家杂仪》中说:

① 王玉:《四川安岳老鸹山南宋墓清理简报》,《考古与文物》2009年第1期。

② 重庆大足石刻艺术博物馆:《重庆大足龙水镇明光村磨儿坡宋墓清理简报》,《四川文物》2002年第5期。

③ 廖奔:《广元南宋墓杂剧、大曲石刻考》,《文物》1986年第12期。

“凡子事父母，乐其心，不违其志，乐其耳目，安其寝处，以其饮食奉养之。”①备宴图中，桌上摆放着各种饮食和供品，周围又有侍者侍奉，乐其耳目，安其寝处与饮食之养兼得，墓主仿佛仍在家中过着安乐、幸福的生活。

图2-9 广元072医院宋嘉泰四年石室墓西(左)、东(右)室龛②

宋代巴蜀地区后壁龛中启门图占据很大比重，在上文所列举的29座墓葬中，就有10所墓室后壁为启门图案。启门图自1944年莫宗江先生和王世襄先生就分别在宜宾旧州坝白塔宋墓和南溪李庄宋墓中发现后壁壁龛刻有妇人半

① [宋]司马光：《司马氏书仪》卷4《居家杂仪》，北京：中华书局，1985年，第41页。

② 廖奔：《广元南宋墓杂剧、大曲石刻考》，《文物》1986年第12期。

启门以来，[1]一直是历史学和墓葬美术研究者讨论的重要题材，[2]通过对近年来启门图研究的梳理，笔者认为，将这一图像认定为象征门之后还有“寝”的空间，

① 参阅莫宗江：《宜宾旧州坝白塔宋墓》、王世襄：《四川南溪李庄宋墓》，均载于《中国营造学社汇刊》1944年第7卷第1期。

② 关于启门图的研究，一直是辽宋金考古乃至墓葬艺术研究领域内的热门话题。宿白先生最早定义和研究启门图，在氏著《白沙宋墓》一书中他详细报道了河南白沙三座北宋墓中出土的启门图材料，并认为“按此种装饰就其所处位置观察，疑其取意在于表示假门之后尚有庭院或房屋、厅堂，亦即表示墓室至此并未到尽头之意。”（宿白：《白沙宋墓》，文物出版社，2002年，第55-56页），1992年，梁白泉发表了《墓饰“妇人启门”含义揣测》一文，作者认为妇人启门题材流行广泛，可能是反映了一个故事。他从故事画为基点出发，猜测有两点可能：“（一）他也许反映了世俗人们对神仙道术的追求”“（二）它也许反映死者对墓地安全的考虑，属于民俗信仰观念的表现”；其后，梁白泉又修订了该文，发表了《墓饰“妇人启门”含义蠡测》，人物“它的含义，当可解读为墓葬者祈望墓主人，从此升天成仙而永生。”（梁白泉：《墓饰“妇人启门”含义揣测》，《中国文物报》1992年11月8日；《墓饰“妇人启门”含义蠡测》，《艺术世界》2011年第2期）。其后，随着社会史、日常生活史、艺术史、妇女史、身体史等学术研究范式的加入，对“启门图”学术界有着更加浓厚的兴趣，相关成果也丰富起来。首先，从材料的承接关系上看，王世襄最先注意到李庄唐家湾宋墓的半启门与四川芦山东汉建安十六年（211年）石棺前挡的半启门相似，并指出“考此制之由来，或可上溯至汉代。”（王世襄：《四川南溪李庄宋墓》，《中国营造学社汇刊》1944年第7卷第1期）。另外，日本学者士居淑子曾提到，除了中国的材料，在古罗马的石棺和庞贝壁画中亦常见半启门图案，而从半启门中出来的则是希腊神话中的英雄赫拉克利斯或赫尔墨斯。（邢义田：《赫拉克利斯（Heracles）在东方——其形象在古代中亚、印度与中国造型艺术中的流播与变形》，载荣新江、李孝聪《中外关系史——新史料与新问题》，北京：中华书局，2011年，第458-513页）。但邢义田认为并没有足够材料能够支持古罗马和汉代中国的半启门图之间有何关系。其次，对启门图本身所具有的象征意义和功能有了更多的讨论，近来学界主要集中于图像中的两个基本元素，即（一）这个人物是谁？（二）这是一道什么门？它在图中充当了什么作用？针对前一个问题，刘毅《“妇人启门”墓饰含义管见》根据汾阳金代墓葬的材料，指出图中的妇女应是墓主生前的侍女媵妾之属，认为启门图反映了别葬的妻妾希望自己的灵魂来到丈夫的归宿地。（刘毅：《“妇人启门”墓饰含义管见》，载孙进己、苏天均等主编《中国考古集成·华北卷》，哈尔滨：哈尔滨出版社，1994年，第728-729页。），郑滦明《宣化辽墓“妇人启门”壁画小考》将宣化辽墓启门壁画中的人物分为侍女和婢妾。（郑滦明：《宣化辽墓“妇人启门”壁画小考》，《文物春秋》1995年第2期）。邓小南先生则从妇女史的角度认为以白沙宋墓为代表的妇人启门图是儒教礼制约束下“无故不窥中门”的反映（《从考古发掘资料看唐宋时期女性在门户内外的活动》，载李小江等主编《历史、史学与性别》，南京：江苏人民出版社，2002年，第113-127页）。也有人从民俗学的角度出发，认为门缝中的人物可能与仙界有关，是为了引导死者进入仙境。如刘志远、余德章、刘文杰《四川汉代画像砖与汉代社会》（文物出版社，1983年）中认为芦山王晖石棺前档的半启门就是“人神化了的朱雀形象”。另外，值得我们注意的是，启门图中启门的人物不单只有女性，在宋墓中亦常见男性的出现，如果门后为墓主人的寝室，那么男性侍者能够随意出入么？这又为启门图的研究增添了许多不确定性和研究的方向。针对第二个问题，讨论则更为丰富。巫鸿和士居淑子都认为“门”是“天门”“魂门”的象征（巫鸿：《礼仪中的美术——巫鸿中国古代美术史文编》下册，郑岩，译，北京：生活·读书·新知三联书店，2005年，第481、491-492页）。杨孝鸿则认为门是沟通阴阳两界的窗口［杨孝鸿：《南京艺术学院学报》（美术与设计版）2013年第1期］，等等。

较为符合巴蜀地区宋代墓葬中启门图像石刻的实际情况。更为重要的是，宋代巴蜀地区石室墓后壁中启门图的出现，使这一图像有了进一步变化：墓室内壁“由各种家居奉侍活动图像所包裹着的墓室内部，看上去仿佛就是一个共死者灵魂起居活动的‘堂’，而墓室后壁的假门所象征和暗示的那一虚空间，才应该是逻辑上的死者灵魂的安寝之所”①。以大足区城北环二路锅盖坡宋墓M1为例，头龛内刻半启双扇雕花门，两门图案相同，下部风化严重，模糊不清。门前立一女侍像，头绾高髻，着交领长服，左半身隐于左门内，右手持镜柄，将镜面贴于胸前（图2-10），镜子本为寝室内妇人梳妆的私密用品，这通过女侍手持梳妆用品分明是在暗示门后即为女主人的寝室。②在北碚澄江苦塘沟宋代墓群M2的后壁（图2-11），高浮雕歇山顶式建筑中间刻有妇人启门图样，而在启门图的两侧刻有瓶花各一幅，而下方基座则分明刻成供桌式样，③在这幅图中，门不仅仅是单纯的“寝”的体现，更成为类似灵位这样带有祭祀含义的“位”的隐晦象征。巫鸿先生曾指出，隐藏在假门之后的是非物质性的灵魂，他已超越了墓室建筑材料的局限，而存在于人们的想象当中。④换句话说，这一时期放置于后壁内龛的启门图的功能开始与“位”的功能相互重叠——都是生者处于“祭奠供奉”目的而专门设置的。

图2-10 大足区城北环二路锅盖坡宋墓M1头龛内的启门图案⑤

---

① 李清泉：《空间逻辑与视觉意味——宋辽金墓“妇人启门”图新论》，《美术学报》2012年第2期。

② 大足石刻研究院：《重庆大足区城北环二路锅盖坡宋墓清理简报》，《重庆历史与文化》2014年第1期。

③ 北碚区文物管理所：《北碚澄江苦塘沟宋代墓群抢救清理简报》，《重庆历史与文化》2014年第2期。

④ 巫鸿：《“空间”的美术史》，上海：上海人民出版社，2018年，第189页。

⑤ 大足石刻研究院：《重庆大足区城北环二路锅盖坡宋墓清理简报》，《重庆历史与文化》2014年第1期。

图 2-11　北碚澄江苦塘沟宋代墓群 M2 后壁龛[①]

还有一些石刻也隐晦地定义了墓主人的存在，如瓶装花卉和香炉等物。乐山仁寿古佛乡宋墓两个墓室后壁龛两侧均浅浮雕瓶花图案（图 2-12）。[②]华蓥安丙家族墓地墓 M3 的后壁壁龛中雕刻一六边形瓜棱花瓶，花瓶中插菊花一枝（图 2-13）；[③]墓 M5 后龛内上部及下部图案已模糊不清。中部帷幔前中央为菊花图案，菊花插于六棱形花瓶中，花瓶置于变形兽足支座瓶座上。两侧的左右次间均为荷花图案，荷花插于花瓶中，花瓶置于瓶座上（图 2-14）。[④]另外，广元青川县竹园金子山乡宋墓 M1、M2，以及北碚澄江苦塘沟宋代墓群墓 M2 后壁龛两侧的方形立柱的柱面上，各雕刻有瓶花 1 幅（图 2-15）。[⑤]香炉则见于华蓥安丙家族墓 M4 的后壁壁龛内，在龛中部，洞开的双扇门中央刻有一六边形变形兽足支座，座上为莲花，莲花上放置宝珠顶香炉（图 2-16）。[⑥]

① 北碚区文物管理所：《北碚澄江苦塘沟宋代墓群抢救清理简报》，《重庆历史与文化》2014 年第 2 期。

② 莫洪贵：《仁寿县古佛乡宋墓清理简报》，《四川文物》1992 年第 5 期。

③ 华蓥市文物管理所等编：《华蓥安丙墓》，北京：文物出版社，2008 年，第 96 页。

④ 华蓥市文物管理所等编：《华蓥安丙墓》，北京：文物出版社，2008 年，第 133 页。

⑤ 青川县文管所、四川省文物考古研究所：《青川县竹园金子山乡宋墓清理简报》，《四川文物》2001 年第 2 期。

⑥ 华蓥市文物管理所等编：《华蓥安丙墓》，北京：文物出版社，2008 年，第 110 页。

图 2-12 乐山仁寿古佛乡宋墓西室后壁龛侧的瓶花图[①]

图 2-13 华蓥安丙家族墓 M3 后壁龛线描图[②]

① 莫洪贵:《仁寿县古佛乡宋墓清理简报》,《四川文物》1992年第5期。

② 华蓥市文物管理所等编:《华蓥安丙墓》,北京:文物出版社,2008年,第96页。

图2-14 华蓥安丙家族墓地M5的后壁龛线描图[①]

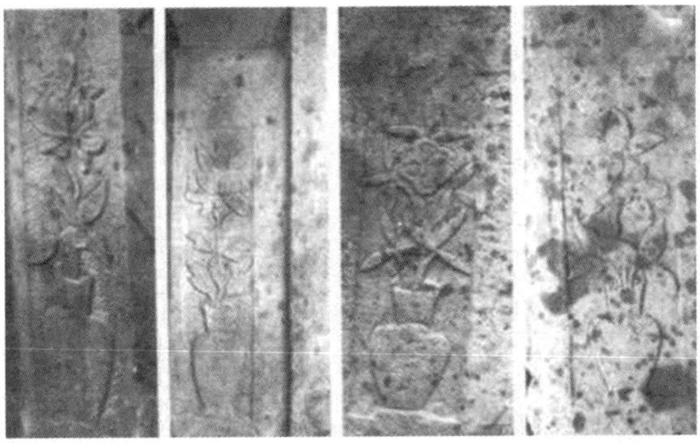

图2-15 广元青川县竹园金子山乡宋墓M1(左)、M2(右)后壁龛浮雕瓶花图像[②]

① 华蓥市文物管理所等编:《华蓥安丙墓》,北京:文物出版社,2008年,第133页。

② 青川县文管所、四川省文物考古研究所:《青川县竹园金子山乡宋墓清理简报》,《四川文物》2001年第2期。

图2-16 华蓥安丙家族墓地M4的后壁龛线描图①

三、墓主人灵牌位

以非再现(nonrepresentational)的形象——如木质牌位——象征死者具有悠久的传统。灵牌,即神主,亦作"主""木主""神位",俗称"牌位"。古代宗庙所设的为死者所立的牌位,状方形,以木或石制成。古人认为神主乃死者灵魂所依,故祭祀时供奉之。②换言之,"灵牌位"本身就具有祭祀的含义。《穀梁传·文公二年》:"丁丑,作僖公主",范宁集解:"为僖公庙作主也,主盖神之所凭依,其状正方,穿中央达四方,天子长尺二寸,诸侯一尺。"③以栗木作的叫栗主,以桑木做的叫桑主,虞祭用桑主,到十三个月举行练祭时,埋掉桑主,改用栗主,都是祭祀时才使用。中国是一个礼制社会,木主的使用也是要分等级的。先秦时代,

① 华蓥市文物管理所等编:《华蓥安丙墓》,北京:文物出版社,2008年,第110页。

② 何本方:《中国古代生活辞典》,沈阳:沈阳出版社,2003年,第951页。

③ [清]钟文烝著,骈宇骞、郝淑慧点校:《春秋穀梁传补注》卷13,北京:中华书局,1996年,第362页。

木主只有天子和诸侯才允许使用，即使到了唐代，也只有皇帝和三品以上的高官才能设立木主。[①]但到了宋代，儒家知识分子主张士大夫都应该有家庙，并供奉木主，如程颐说："家必有庙，古者，庶人祭于寝，士大夫祭于庙。庶人无庙，可立影堂……庙必有主"[②]。并亲自为士大夫设计了新的木主样式，而后朱熹作《家礼》，对程颐的木主极为赞赏，并列于《家礼》之首，[③]随着朱子学地位的稳固和《家礼》的普及，朱熹对木主的提倡也迅速在士大夫间传播开来，对当时以及之后历代士大夫的家祭活动产生了重要影响。清代学者胡培翚在《仪礼正义》卷32中指出："《礼经释例》云古礼大夫、士无主……故司马氏书仪亦不云大夫、士有主，但为祠版之制而已。朱氏家礼始有主"[④]。将"士大夫始有主"之功归于朱熹。在宋代儒家知识分子的努力下，木主作为一种祭器，不再是天子、诸侯和高官显贵的专属之物，而是走向了更加普及的道路，为庶民阶层广泛使用。

宋代巴蜀地区石室墓葬的后壁石刻中，灵牌位是较为常见的题材。作为祭器，如华蓥安丙家族墓M4后龛雕刻后壁中央为中龛，左右两侧及顶部为中龛龛沿，顶部龛沿正面雕刻为左右两个飞天状侍女相向捧扶莲花座荷叶顶碑图案。侍女身着长裙，有飘带缠绕，左侧侍女左手下托莲花，右手上扶碑身，右侧侍女右手下托莲花，左手上扶碑身。碑面无文字，荷叶状碑首（图2-17）。[⑤]南充仪陇县新政镇宋代石室墓西侧室后壁龛中刻一长方形石牌，牌上刻有字迹，但已经不能辨识（图2-18）。[⑥]大足珠溪镇宝珠村张家坡宋墓头龛刻须弥座，座上刻大肚花瓶内插花一束，瓶前立一灵位牌，右边立男侍，两手抄于腹前，双目下视，作哀思状，左立男子右手指灵位，左手曲举过肩，其形象好似内侍们在向人们述说亡人之功德，以及对亡人的无限哀思。[⑦]

---

① 参见甘怀真：《唐代家庙礼制研究》，台北：商务印书馆，1999年，第70页。

② [宋]朱熹：《朱子家礼》卷1，上海：上海古籍出版社，2002年，第875页。

③ 有关宋儒对木主的提倡与改造，日本学者吾妻重二先生有较为相近的考证，参见吾妻重二著，郭海良译：《近世儒教的祭祀礼仪与墓主、牌位——朱熹〈家礼〉的一个侧面》，陈恒，耿相新主编：《新史学》第10辑《古代科学与现代文明》，2013年。

④ [清]胡培翚撰，段熙仲点校：《仪礼正义》卷32《士虞礼》，南京：江苏古籍出版社，1998年，第1993页。

⑤ 华蓥市文物管理所等编：《华蓥安丙墓》，北京：文物出版社，2008年，第110页。

⑥ 仪陇县文物管理所：《四川仪陇县新政镇宋代石室墓清理简报》，《四川文物》2013年第5期。

⑦ 唐毅烈：《简述大足宋墓的建筑结构与雕刻艺术》，《重庆历史与文化》2002年第1期。

图2-17 华蓥安丙家族墓M4后龛龛头上方的灵牌位[①]

图2-18 南充仪陇县新政镇宋代石室墓西侧室后壁龛立面图[②]

另外，笔者走访泸州市石刻艺术博物馆时，发现馆内藏有二方发掘于当地宋墓后壁龛内的灵牌位题材石刻，一方上刻二侍女身着对襟长襦，侧立而对，头上发髻高绾，左侧侍女双手捧托盘，盘内一龟，龟嘴中吐出袅袅青烟，右侧侍女亦双手托盘，盘内站一仙鹤，引颈抬头，口衔墓主人灵牌位，灵牌位上刻有“龟鹤齐寿”四字(图2-19)。另一方则描绘了两位侍者恭敬地手捧一莲花座的灵牌位的场景，硕大的灵牌位居于图像中央，上刻有“郁哉佳城，岗连阜崇，宜尔君子，归安此宫”字样(图2-20)。

① 华蓥市文物管理所等编:《华蓥安丙墓》，北京:文物出版社，2008年，第110页。

② 仪陇县文物管理所:《四川仪陇县新政镇宋代石室墓清理简报》，《四川文物》2013年第5期。

图2-19 泸州市石刻艺术博物馆馆藏“龟鹤齐寿”牌位石刻（笔者 摄）

图2-20 泸州市石刻艺术博物馆馆藏“郁哉佳城”牌位石刻（笔者 摄）

堂号，是宋代巴蜀地区石室墓的后壁中常见的题材，一般雕刻在后壁龛的龛头部分或书写在墓主灵牌位中。如广元昭化县曲回乡的宋墓后有壁龛，龛额刻“庆堂”两字（图2-21），龛左题“淳熙癸卯”，右题“仲冬建造”。[①]华蓥永兴镇驾挡丘宋墓M1内龛后壁正中剔地起突莲花幢牌位，牌位中竖书阴刻“□□□寿堂”五字；M5后壁龛正中亦剔地起突莲花牌位，阴刻“张中兴寿堂”五字（图2-

① 沈仲常、陈建中：《四川昭化县曲回乡的宋墓石刻》，《考古》1957年第12期。

22)[1]；达县九岭乡宋墓，后部正中的壁龛为“王堂”，内壁浮雕主人牌位[2]；大足宋墓有的在后壁直接刻有“寿堂”两字[3]；重庆大足韩家坡石室墓群后壁有“口陈寺堂”四字[4]；重庆合川黄家湾宋墓后壁龛楣施歇山式屋顶，檐下施二朵斗拱。龛内镌刻“藏室”二字，题款“皇宋绍熙庚戌（1190年）季秋”[5]；重庆合川穿店村石室墓后壁开一龛，龛顶为九脊顶，檐下施斗拱两朵，龛内刻花纹，龛中刻“藏室”二字[6]；等等。

图2-21 广元昭化县曲回乡的宋墓后壁龛额“庆堂”题刻[7]

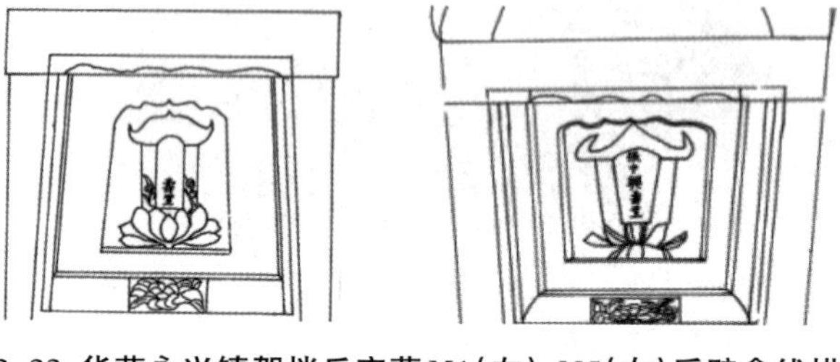

图2-22 华蓥永兴镇驾挡丘宋墓M1（左）、M5（右）后壁龛线描图[8]

① 四川省文物考古研究所、广安市文物管理所、华蓥市文物管理所：《华蓥市永兴镇驾挡丘宋墓群发掘简报》，《四川文物》2009年第1期。

② 张明扬：《达县九岭乡宋代墓葬》，《四川文物》2000年第4期。

③ 蒋美华、邓之金：《四川大足县继续发现带精美雕刻的宋墓》，《文物参考资料》1955年第8期。

④ 重庆市文化局等：《重庆文物总目》，重庆：西南师范大学出版社，1996年，第180页。

⑤ 国家文物局主编：《中国文物地图集·重庆分册》下，北京：文物出版社，2010年，第161页。

⑥ 重庆市文化局等：《重庆文物总目》，重庆：西南师范大学出版社，1996年，第104页。

⑦ 沈仲常、陈建中：《四川昭化县曲回乡的宋墓石刻》，《考古》1957年第12期。

⑧ 四川省文物考古研究所等：《华蓥市永兴镇驾挡丘宋墓群发掘简报》，《四川文物》2009年第1期。

表2-1　宋代巴蜀地区石室墓墓主人位石刻的类型、分布一览表

序号	出处	"位"的类型	"位"的位置	"位"的组合	有无题字	有无墓主
1	安岳县老鸹山南宋墓M1	交椅	后壁龛	交椅后置屏风，两旁各立一手捧物侍者	无	无
2	安岳县老鸹山南宋墓M2	帷幔	后壁龛	仿木结构建筑，门内悬幔帐，帐内有男女各1人，女侍双手于胸前捧1只深腹圜底钵。男侍双手托一长条形物件	龛内门楣上有阴刻楷书"范阳夫人寿域"6字	无
3	广元杜光世夫妇合葬墓	墓主人像	西室西壁	上部刻一有盖座的神牌，下刻潮水，上有一炉，图内侧刻一树，树下一人，图像外侧有一用手捧香者，作祭拜状	无	有
4	广元杜光世夫妇合葬墓	桌椅	东室后壁壁龛	图中刻有一桌，桌上置一执壶，瓜果和食盒，桌旁为一铺有垫褥的椅，龛侧刻一仿木结构格扇门，门外两侧后壁各刻一男仆东侧像手执拂尘，西侧像手执巾	无	无
5	广元县罗家桥一、二号墓	桌椅	一号墓后龛	龛内刻一桌，桌上置有瓶、碗之类，一侍女手执壶作倒水状，桌旁立一椅，龛侧各刻一侍女	无	无
6	广元县罗家桥一、二号墓	桌椅	二号墓后龛	龛内刻一桌，桌上似置有物，旁立一侍女，龛内侧各立一侍女	无	无
7	昭化县曲回乡的宋墓	桌子	后壁壁龛	后壁龛正中雕一石桌，桌上放置执壶、碗各一件，另一碗放在碗托上。桌后两妇人，右一人双手捧一方盘，左一人从盘内取出一物，正准备摆在桌上。龛上部刻帷帐	龛额刻"庆堂"两篆字，龛左题"淳熙癸卯"，右题"仲冬建造"	无
8	华蓥市永兴镇驾挡丘宋墓群M1	灵牌位	后壁壁龛	灵牌位底座为莲花	"寿堂"	无

续表

序号	出处	“位”的类型	“位”的位置	“位”的组合	有无题字	有无墓主
9	华蓥市永兴镇驾挡丘宋墓群M5	灵牌位	后壁壁龛	灵牌位底座为莲花	“张中兴寿堂”	无
10	资中水南区谷田乡宁国寺村宋墓	墓主人像	后壁壁龛	龛中刻戴幞头穿长袍的男性	无	有
11	资中县大包山宋墓M1	墓主人像	后壁壁龛	龛中刻女墓主人端坐于椅上	无	有
12	资中县大包山宋墓M4	墓主人像	后壁壁龛	墓主人两侧各立一双手捧物侍女	无	有
13	资中县大包山宋墓M5	墓主人像	后壁壁龛	墓主人两侧各立一双手捧物侍女	无	有
14	资中县烂泥湾宋墓M1	墓主人像	后壁壁龛	墓主人高髻,身穿对襟袍衣,内着抹衣,双脚外露,端坐在椅子上。左下角站立一仙鹤,仙鹤伸颈仰望墓主人	无	有
15	资中县烂泥湾宋墓M2、M3	墓主人像	后壁壁龛	龛顶施有帷帐,龛中刻有戴幞头穿袍服男子	无	有
16	南充仪陇县新政镇宋代石室墓	石牌位	西侧室后壁龛	石牌位	无	无
17	乐山城西宋墓M1	供桌	后壁壁龛	供桌下方刻麒麟,上方龛内刻启门图案	无	无
18	乐山城西宋墓M2	供桌	后壁壁龛	供桌下刻一衔绣球狮子,上方刻启门图	无	无
19	乐山城西宋墓M3	供桌	后壁壁龛	供桌下方刻有花卉图案,上方刻启门图	无	无
20	乐山城西宋墓M4	供桌	后壁壁龛	供桌下方刻有牡丹花卉图案,上方刻一屏风,二男侍从屏风内探出头来,应是启门图的一种	无	无
21	叙永天池宋墓9SLXXM1	墓主人像	两室后壁壁龛	左室刻三人,中间坐一人,两边各立一人;有石刻二人,一妇人坐于凳上,一女侍者立于左侧	无	有

续表

序号	出处	“位”的类型	“位”的位置	“位”的组合	有无题字	有无墓主
22	叙永天池宋墓09SLXTM1	墓主人像	后壁壁龛	墓主端坐中央，旁各立一捧物侍者	无	有
23	叙永天池宋墓09SLXTM2	墓主人像	后壁壁龛	中有一柱将图像分开，左侧站立一男侍者，手中捧物，后侧作一女性(应为墓主)，旁立一女侍者	无	有
24	叙永天池宋墓09SLXPM1	墓主人像	后壁壁龛	中坐一戴幞头男性，旁各立一捧物侍者	无	有
25	三台县永明镇杨凳寺宋墓	杯盏酒壶	左室后壁后龛	左室龛内分别雕刻浅浮雕执壶、荷叶形盖豆和盛有物品的券足碗，右壁剥蚀不清	左壁刻对联“寿如山”一副，左联“寿如福海”，右联“富贵荣华”，右室头龛上有“福如海”三字	无
26	泸县奇峰镇二号墓	交椅、屏风	后壁后龛	座椅、女侍、屏风	无	无
27	泸县奇峰镇一号墓	交椅、屏风	后壁壁龛	屏风、座椅	无	无
28	华蓥安丙家族墓M2	墓主人像	后室后壁	内龛墓主人安丙坐像，左右各侍立一女性。龛内上部左右各有减地平钑飞禽一对，均展翅飞向墓主人，龛外两侧壁中部的人物为持笏吏	无	有
29	华蓥安丙家族墓M3	花瓶	后室后壁	后壁左、右两侧的外龛龛沿各雕刻一个侍者。双手持杖柄下部。后龛中龛龛台雕刻牡丹花图案。中龛后壁的内龛龛沿上部及左右两侧雕刻帷幔图案，两侧垂幔上部系结。下部的内龛龛台雕刻荔枝图案。内龛左右两侧壁各雕刻双手捧物侍女一个。后壁中部雕刻花卉图案，下部为六边形瓜棱花瓶	无	无

续表

序号	出处	"位"的类型	"位"的位置	"位"的组合	有无题字	有无墓主
30	华蓥安丙家族墓M5	花瓶	后室后壁	后龛两侧各雕一门,内上方及左右侧为帷幔图案,帷幔前中央为菊花图案,菊花插于六棱形花瓶中,花瓶置于变形兽足支座瓶座上。两侧各有一个侍女,左侧侍女双手抱住垂幔;右侧侍女左臂向后挡住垂幔右次间均为荷花图案,荷花插于花瓶中,花瓶置于瓶座上	无	无
31	华蓥安丙家族墓M4	香炉	后室后壁	内龛左右两侧壁雕刻呈外"八"字形,各雕捧物侍女一个:左壁侍女手捧熏香,右壁侍女手托食盒。最下部为六边形变形兽足支座,座上为莲花;莲花上放置宝珠顶香炉	无	无
32	北碚澄江苦塘沟宋代墓群M2	供桌	墓室后壁后龛中	供桌下有玄武,上方龛内刻有启门图案	无	无
33	大足龙水镇明光村磨儿坡宋墓M1	交椅	后壁壁龛	龛中刻一椅子,椅后为刻有花卉图案的屏风,二捧物女侍分立于屏风两侧	无	无
34	大足龙水镇明光村磨儿坡宋墓M2	交椅	后壁壁龛	龛中刻一椅子,椅后似刻有屏风	无	无
35	大足城西宋墓三座(李氏安人墓)	交椅	后壁壁龛	龛中刻一椅子,椅后似刻有屏风	无	无

四、玄武石刻题材

玄武是一种龟和蛇合成的灵兽,又称玄冥,玄为黑色,冥为阴,南宋洪兴祖解释说:"玄武,谓龟蛇,位在北方,故名曰玄;身有鳞甲,故曰武"[①]。根据冯时先

① [战国]屈原著,[宋]洪兴祖注:《楚辞补注》卷5,南京:凤凰出版社,2007年,第150页。

生的考证，后世所见的玄武形象的祖形为鹿，如濮阳西水坡遗址M45周围发现的蚌塑鹿图案；河南三门峡上岭村出土的春秋初叶虢国铜镜，其镜背四方分列四兽，左右为龙、虎，下为鸟，上为鹿等。大约在西汉时期，北宫主象由鹿（麒麟）转化为龟、蛇形象的玄武。[①]一般来说，从汉代画像石以降的玄武形象大都为龟蛇相缠型，龟首与蛇首或相对而视，或一同目向前方。有的龟、蛇分开，作追逐嬉戏状。这一类的玄武图像居多，是宋代巴蜀地区石室墓中玄武石刻的主流。而在安丙墓中的玄武形象则被神格化，塑造成人形仙真脚踏龟蛇的形象。下表梳理了宋代巴蜀地区典型的石室墓葬中的玄武形象（见表2-2）：

表2-2　宋代巴蜀地区典型石室墓玄武石刻造型划分一览表

类型	特点	出处
1.龟蛇相缠型	出现一龟一蛇，二者相互缠绕。	
①龟蛇相望	龟立于云端，蛇自龟腹前出，向下看龟。	四川资中县大包山宋墓M4、资中县烂泥湾宋墓M2
	龟立于云端，蛇自龟腹前出，平视乌龟。	四川眉山彭山区双江镇虞公著夫妇墓左室，资中县大包山宋墓M1、M5，资中赵雄墓
	蛇双绕乌龟，自龟腹前出，平视乌龟。	重庆北碚澄江苦塘沟宋墓群M2、沙坪坝井口宋墓
②龟蛇相缠但不相望	蛇双绕乌龟，自龟腹前出，龟、蛇皆驻足向前望，龟足如兽爪。	四川广元河西乡宋墓
	龟立于云端，蛇从龟腹前绕出，蛇尾缠住龟尾，龟、蛇皆作驻足回望状。	四川彭山区双江镇虞公著夫妇墓右室
	龟立于云端，蛇虫龟腹前绕出，低头屈身向前，龟首残缺。	四川资中县烂泥湾宋墓M3
2.只有龟而无蛇型	只有乌龟而未见蛇出现。	重庆大足龙神湾南宋王若夫妇墓M1、M2
3.人形仙真型	玄武为组合图，上为人形玄武神，头戴兜鍪，双目怒视，身微左倾，作“S”状站立，右手持剑，横向左上斜，左手上举，中、食指指天，余指曲握手心。身穿铠甲，外披无领衫，裸足，踏龟蛇。龟置于人之左侧，龟首左向，龟左又有一蛇，蛇身半呈“弓”字形，蛇头向右，俯首与龟首相邻，似亲吻状。龟蛇下为卷云纹。	四川华蓥安丙家族墓M1

① 冯时：《中国早期星象图研究》，《自然科学史研究》1990年第2期。

续表

类型	特点	出处
	玄武为组合图，上为玄武神，光头，似弥勒状，敞胸露怀，大肚，身披单衣，宽袖上翻，裸足，右足踏龟蛇，左足平置作善跏结坐，右手持剑着于右膝上，剑身向左上斜举，左手指平伸，掌心向下，置于左膝。龟身右向，蛇身作半起状，呈“C”形，蛇首反身向左，俯身与龟首相近。底部为卷云纹。	四川华蓥安丙家族墓M2
	玄武神头部残破，敞胸，身着无领衫，裸足，右手持剑，置于右膝，剑身向左上斜伸，左手置于左膝盖上。左足踏屋顶，右足平伸，作善跏结坐状。	四川华蓥安丙家族墓M5

考察上述玄武图像，宋代巴蜀地区墓葬中的玄武形象大致可以分为动物形象和神格化的人形仙真形象。而动物形象又可以细分为两种类型：

（1）龟蛇相缠型。动物形象大都由一龟一蛇组成，蛇从龟身缠绕而过，或与龟相对而视，或与龟同视一方，这是玄武的主要造型。正如汉代魏伯阳《周易参同契》卷下云：“雄不独处，雌不独居，玄武龟蛇，潘纠相扶”，[①]明确指出玄武的基本式样，此类形象也是在巴蜀地区宋墓中出现频率最高的。但在不同的墓葬之中，由于不同的制作工艺，龟、蛇的具体形象则各有不同。遂可以细分为两种类型：

其一，是龟蛇相望型。即蛇从龟腹前绕过再回过头来与龟相望，龟足下或有卷云纹。如资中县大包山宋墓M4、M5（图2-23），资中县烂泥湾宋墓M2等，龟立于云端，蛇从龟腹前绕出，蛇头向下俯视龟首。

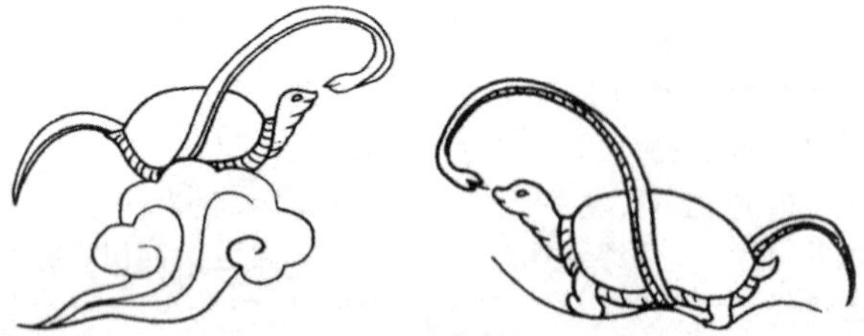

图2-23 资中县大包山M4（左）、M5（右）后壁上方的玄武图[②]

① 周士一，潘启明：《〈周易参同契〉新探》，长沙：湖南教育出版社，1981年，第42页。

② 四川文物考古研究院、资中县文物管理所：《四川资中县大包山宋墓发掘报告》，《四川文物》2013年第1期。

其二，是龟蛇不相望型。蛇从龟腹前绕出，一般与龟一同注视前方，如广元河西公社杜光世夫妇合葬墓的两个墓室后壁的玄武（图2-24）；也有一同注视后方的，如彭山区双江镇虞公著夫妇墓右室后壁，蛇与龟一同扭头注视后方（图2-25）。

图2-24 杜光世夫妇合葬墓后壁的玄武① 图2-25 彭山虞公著夫妇合葬墓右室后壁的玄武②

（2）只有龟而无蛇型。以单独龟的形象出现，在巴蜀地区宋代墓葬石刻中数量不多。如重庆大足龙神湾南宋王若夫妇墓M1、M2后壁的玄武形象（图2-26）。

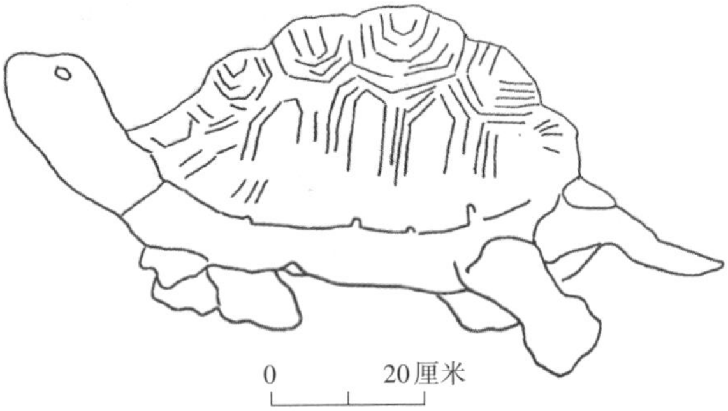

图2-26 重庆大足龙神湾南宋王若夫妇墓M1、M2后壁的玄武图③

除动物形象外，四川华蓥安丙家族墓地中还发现了人形仙真型玄武形象。一般而言，玄武的形制均为龟蛇的组合。而华蓥安丙家族墓M1、M2、M5中出现的玄武图像，却以人物为主体。具体均为仙人褒衣博带，右手仗剑，赤足踏龟蛇的形象（图2-27）。这种艺术表现形式是极为罕见的，参与安丙墓发掘工作的刘敏先生最先注意到这一图像，并认为其应属于玄武神祇。同时，他指出这是受

① 四川省博物馆、广元县文管所：《四川广元石刻宋墓清理简报》，《文物》1982年第6期。

② 四川省文物管理委员会：《虞公著夫妇合葬墓》，《考古学报》1985年第3期。

③ 大足石刻研究院：《重庆市大足区龙神湾南宋王若夫妇墓发掘简报》，《四川文物》2015年第4期。

到宋真宗之后变玄武为真武的政治之讳的影响(宋真宗时,为避真宗臆造出来的"圣祖"赵玄朗的讳,改"玄武"为"真武")。[①]刘敏所说的玄武(真武)神祇属于道教的神祇体系,在宋初尚是北极紫薇大帝的四大护法神"北极四圣"之一,初名佑圣真君,又称真武将军。大足石门山第10号窟(俗称"三皇洞")中,窟门两侧分列四位豹眼狮鼻的神将,左壁内端为天蓬元帅(三头六臂),外端为佑圣真君,即真武;右壁内端刻天猷副元帅(三头四臂),外端为翊圣真君(图2-28)。[②]

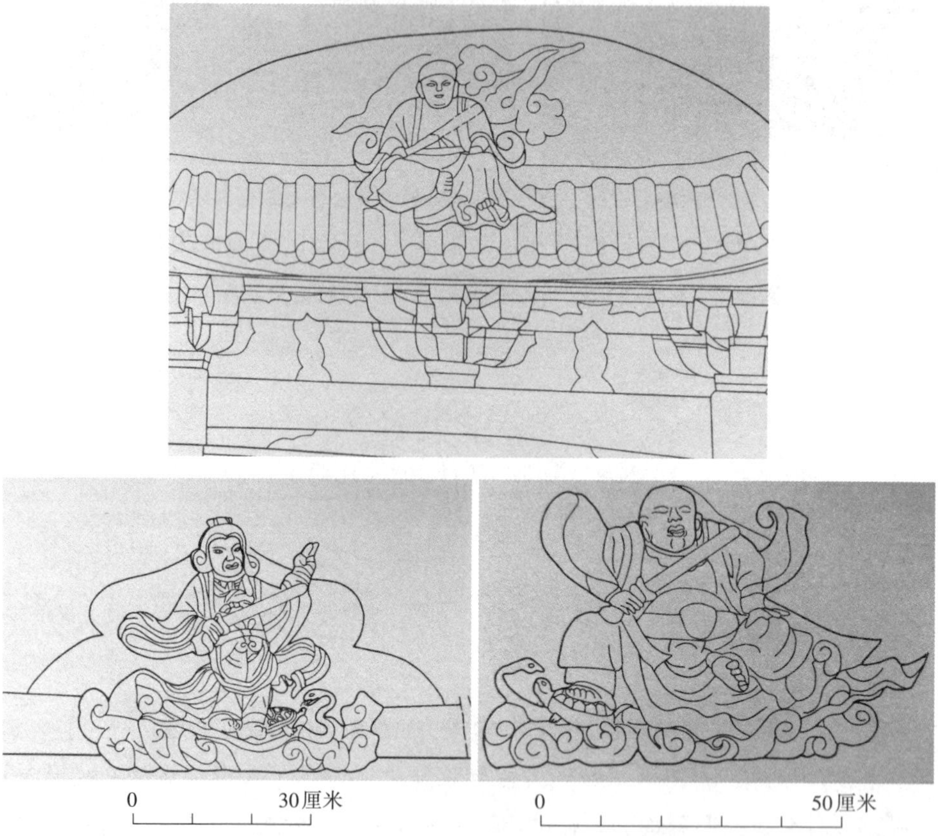

图2-27 华蓥安丙家族墓地M1、M2、M5墓室中的真(玄)武形象[③]

① 刘敏:《安丙家族墓地墓室"四象"石刻考》,《中华文化论坛》2007年第2期。

② 刘威:《安丙墓"真武"图像意义考》,《美术学报》2015年第3期。

③ 华蓥市文物管理所等编:《华蓥安丙墓》,北京:文物出版社,2008年。

图 2-28 大足石门山第10号窟中的真武神形象[①]

宋初，真武神尚未得到尊崇，其形象尚属于唐宋时期十分常见的武将形象，如大足石门山"三皇洞"中的真武身穿铠甲，头戴盔帽，手持长剑，辨认其为真武的唯一依据就是神将脚下所踩的乌龟。宋真宗开始，宋代帝王对真武开始极力推崇，统治者多次增加封号，使真武神的地位不断提高，成为全国人民普遍信仰的道教大神。此后，在宋代的史料中可以频繁地见到真武神形象的记载。如《夷坚支志》中就记载，宋孝宗时进士叶方，曾得到一张旧画，上绘"真武仗剑坐石上，一神将甚雄猛，持斧拱立于旁"[②]，作者疑是唐代吴道子的手笔，但不可靠，应该是当时的玄武(真武)神形象。南宋人赵彦卫《云麓漫钞》也记载玄武(真武)为"北方之神，被发黑衣，仗剑蹈龟蛇"[③]，与安丙墓中褒衣博带，右手持剑，脚踏龟蛇的玄武(真武)的形象已经十分符合了。

虽然真武神是宋代人们普遍信仰的道教神祇，其出现在墓葬之中似乎合情合理，但华蓥安丙家族墓中出现的真武神形象仍然有些特殊。考察安丙墓同时期巴蜀地区的石室墓葬，发现同时期巴蜀地区的墓葬墓室中的玄武形象依旧保持着龟蛇合体的传统，如同时代的彭山双江镇虞公著夫妇合葬墓的后壁，依然刻龟蛇合体的玄武形象(图2-28)。如果在此真武神仅仅起到镇邪消魔的作用，为什么就只出现在安丙墓中呢？或者说真武神对安丙有着其他更为深刻的含义？对此问题，笔者较为赞同刘威先生在《安丙墓"真武"图像意义考》中给出的解释。刘威在该文中联系安丙墓主人的身份地位，以及当时宋金战争的历史背景，认为真武神作为镇守北方的大神，有"辅正除邪""消魔护国"的神力，被皇室、地方官员和民众所崇信，成为保佑宋朝军民抵抗北方金国入侵的守护神。而四川地区首次

① 刘威：《安丙墓"真武"图像意义考》，《美术学报》2015年第3期。

② [宋]洪迈撰：《夷坚支志》景卷《海中真武》，北京：中华书局，2006年第2版，第905页。

③ [宋]赵彦卫撰：《云麓漫钞》卷9，北京：中华书局，1996年，第148页。

建立真武大帝的专祠就是在宁宗朝发动“开禧北伐”的前夕,倡导者正是当时的四川制置使刘德秀,其中的意味不言而明。而安丙正是在此时成为南宋镇抚西南边陲的抗金将领。在安丙担任四川宣抚副使、四川制置使等职过程中,经历了“开禧北伐”、平定“吴曦之叛”、收复三关五州、镇抚蛮夷、联夏攻金发动“秦巩之役”等与抗金有关的事件——这极有可能使他成为真武大帝的崇信者。正是因为真武神在宋代,尤其是南宋时期所享有的特殊地位,以及他对国家军事的重要作用,成为安丙墓“有别于平民墓将玄武改造成为真武大帝‘战争之神’的原因”[①]。同时,笔者进一步认为,墓室作为后世子孙光耀死者生前地位和功绩的场所,通过真武神的塑造,安丙的子孙们能够尽可能地重构他的功绩,展示他如同真武一样为国守护北边的巨大成就。

第二节　墓室前部石刻图像的题材

一、朱雀题材

在宋代巴蜀地区石室墓墓门的门额上,经常会出现朱雀的形象。宋代巴蜀地区墓葬石刻中的朱雀形象在延续传统艺术造型之外,又新增了另外一类造型。即由汉画像石延续下来的传统朱雀造型是侧身,全形如凤,长颈,展翅,头有立羽,尾长如雉。而巴蜀地区宋墓出土的朱雀形象在此之外又有另外一种特殊造型,全身呈正面站立状,头面似人首,有的有发分卷于颈后,胖身,矮脚,短颈,双翼阔张;有的身布麟纹,亦兽亦鸟,形象甚为有趣。详见表2-3所示:

① 刘威:《安丙墓“真武”图像意义考》,《美术学报》2015年第3期。

表2-3 宋代巴蜀地区典型石室墓朱雀造型划分一览表

<table>
<tr><th>类型</th><th>特点</th><th>出处</th></tr>
<tr><td>1.侧面双翼伸展型</td><td>朱雀为侧面形象,双翼伸展作翱翔状</td><td></td></tr>
<tr><td>①无冠</td><td>无冠,足下有云朵,展翼,尾翎上扬</td><td>内江资中大包山宋墓M3</td></tr>
<tr><td rowspan="3">②有冠</td><td>朱雀头上有冠,展翅,尾翎飘扬</td><td>资中大包山宋墓M4</td></tr>
<tr><td>有冠,展翅,尾翎上扬,足下有云朵,冠后有翎羽,造型似凤</td><td>资中大包山宋墓M5</td></tr>
<tr><td>有冠,驻足,站立于云端,以肚腹示人,尾翎上扬,造型似凤</td><td>眉山彭山区双江镇虞公著夫妇墓</td></tr>
<tr><td>2.全身正面站立型</td><td>全身呈正面站立状,胖身,矮脚,双翼阔张</td><td></td></tr>
<tr><td>①长颈,头面侧视</td><td>全身呈正面站立状,头面侧视,有冠羽,长喙似鹰,双翼阔张,身布翎羽,双足有力,双爪上扬作扑状,尾翎上扬,尾翎两旁另有二卷曲的翎羽</td><td>华蓥安丙家族墓地M2</td></tr>
<tr><td rowspan="4">②短颈,头面正视前方</td><td>头面似人首,短颈,有发分卷于脑后,展翼,胖身,尖喙,身布翎羽,尾翎上扬至条石边,条石上部的石面以线刻的方式将尾翎补全,双足有力,双爪尖锐</td><td>华蓥安丙家族墓地M1</td></tr>
<tr><td>头面似人首,短颈,胖身,短足,展翅,头有冠羽,尾翎上扬,身布翎羽</td><td>广元河西公社宋墓</td></tr>
<tr><td>头面似人首,短颈,头上有冠羽,胖身,展翅,胸前有飘带,尾翎下扬,站立于云端</td><td>重庆沙坪坝井口宋墓</td></tr>
<tr><td>头面似人首,展翅,身体修长,腿足分明,尾翎羽毛分散于脑后,双爪尖锐</td><td>资中赵雄墓</td></tr>
</table>

考察上述朱雀形象,巴蜀地区宋墓石刻中朱雀形象大致可以分为两类:

(1)侧面双翼伸展型。此类朱雀形象继续延续汉代画像石的传统,侧身展翅,全形似凤,或翱翔于云端,或亭亭玉立,较接近现实生活中的鸟类形象。如眉山市彭山区双江镇虞公著夫妇墓东室(图2-29)、资中大包山宋墓M5(图2-30)等中的朱雀形象。

图2-29 彭山虞公著夫妇合葬墓东室的朱雀形象[①] 图2-30 资中大包山宋墓M5的朱雀形象[②]

(2)全身正面站立型。另一朱雀形象则较为特殊,身形为正面站立,鸟首鸡身,头面似人,双翼阔张、尾翎雕刻于脑后,有的颈后或者脑后有卷发。如资中赵雄墓(图2-31)、安丙家族墓M1与M2(图2-32)、广元河西公社杜光世夫妇合葬墓(图2-33)、重庆沙坪坝井口宋墓(图2-34)中的朱雀形象均呈此种形象。

图2-31 资中赵雄墓墓门门额上的朱雀形象拓本[③]

图2-32 安丙家族墓M1与M2甬道顶部横梁上的朱雀形象[④]

① 四川省文物管理委员会:《虞公著夫妇合葬墓》,《考古学报》1985年第3期。

② 四川文物考古研究院、资中县文物管理所:《四川资中县大包山宋墓发掘报告》,《四川文物》2013年第1期。

③ 杨祖垲:《资中宋右丞相赵雄墓记实》,《四川文物》1995年第6期。

④ 华蓥市文物管理所等:《华蓥安丙墓》,北京:文物出版社,2008年。

图2-33　广元杜光世夫妇合葬墓前壁墓门额上的朱雀形象[1]

图2-34　重庆沙坪坝井口宋墓前壁的朱雀形象[2]

据相关学者研究，巴蜀地区的此类正面站立的朱雀形象与佛教大鹏金翅鸟颇有渊源，是受到佛教影响的结果。[3]大鹏金翅鸟是佛教传说中护持佛的天龙八部之一，原名为迦楼罗（Garuda），又译作“迦留罗”“迦娄罗”“揭路荼”等，意译为“金翅鸟”“妙翅鸟”等，原型为印度教三大主神之一毗湿奴的坐骑，佛教兴起后，将其改造成护持佛法的神鸟。据《长阿含经》载，迦楼罗有胎生、卵生、湿生、化生四种。[4]专以龙族（即Naga，那迦）为食，每天要吞食一条龙王和五百条毒龙，《观佛三昧海经》卷1中记载，迦楼罗专以龙族为食，世尊因龙族受害，受龙王所请，用袈裟保护龙族免遭食尽。迦楼罗无食可吃，于是到世尊面前理论，却

① 四川省博物馆、广元县文管所：《四川广元石刻宋墓清理简报》，《文物》1982年第6期。

② 重庆市博物馆历史组：《重庆井口宋墓清理简报》，《文物》1961年第11期。

③ 参见王家祐：《泸县宋墓“朱雀”楚释》，《四川文物》2005年第2期；谢盈盈：《南宋川南墓葬中的四神图像研究》，重庆大学硕士学位论文，2013年；等等。

④ 中国佛教文化研究所点校：《长阿含经》卷19《世记经龙鸟品第五》，北京：宗教文化出版社，1999年，第351页。

被佛祖感化，皈依佛法，不再以龙为食，成为佛的护持神鸟。[①]随着佛教的传入与兴盛，金翅鸟也随之在中国流行开来。比如敦煌榆林窟第25窟的“弥勒下生变经图”中（中唐），初会龙华树下说法弥勒西侧围绕站立的天龙八部中，迦楼罗肩上就立一只金翅鸟（图2-35）。

图2-35 敦煌榆林窟第25窟“弥勒下生变经图”中的金翅鸟形象

由于金翅鸟在佛教中具有护法神的功能，这种形象也开始出现在南北朝之后的墓葬之中，成为镇墓守护神像的元素之一。金翅鸟最早可见于东魏茹茹公主壁画墓门墙上方的壁画（一说为朱雀或凤凰，图2-36）。[②]五代后梁时期的王处直墓中的墓志石盖四周亦有发现四神彩绘浮雕，其中朱雀呈正面站立，展翅，尾翎展开，身形类似孔雀，已经与上文提到巴蜀地区宋代墓葬中呈正面站立状的朱雀形象相类（图2-37）。[③]

图2-36 东魏茹茹公主壁画墓门墙上的朱雀图[④]

图2-37 五代王处直墓墓志石[⑤]

① [东晋]跋陀罗译：《观佛三昧海经》卷1《六譬品第一》，载《永乐北藏》第50册，北京：线装书局，2008年影印本，811页。

② 汤池：《东魏茹茹公主墓壁画试探》，《文物》1984年第4期。

③ 河北省文物研究所、保定市文物管理处：《五代王处直墓》，北京：文物出版社，1998年，第64页。

④ 汤池：《东魏茹茹公主墓壁画试探》，《文物》1984年第4期。

⑤ 河北省文物研究所、保定市文物管理处：《五代王处直墓》，北京：文物出版社，1998年，第64页。

通过上述案例，我们发现，佛教进入中国后，深入地影响到了古代中国的丧葬活动和墓葬艺术。大鹏金翅鸟与传统朱雀形象的融合就是其中代表之一，传统朱雀的镇邪压胜与金翅鸟护持佛法的功能出现重合，共同守护墓主人的地下宅室的安宁。故而，在巴蜀地区宋墓石刻中，大量出现此类形象的朱雀，就能得到很好的解释。

二、武士题材

武士形象的雕刻艺术题材在巴蜀地区宋墓中最为常见。他们常常以守门人的姿态出现在墓室墓门两侧的石壁上。武士形象的石刻题材在巴蜀地区的各个墓室普遍存在，从一般的中下层官僚及平民阶层，如广元杜光世夫妇、泸县宋墓等，到高等级墓葬，如资中赵雄墓、华蓥安丙墓中，都有相当数量的武士石刻题材的存在。下表反映了典型宋代巴蜀地区石室墓中的武士形象（表2-4）：

表2-4 宋代巴蜀地区典型石室墓武士石刻造型划分一览表

类型		武士出处	纪年	墓主人	墓主人身份
1. 男性武士	①身穿铠甲，头戴兜鍪，手执武器	广元河西公社石刻宋墓右室左右侧壁武士	南宋庆元元年（1195年）	杜光世	
		邻水县合流镇后坝南宋墓	南宋绍兴二十六年（1156年）		
		眉山彭山县双江镇虞公著夫妇合葬墓东室左右侧壁	宝庆二年（1226年）十二月	虞公著	南宋左丞相虞允文之子，官至中奉大夫知驱州军州兼管内权农使
		眉山彭山县双江镇虞公著夫妇合葬墓西室墓室门下东西侧壁石柱	庆元六年（1200年）十月	虞公著妻留氏	南宋丞相留正之女，封安人
		资中县烂泥湾宋墓M3墓室左侧右壁	南宋中期		
		泸州叙永天池宋墓09SLXTM1、09SLXPM1墓门两侧	南宋		
		泸县青龙镇一号、二号和三号墓墓门两侧	南宋中期		

类型		武士出处	纪年	墓主人	墓主人身份
		泸县喻寺镇一号墓	南宋淳熙三年（1176年）	古骥	古骥之父为岳池县令
		泸县奇峰镇一号、二号墓墓	南宋淳熙十三年（1186年）	陈鼎	官至承奉郎
		华蓥安丙家族墓地M1	咸淳元年（1265年）	安丙之妻李氏	福国夫人
		华蓥安丙家族墓地M2	嘉定十七年（1224年）	安丙	四川制置使、四川宣抚使
	③头戴梁冠，身穿交领阔袖袍服，手持兵器，呈释道风格	乐山井研县金井坪宋墓M2左右两室、M3墓室的墓门两侧壁	M2为南宋中期（1174—1233年）；M3为北宋中期至南宋早期（1023—1173年）		
		重庆大足龙神湾南宋王若夫妇墓左右墓室墓门两侧	南宋	王若及妻徐氏	
	④头裹巾，身穿铠甲，外套上布衣，手持骨朵	华蓥安丙家族墓地M4	南宋咸淳元年（1265年）	安丙夫人郑氏	封宜人
2.女性武士	①身穿铠甲，头戴兜鍪，手执武器	广元河西公社石刻宋墓左室两侧武士		杜光世妻弋氏	
		眉山彭山县双江镇虞公著夫妇合葬墓西室墓室棺室室门两侧石柱	庆元六年（1200年）十月	虞公著妻留氏	南宋丞相留正之女，封安人

通过上表可知，宋代巴蜀地区墓葬石刻中的武士形象大致分为两类：

1.男性武士

男性武士常见的是头戴兜鍪，身穿甲胄，手持兵器，面部表情为怒目圆睁，狰狞可怖。如泸县青龙镇一号、二号和三号墓、泸县喻寺镇一号墓、泸县奇峰镇一号、二号墓、广元河西公社石刻宋墓右室墓门出的武士（图2-38），这些武士的穿着、兵器都是研究宋代军事史的重要材料。有的武士也戴巾、幞头等头饰，如华蓥安丙家族墓M4墓门两侧的武士则头裹巾，面色威严，不可侵犯（图2-39）。

图2-38　广元河西公社石刻宋墓杜光世墓室中的武士①

图2-39　华蓥安丙家族墓M4墓门两侧的武士②

① 四川省博物馆、广元县文管所:《四川广元石刻宋墓清理简报》,《文物》1982年第6期。

② 华蓥市文物管理所等:《华蓥安丙墓》,北京:文物出版社,2008年。

出现在乐山井研县金井坪宋墓M2左右两室（图2-40）、M3墓室的墓门两侧壁和重庆大足龙神湾南宋王若夫妇墓左右墓室墓门两侧（图2-41）共10方武士形象，则呈现出复古风格。他们头戴梁冠，身穿交领阔袖袍服，手持兵器，应是受到了释、道绘画风格的影响。

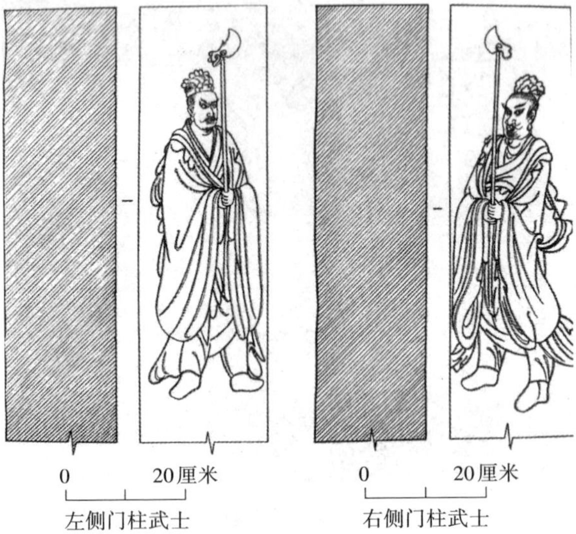

图2-40 乐山井研县金井坪宋墓M2右室墓门两侧武士[①]

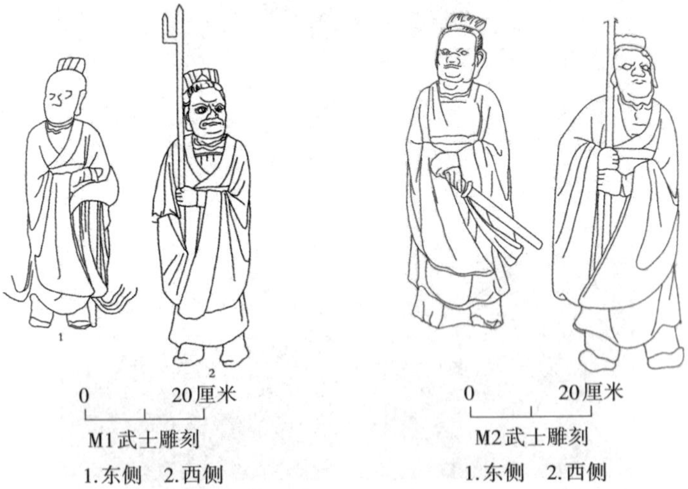

图2-41 大足龙神湾南宋王若夫妇墓左右墓室墓门两侧的武士[②]

① 四川省文物考古研究院、井研县文物管理所：《四川井研县金井坪宋代墓地发掘简报》，《四川文物》2012年第1期。

② 大足石刻研究院：《重庆市大足区龙神湾南宋王若夫妇墓发掘简报》，《四川文物》2015年第4期。

2.女性武士

就目前掌握的材料来看,巴蜀地区共出土8件女性武士形象。这些女武士形象皆头戴兜鍪,身披铠甲,外罩袍服,显得威风凛凛(图2-42)。除去上表所列的4幅武士形象之外,《泸县宋墓》另收录了征集得到的4幅女性武士。它们分别出土于泸县牛滩镇滩上村一号、三号墓,均为头戴兜鍪,身披铠甲,手执兵器的形象,显得英姿飒爽,丝毫不落男性武士之下风(图2-43)。[①]

图2-42　彭山虞公著夫妇合葬墓西室棺室门柱两侧的女武士[②]

图2-43　征集的泸县宋墓石刻中的女武士形象

① 四川省文物考古研究所等:《泸县宋墓》,北京:文物出版社,2004年,第113-115页。

② 四川省文物管理委员会:《虞公著夫妇合葬墓》,《考古学报》1985年第3期。

女性武士也是值得讨论的一个课题，巴蜀地区石刻墓葬中女武士的出现很早就引起了学界的广泛关注。泸州市博物馆的邹西丹联系广元杜光世之妻弋氏(图2-44)和彭山虞公著之妻留氏棺室室门(图2-42)的女武士石刻均出自女墓主室内，认为这四件女武士石刻和泸县宋墓的女武士可能系富贵人家的女主人用以贴身侍卫的女婢，用以保卫女主人在阴间的安全。[①]固然，女武士依旧具有防卫墓穴安宁的职责，但作为女性形象，是否还具有特殊的意义？如文中所述，表3-2列举的4幅女性武士形象均属于女墓主人的墓室，这也许是有意安排。以虞公著的妻子留氏为例，她的墓室中出现了两组武士。一组为男性，一组为女性。宋墓中单个墓室中出土两组武士石刻的现象并不多见，而且是性别不同的武士同时出现在一间墓室里，在巴蜀地区石刻墓葬中已属罕见。通过对比这两组武士的位置，笔者发现，男性武士被置于前室墓门处，而女性武士则出现在棺室的室门两侧。考虑到墓主人的性别，我们不妨合理推测一下，古人认为"男女大防"，宋司马光在《司马氏书仪》在此强调男女内外之别："凡为宫室，必辨内外，深宫固门内外不共井，不共浴室，不共厕。男治外事，女治内事。男子昼无故，不处私室，妇人无故，不窥中门。男子夜行以烛，妇人有故出中门，必拥蔽其面。男仆非有缮修，及有大故，不入中门，入中门，妇人必避之，不可避，亦必以袖遮其面。女仆无故，不出中门，有故出中门，亦必拥蔽其面。铃下苍头但主通内外宫，传致内外之物。"[②]虞公著妻留氏是南宋著名宰相留正之女，留正是一名倾向理学的儒家士大夫，他的女儿必定经过了儒家礼仪的严格教育，棺室作为女性墓主的长眠(也可以说是死者生活起居)的地方，是女性最为私密的空间。按照中国传统社会前堂后寝的理念，女性武士侍卫在女主人棺室所在的空间正是中国传统社会伦理秩序的体现。

图2-44 广元杜光世夫妇合葬墓女室墓门两侧的女武士形象[③]

① 邹西丹:《泸州宋代石刻》,《四川文物》2008年第2期。

② [宋]司马光:《司马氏书仪》卷4《居家杂仪》,北京:中华书局,1985年,第43页。

③ 四川省博物馆、广元县文管所:《四川广元石刻宋墓清理简报》,《文物》1982年第6期。

第三节　墓室左、右壁石刻图像的题材

宋代巴蜀地区的石室墓葬中，左、右侧壁的石刻题材可以说是十分丰富的。并且在同一墓室中，左、右侧壁的石刻大都是相同或相似题材，为避免繁复，方便归纳和探讨，笔者将收集到的宋代巴蜀地区典型石室墓中左、右壁石刻所雕饰的石刻题材，简要地梳理如表2–5：

表2–5　宋代巴蜀地区典型石室墓葬中左、右壁石刻题材的配置情况

序号	墓名	年代	左壁（由内而外）	右壁（由内而外）
1	南溪李庄宋墓	南宋乾道年间	仿木结构假门	仿木结构假门及隧道
2	宜宾旧州坝宋墓	南宋	仿木结构建筑	仿木建筑构件
3	泸县青龙镇一号墓	南宋中期	仿木结构假门、青龙、妇人启门图	仿木结构假门、白虎、妇人启门图
	泸县青龙镇二号墓		仿木结构假门，中部为缠枝牡丹（上）、仿木结构假门（中）、青龙（下）	仿木结构假门，中部为缠枝牡丹（上）、仿木结构假门（中）、白虎（下）
	泸县青龙镇三号墓		女侍、仿木结构假门、青龙、仿木结构假门	女侍、仿木结构假门、白虎、仿木结构假门
4	泸县喻寺镇一号墓	南宋淳熙三年（1176年）	青龙、妇人启门图	白虎、妇人启门图
5	泸县奇峰镇一号墓	南宋淳熙十三年（1186年）	女侍、仿木结构假门	女侍、仿木结构假门
	泸县奇峰镇二号墓		仿木结构假门、侍吏	仿木结构假门、侍吏
6	资中赵雄墓	南宋绍熙年间	仪仗图	仪仗图
7	泸州叙永天池宋墓09SLXXM1	南宋	（左室）青龙、瑞鹿衔折枝菊花	无
			无	（右室）白虎、折枝牡丹
	泸州叙永天池宋墓09SLXTM1		捧花瓶女侍、花瓶、折枝花卉	捧花瓶女侍、花瓶、折枝花卉
	泸州叙永天池宋墓09SLXTM2		花瓶、折枝花卉	折枝宝相花、折枝花卉
	泸州叙永天池宋墓09SLXPM1		青龙、人物控马图、折枝花卉	白虎、折枝花卉
8	华蓥安丙家族墓M1	南宋嘉定年间	瓶花、伎乐图、花卉、青龙，台基为化生童子图	瓶花、伎乐、花卉、白虎，台基为化生童子图

续表

序号	墓名	年代	左壁(由内而外)	右壁(由内而外)
	华蓥安丙家族墓M2		瓶花、仙吏、花卉、青龙,台基为戏兽图	瓶花、仙吏、白虎,台基为戏兽图
	华蓥安丙家族墓M3		上方为伎乐图,下方为青龙	上方为伎乐图,下方为白虎
	华蓥安丙家族墓M4		侍吏、中部上方为伎乐图,中间为花卉图	侍吏、中部上方为伎乐图,中间为花卉图
	华蓥安丙家族墓M5		上部为青龙、下部为折枝花卉	上部为白虎、下部为折枝花卉
9	华蓥许家堝宋墓	南宋	八卦	八卦
10	广元河西公社杜光世夫妇合葬墓左室	南宋庆元元年(1195年)	上部为青龙,下部为庖厨图、抬轿图	上部为白虎,下部为侍奉图、牵驴图
	广元河西公社杜光世夫妇合葬墓右室	南宋嘉泰四年(1204年)	上部为青龙,下部为庖厨图、夜梦图	上部为白虎,下部为焚香图、抬轿图
11	广元昭化曲回乡宋墓	南宋淳熙十年(1183年)	牡丹、墓主人像、祭祀图	牡丹、侍女、出行图
12	广元罗家桥宋墓	南宋淳熙年间	孝行图	孝行图
			大曲图	大曲图
13	广元072医院宋嘉泰四年石室墓	南宋嘉泰四年(1204年)	孝行图	孝行图
			杂剧图	杂剧图
14	乐山井研县金井坪宋墓M2	南宋	瓶花、西方白帝消灾真文、瓶花、北方黑帝消灾真文	瓶花、南方赤帝消灾真文、瓶花、东方青帝消灾真文
			瓶花、西方白帝消灾真文、瓶花、北方黑帝消灾真文	瓶花、南方赤帝消灾真文、瓶花、东方青帝消灾真文
	乐山井研县金井坪宋墓M3		荷花	牡丹、折枝花卉
15	乐山仁寿县古佛乡宋墓	南宋宝庆年间	瓶花	瓶花、侍女
16	资中县烂泥湾宋墓M1	南宋中期	倒酒图	不明
	资中县烂泥湾宋墓M2/M3		青龙、旋舞图、仙吏图、侍者图、仙吏图	白虎、倒酒图、仙吏图、侍者图、仙吏图
			青龙、说唱图、仙吏图、侍者图、仙吏图	白虎、倒酒图、仙吏图、侍者图、仙吏图
17	资中县大包山宋墓M1	南宋晚期	青龙	白虎

续表

<table>
<tr><th>序号</th><th>墓名</th><th>年代</th><th>左壁（由内而外）</th><th>右壁（由内而外）</th></tr>
<tr><td rowspan="4"></td><td>资中县大包山宋墓M2</td><td rowspan="4"></td><td>青龙</td><td>白虎</td></tr>
<tr><td>资中县大包山宋墓M3</td><td>青龙</td><td>白虎</td></tr>
<tr><td>资中县大包山宋墓M4</td><td>青龙</td><td>白虎</td></tr>
<tr><td>资中县大包山宋墓M5</td><td>青龙</td><td>白虎</td></tr>
<tr><td rowspan="2">18</td><td rowspan="2">彭山双江镇虞公著夫妇合葬墓</td><td rowspan="2">南宋中后期</td><td>青龙</td><td>白虎</td></tr>
<tr><td>青龙、侍女、出行图</td><td>白虎侍女、备宴图</td></tr>
<tr><td rowspan="2">19</td><td rowspan="2">沙坪坝井口宋墓</td><td rowspan="2">南宋</td><td>青龙、孝行故事</td><td>白虎、孝行故事</td></tr>
<tr><td>青龙、孝行故事</td><td>白虎、孝行故事</td></tr>
<tr><td rowspan="2">20</td><td>大足龙水镇明光村磨儿坡宋墓M1</td><td rowspan="2">南宋</td><td>仿木结构双扇门，格内饰有花草，并浮雕铁锁一</td><td>妇女启门图</td></tr>
<tr><td>大足龙水镇明光村磨儿坡宋墓M2</td><td>仿木结构门窗，上部刻有勾栏及乐师表演</td><td>仿木结构假门，上部刻有听众形象</td></tr>
<tr><td rowspan="2">21</td><td>大足区城北环二路锅盖坡宋墓M1</td><td rowspan="2">宋</td><td>妇人启门图</td><td>妇人启门图</td></tr>
<tr><td>大足区城北环二路锅盖坡宋墓M2</td><td>男侍启门图</td><td>男侍启门图</td></tr>
<tr><td rowspan="2">22</td><td rowspan="2">大足区龙神湾南宋王若夫妇墓</td><td rowspan="2">南宋</td><td>青龙、男侍启门图</td><td>白虎、男侍启门图</td></tr>
<tr><td>青龙、妇人启门图</td><td>白虎、妇人启门图</td></tr>
<tr><td>23</td><td>大足城西绍兴林十一娘墓</td><td>南宋绍兴年间</td><td>内刻半开双扇门，左门上部刻花瓣、花朵、卷草等花组，题写“寿齐山岳福寿松椿”八字</td><td>内刻半开双扇门，左门上部刻花瓣、花朵、卷草等花组，题写“寿齐山岳福寿松椿”八字</td></tr>
<tr><td>24</td><td>荣昌县沙坝子宋墓</td><td>宋代</td><td>青龙、仿木结构门窗</td><td>白虎、仿木结构门窗</td></tr>
<tr><td rowspan="2">25</td><td>北碚澄江苦塘沟宋代墓群M2</td><td rowspan="2">宋代</td><td>立鹿图</td><td>立鹿图</td></tr>
<tr><td>北碚澄江苦塘沟宋代墓群M3</td><td>《天帝告》镇墓真文一方</td><td>楷书《楞严咒》一方</td></tr>
</table>

综观上表各墓左右侧壁石刻题材的配置情况，我们发现，有的墓葬不仅题材相似，而且不同题材之间因功能的相似亦可以进行组合。如排除一些较为特殊的石刻内容不计，我们大概可以将左、右壁石刻的题材分为以下几类：

1. 青龙与白虎

2. 家居侍奉类

3.娱乐、出行类

4.孝行故事类

5.宗教题材类

6.作为背景装饰的植物花卉、动物、祥云等。

第一类为青龙与白虎，在巴蜀地区石室墓的左右壁上，青龙与白虎基本作为标配而大量出现；第二类家居侍奉题材主要展示了仿木建筑构筑下的地下宅室中，侍者侍奉墓主的场景，包括上文中所归纳的仿木结构门窗、启门图、侍从像、祭祀与供养场景；第三类展示了愉悦墓主、侍奉墓主出行的场景；第四类通过对孝行故事的展示，表明了墓主人对子孙道德伦理上的期待与需要；第五类展示了墓室中宗教观念的杂糅存在；第六类则作为背景装饰图案施于仿木结构墓壁的梁柱、门拱、龛沿上，其内容虽然繁缛杂多，但只作为背景出现，故暂不对其作单独探讨。

一、青龙与白虎

1.青龙

青龙，又称苍龙，是四宫中的东宫，因此常常被设置在墓室的左壁。青龙是巴蜀地区宋代墓葬石刻的常见题材，其艺术形象各不相同，在四种动物中最为复杂多变。详见表2-6所示：

表2-6 青龙石刻造型样式划分一览表

类型	特点	出处
1.走兽型	兽身、细尾，腿足分明，胸前有焰环纹或飘带形纹。	
	走兽状，龙身粗短，细尾，下垂穿过两后足间从右后足绕出，龙头朝前(墓门)，似鳄鱼头，头上有鬣，鹿角，吻上有须，身布鳞甲，背上有鳍，四爪，左前足向前抬起，爪握一火焰宝珠，其余各足分别踏云朵上。	泸县喻寺镇1号墓
	龙头朝南，似鳄鱼头，兽形龙尾，脑后有鬣，有须有鳞，背上有鳍，四足三爪，尾部下垂绕过左后足从两腿中间绕出，各足分别踏云头作奔走状。	重庆大足龙神湾南宋王若夫妇墓 M1、M2(与M1稍有不同，M2尾部下垂弯曲，未绕过左后足)

续表

类型	特点	出处
	张口吐舌，鹿角，似鳄鱼头，脑后有鬣，吻下有须，龙身上弓，背上有鳍，尾部细长上扬，作奔走状，左前足向前抬起，爪握一火焰宝珠，四足下皆有流云。	重庆荣昌沙坝子宋墓
2.蛇形、走兽复合型	比走兽型躯干更加细长。	
①胸前无焰环纹或飘带形纹	龙身刻鳞甲，长须突目，昂头举足作爬行状。	广元河西公社宋墓
	剔地起突，龙头略昂，长角，口微张露齿，鬣毛卷垂，屈颈，弓背，尾向上蜷曲，左前肢前举，张三趾，作抚按状，余三肢着地，张三趾，作抓地状。左前肢前有一火珠。	叙永天池宋墓09SLXXM1
	剔地起突，龙头略昂，大耳尖角，口微张露齿，鬣毛垂落，弓背，尾向上蜷曲，左前肢上举，张四趾，作托举状，余三肢着地，趾抓地。背生鬃毛，躯干、四肢遍布鳞片。龙头前有一悬空火珠。	叙永天池宋墓09SLXPM1
	张口吐舌，龙头向上朝向外侧；左前足上举抓一朵云，三爪；右前足贴龙身向后伸，三爪；龙身弯曲呈“S”形；右后足贴龙身向上举，三爪，肘部有一乌龟，龟前足怀抱一火焰宝珠；左后腿向下伸，似撑地，三爪；龙尾末端蜷曲，一人双手抱住龙尾作抬举状，怒目咧嘴，身体右倾，身着圆领袍，头戴东坡巾。	华蓥安丙家族墓M2
	龙头在内侧，头扭向身后，颈部向下弯曲，龙背微弓，龙尾向下盘曲，尾端蜷曲，双前足向前后伸直舒张，似抓物。	华蓥安丙家族墓M3
②胸前有焰环纹或飘带形纹	龙头朝东，尾向西，张口吐舌，吻前刻一火焰宝珠，龙身向上弓起，龙尾向上弯曲再从右后腿绕过后上扬，龙背有鳍，下腹刻鳞甲纹，左前足和左后足前伸，右前足和右后足向后，三爪，爪形夸张。	泸县青龙镇2号墓
	龙头向上，部分因风化漫湿，已不能辨识，龙身弯曲呈“S”形，前部弯曲尤甚，刻满鳞甲。背上有鳍，龙尾下垂并从右后足绕过。作奔走状，每足四爪，均张开。	泸县青龙镇3号墓
	闭口，作奔走状，头似鳄鱼头，鹿角，蛇身，吻上和吻下有须，背部微向上弓，尾部末端向上微卷，背上有鳍，遍身鳞甲，四角五爪，左前足向上抬起，爪握一火焰宝珠，嘘气腾云。	重庆沙坪坝井口宋墓1、2号墓
	头部残，龙背微弓，尾向上蜷曲，四肢作奔走状，背生鬃毛，躯干。四肢遍布鳞片。	资中烂泥湾宋墓M3
	线刻青龙，大耳尖角，口微张露齿，背微弓，尾向上蜷曲，四肢作奔走状，龙身布满鳞甲。	资中大包山宋墓M1

类型	特点	出处
	减地线刻，龙大耳尖角，龙须向后下垂，头上长鬣后飘，头微昂，背微弓，尾向上蜷曲，四肢作奔走状，左前足握宝珠，背生鬣毛，躯干、四肢布满鳞片。	资中大包山宋墓M4、M5
	鹿角，脑后有鬣，张口吐舌，昂首翘尾，作奔走状，左前足握一宝珠。	眉山虞公著夫妇合葬墓东室
	鹿角，脑后无鬣，口微张露齿，昂首翘尾，作奔走状，左前足握一宝珠。	眉山虞公著夫妇合葬墓西室
	张口，龙头向上，作攀升状，鹿角，有须有鳞，脑后有鬣，背上有鳍，右前足上举，三爪。龙身前部蜷曲，后部向下弯曲，较为舒展，呈“S”形。右后足上举，四爪；左后足下伸，三爪，龙头左上方有一火焰宝珠。	华蓥安丙家族墓M1
	龙头朝外，张口吐舌，颈部蜷曲，龙背微弓，尾部末端向上蜷曲，左前足前伸，四爪，爪握一飘带状物；右前足后蹬，左后足前伸，三爪，右后足后蹬，三爪，似奔走状。	华蓥安丙家族墓M5

考察上述21例青龙图像，大致可以分为两类：

(1)走兽型

走兽型的青龙较少，其基本艺术造型为躯干接近走兽，但说不清楚是哪一种兽类，可能是为与同室的白虎对应，刻意如此雕刻。一般腿足分明，细尾，胸前有焰环纹或飘带形纹。但在躯干粗细上略有区别。有的龙身粗短，更接近走兽，以泸县喻寺镇1号墓中的青龙最为典型(图2-45)：

图2-45 泸县喻寺镇1号墓左壁上的青龙图案①

有的龙身则更加细长，但尾部较细，还是可见走兽形状。如重庆荣昌沙坝子宋墓壁枋上的青龙(图2-46)：

① 四川省文物考古研究所等：《泸县宋墓》，北京：文物出版社，2004年，第68页。

图2-46　重庆荣昌沙坝子宋墓左壁壁枋上的青龙拓本[①]

(2)蛇形、走兽复合型

蛇形、走兽复合型是巴蜀地区宋墓中比较常见的形象,这一类型的青龙躯干似蛇,腿足似兽,身体与尾部呈一体,脊背至尾部有鳍,或昂首,或回首,姿态各异。此类青龙虽然在细节上不尽相同,样式繁复多变,但根据胸前有无火焰纹或飘带纹可以分为两类:

其一,胸前饰有火焰纹或飘带纹。在巴蜀地区宋墓中发现有许多青龙形象的胸前或肩部饰有一些火焰形或飘带形的纹路。其中,火焰纹可能是受到佛教五佛顶之一的"火聚光顶"艺术装饰的影响。飘带纹则有学者认为其为翼,此类青龙当为传说中的应龙。[②]但仔细观察此类图像,殊不类似,故本文暂不从此说,暂以火焰纹或飘带纹称之。此类青龙形象在巴蜀地区宋墓中较为常见,其中,以华蓥安丙家族墓M1、M5(图2-47),眉山虞公著夫妇合葬墓(图2-48),泸县青龙镇2、3号墓最为典型(图2-49)。

图2-47　华蓥安丙家族墓M1、M5左壁中的青龙图案[③]

① 四川省博物馆、荣昌县文化馆:《四川荣昌县沙坝子宋墓》,《文物》1984年第7期。

② 谢盈盈:《南宋川南墓葬中的四神图像研究》,重庆大学硕士学位论文,2013年,第22页。

③ 华蓥市文物管理所等编:《华蓥安丙墓》,北京:文物出版社,2008年,图版二〇。

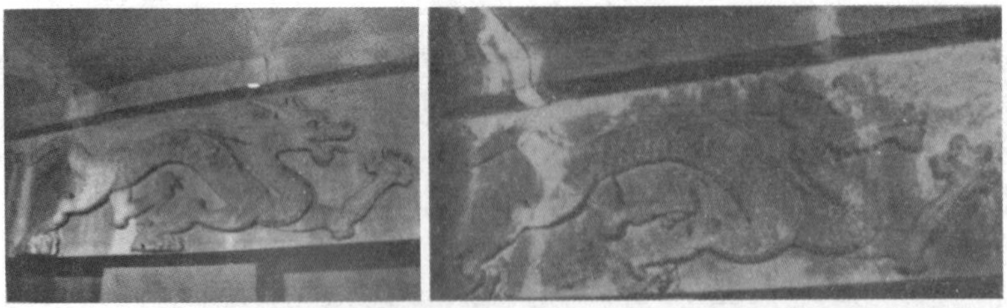

图2-48 眉山虞公著夫妇合葬墓两墓室(上为男室,下为女室)左壁中的青龙图案①

图2-49 泸县青龙镇1、2号墓左壁中的青龙图案②

其二,胸前无任何纹饰。此类青龙形象胸前或肩部并未有任何雕饰。此类图像较少,以华蓥安丙家族墓M2、M3(图2-50)和叙永天池宋墓09SLXPM1(图2-51)最为代表:

图2-50 华蓥安丙家族墓M3左壁台基上的青龙图案③

① 四川省文物管理委员会:《虞公著夫妇合葬墓》,《考古学报》1985年第3期。

② 四川省文物考古研究所等:《泸县宋墓》,北京:文物出版社,2004年,第22页。

③ 华蓥市文物管理所等编:《华蓥安丙墓》,北京:文物出版社,2008年,图版八一。

图2-51 泸州叙永天池宋墓09SLXPM1左壁上青龙图案[①]

2. 白虎

白虎，一般被设置在墓室的右壁。《周礼·春官·大宗伯》："以白琥礼西方"，琥即是一种虎纹玉器或虎形玉器。可见，以白虎象征西方的观念至少在战国时代就已经出现。一般来说，白虎形象因其在现实中能够找到具体的原型，所以在四神中应当相对写实，与生活中的虎的形象较为接近。但巴蜀地区宋代墓葬中的老虎形象除了写实风格之外，还增加了许多造型更加奇异化、艺术化的形象。它们的特点是躯干更加接近青龙的蛇身造型，颈肩至尾部有一排排列整齐的背鳍，头部也被刻意地塑造，接近狮子形象，使这些白虎显得更加奇异、神秘。详见表2-7所示：

表2-7 白虎造型样式划分一览表

类型	特点	出处
1. 造型较为写实型	接近生活中老虎的走兽形象，有的身体略有夸张。	
①有翼	虎头朝内低垂，圆头小耳，颈部和身体修长，虎身饰有虎纹；尾部细长，先下垂再上扬；四足作行走状，后肢大腿粗壮，前肢与后肢小腿较细，虎身四周施有流云。	重庆荣昌沙坝子宋墓
②无翼	剔地起突，白虎头低垂，鬣毛卷曲，躯干僵直，四肢略前伸，长尾拖于身后。	叙永天池宋墓09SLXXM1
	剔地起突，头朝内低垂，双耳贴伏，额头平钑一"王"字，口微张，躯干僵直，后腹侧雕有一雄性生殖器，前肢略屈，长尾拖于身后。	叙永天池宋墓09SLXPM1

① 四川省文物考古研究院等：《四川叙永天池宋墓清理简报》，《四川文物》2010年第2期。

续表

类型	特点	出处
	虎头南尾北，虎背脊毛竖立似火焰形，胸前施有火焰纹，四足四爪，作奔走状。	重庆大足龙神湾南宋王若夫妇墓M1、M2（与M1稍有不同，M1尾部向后上扬，M2尾部紧贴右后足下垂）
2. 造型似狮子型	虎头朝前，咧嘴，虎齿外露，犬齿突出，头上方可见两束长鬣向后飘动，嘴下有长须向后飘动，虎身尾向上弓，虎尾垂下，四足五趾，均踏于云朵上，身体粗壮，整体似狮子，虎嘴前有一火焰宝珠。	泸县喻寺镇1号墓
3. 造型似青龙型	与青龙相对应，躯干细长似蛇身。	
①脑后有长鬣，头部似狮子	虎头上昂，微向后仰，双目圆睁，巨口箕张，双耳直立，头上鬣毛向后飘拂，虎身微弓，背上有鳍，做行走状，右前足上举，四爪半握，虎下刻有云纹。	泸县青龙镇1号墓
	虎头朝东，咧嘴，两大犬齿外露，双耳直立，虎头正中有一菱形饰，头上有较长的鬣毛向后骠起。虎身向上弓起，背上有鳍，虎尾弯曲上卷，四足五爪，作行走状。	泸县青龙镇2号墓
	虎头朝上，并向左偏，双目左视，咧嘴，牙齿外露，犬齿突出，双耳耸立。头上方有两束长鬣向后飘起，左肩有一长鬣，虎身微弓，背部刻成鱼鳞状，虎身及虎尾刻有一撮撮虎毛，虎尾弯曲向下，尾端卷起，右前足上举，四爪较长，左前足伸直向左下方，四爪。右后足向前抬起，五爪弯曲，左后足向下，四爪，单腿站立。右后足向上抬起。左前足与右后足下衬一枝花卉。虎头部较大，后足大腿粗壮，前腿及后足小腿瘦小，显得不甚协调。	泸县青龙镇3号墓
	虎头向下，脑后有鬣，嘴下有须，两前足分开踩于宝山之上，虎身前部屈甚，后部向上弯曲，较为舒展，呈“S”形，腹部刻有鳞甲，背部有鳍，两后足上下分开，虎尾残。	安丙家族墓M1
	虎头在下部，头向外侧，虎口紧闭，犬齿外露。脑后有鬣，嘴下有须，左右前足分开，右足上举，抓一石；右足斜向下伸直，肘部以下残。胸前有火焰一朵。虎身前部屈甚，后部向上弯曲，较为舒展。左右足弯曲，肘部以下下垂。虎身左侧及右后足肘部各有一火焰纹，尾部右侧有云纹。	安丙家族墓M2
	虎头朝外，颈部弯曲，脑后有鬣向后上方飘扬，背略上弓，身体向内侧蜿蜒舒展，尾部向后平伸。右前肢前伸，向上握物。四足四趾，作奔走状。	安丙家族墓M5

续表

类型	特点	出处
	虎头朝外，昂首，翘尾，虎口紧闭，露出犬齿，脑后有鬣，嘴下有须，虎身微弓，虎腹刻有鳞甲，右前后足向前，左前后足向后，作奔走状。右前足上抬紧握。四肢肘部有鬣毛。	南宋虞公著夫妇合葬墓东室
	虎头朝外，昂首，虎口紧闭，脑后有鬣，嘴下有须，虎身微弓，虎腹刻有鳞甲，右前后足向前，左前后足向后，作奔走状。左前足上抬紧握，四肢肘部有鬣毛。虎尾前部翘起，而后下垂，绕过左后足。	南宋虞公著夫妇合葬墓西室
	线刻，头微昂，口微张露齿，背微弓，尾向上蜷曲，四肢作奔走状，背上生鬃毛，嘴下有须。	资中大包山宋墓M1
	减地线刻，虎头微昂，嘴下有须向后下垂，口紧闭，头上长鬣向后飘起，背微弓，尾向上蜷曲，四肢作奔走状，背生鬃毛。	资中大包山宋墓M4、M5
	虎头微昂，嘴下有须向后下垂，口紧闭，头上有鬣向后飘起，颈部蜷曲，背微弓，尾向上蜷曲，四肢作奔走状。	资中烂泥湾宋墓M3
	虎首略微低垂，颈部蜷曲，脑后有鬣，四足五爪，尾较长，上扬至末端蜷曲，背部微弓，作奔走状，腹部下方和四足间刻有云纹，右前爪握有一火焰宝珠。	重庆沙坪坝井口宋墓M1
② 虎头，脑后无鬣	虎首微圆，耳大呈圆形，脑后无鬣，背部微弓，尾部下垂至末端蜷曲，腹部刻有鳞甲，腹部下方及四足间刻有云纹，作奔走状，右前爪握有一火焰宝珠。	重庆沙坪坝井口宋墓M2
	虎头朝外，头上似饰有鹿角，颈部向下弯曲，身体向内侧蜿蜒舒展，尾部向后平伸，双前足前后分张，作奔走状。右足向前伸直，四趾向下紧握，后左向后蹬直，右后肢半屈蹬地，肘部以下前伸。	安丙家族墓M3

因广元河西公社杜光世夫妇墓中的两幅白虎在考古报告的描述中语焉不详，照片也模糊不清，无法辨别，故未录入。

考察上述21例白虎造型，大致可以分为三种类型：

(1)造型较为写实型

此类白虎较为接近生活中的老虎形象，只是有的身体略有夸张。此类白虎亦可细分为两种类型，即有翼的白虎和无翼的白虎。

其一，有翼的白虎。白虎添翼，是人们对其神性的扩展与演绎，不仅使白虎形象与日常猛虎区别开来，同时也将其塑造成一个可以通天达地的神灵。一方面在现实的基础上造成视觉上的神秘感，另一方面更加直观地表达了白虎所蕴含的趋吉避凶、接引上天、镇守天宇等文化属性。此类白虎应是延续了汉画像以来有翼白虎的造像传统，只是略有变异而已。如重庆荣昌沙坝子宋墓西壁侧龛枋上的白虎(图2-52)。

图2-52 重庆荣昌沙坝子宋墓西壁侧龛枋上的白虎[①]

其二，无翼的白虎。即身上没有翅膀。此类白虎较为写实，或有夸张和变形，姿态各异，甚为有趣。比如叙永天池宋墓中编号为09SLXXM1、09SLXPM1，前者身形为虎，但头上饰有鬣毛(图2-53)，应该是受到了狮子形象影响；后者头上刻一“王”字(图2-54)。另外，有的墓将白虎背脊毛塑成火焰形，胸前亦施有火焰纹，增加了神秘感，如重庆大足龙神湾南宋王若夫妇墓M1、M2(图2-55)。

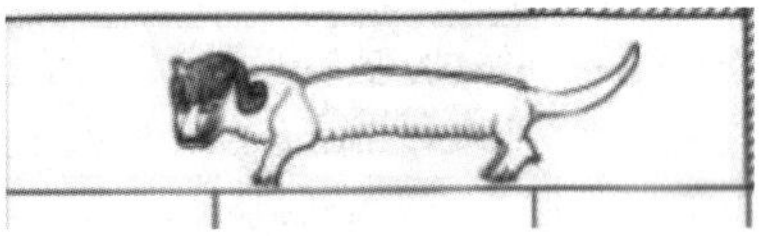

图2-53 叙永天池宋墓中编号为09SLXXM1右壁上的白虎图[②]

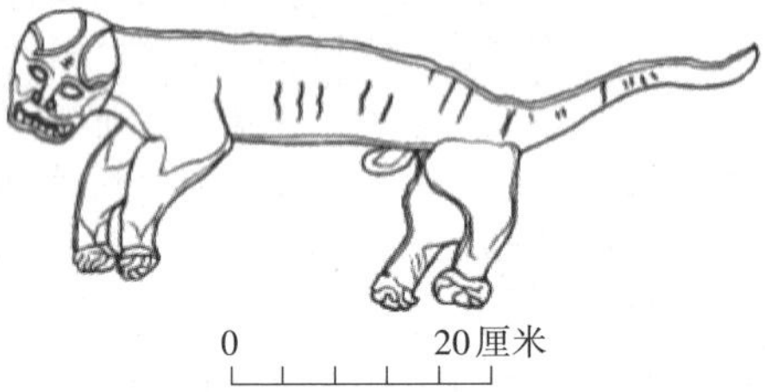

图2-54 叙永天池宋墓中编号为09SLXPM1右壁上的白虎图[③]

图2-55 重庆大足龙神湾南宋王若夫妇墓M1右壁上的白虎图[④]

① 四川省博物馆、荣昌县文化馆:《四川荣昌县沙坝子宋墓》,《文物》1984年第7期。

② 四川省文物考古研究院等:《四川叙永天池宋墓清理简报》,《四川文物》2010年第2期。

③ 同上。

④ 大足石刻研究院:《重庆市大足区龙神湾南宋王若夫妇墓发掘简报》,《四川文物》2015年第4期。

(2)造型似狮子型

此类白虎形象的造型通体接近狮子,可能受到了佛教狮子艺术的影响。狮子是佛教的神兽,自从佛教及佛教艺术传入中国后,狮子形象开始在中国出现,并在唐宋时期盛行起来。宋代巴蜀地区墓葬石刻亦有很多狮子题材的石刻,本书第三章将专门论述,这里不再赘述。此类通体似狮子的白虎形象较少,如泸县喻寺镇1号墓右壁的白虎(图2-56)。

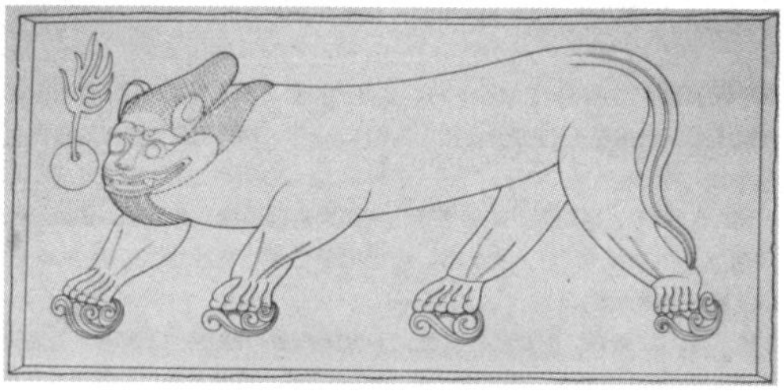

图2-56 泸县喻寺镇1号墓右壁的白虎[①]

(3)造型似青龙型

此类白虎形象在巴蜀地区宋墓石刻中较为常见,可能是受到了青龙的影响,也可能是为与青龙相对应,躯干刻意塑造得细长似蛇身。无论如何,此类白虎形象更加夸张,是多种动物结合的产物,已经完全脱离凡物,升格成为护佑墓主、接引墓主升往天界的神灵。此类白虎亦可细分为两类:

其一,脑后饰有长鬣,头部形象类似狮子,神情狰狞而又威严。此类白虎应当是受到了佛教狮子艺术的影响,并有较大的夸张与变形。此类白虎在巴蜀地区宋墓中比较常见,但姿态各异,或作奔走飞腾状,或追逐,或爪握一火焰宝珠。如泸县青龙镇1、2、3号墓,华蓥安丙家族墓地M1、M2、M5,彭山南宋虞公著夫妇合葬墓(图2-57),资中大包山宋墓、烂泥湾宋墓等。

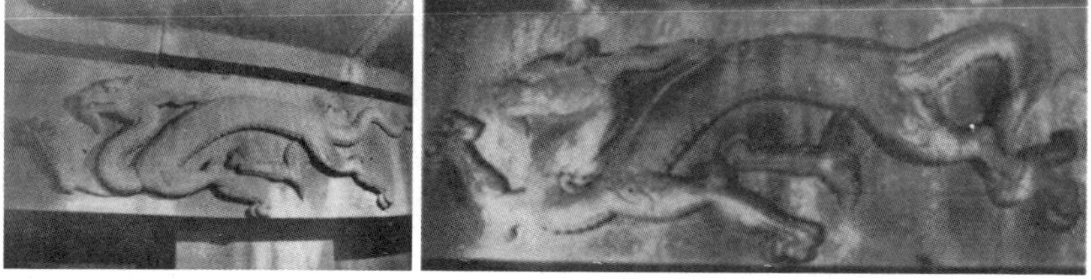

图2-57 彭山南宋虞公著夫妇合葬墓右壁上方的白虎图案[②]

① 四川省文物考古研究所等:《泸县宋墓》,北京:文物出版社,2004年,第69页。

② 四川省文物管理委员会:《虞公著夫妇合葬墓》,《考古学报》1985年第3期。

还有一种是脑后无鬣，头部形象与现实中的老虎相近。只有身躯出现夸张和变形。如华蓥安丙家族墓M3（图2-58）和沙坪坝井口宋墓M2（图2-59）。其中华蓥安丙家族墓M3白虎脑后饰有一鹿角，可能是要与青龙相对应。

图2-58 华蓥安丙家族墓M3右壁台基上的白虎图案①

图2-59 沙坪坝井口宋墓M2右壁上的白虎图案②

二、家居侍奉题材

1.仿木结构门窗

仿木结构门窗常见于墓室左右壁中，将墓室装饰为如同地上宅居的模样。如泸县青龙一号墓墓室左右壁后部，即两壁后一根壁柱与墓室后壁之间，雕刻有对称的仿木结构门，均为单扇，上下分别刻出门楣与门槛，格眼内为金线锦地棂窗，其内减地平钑成壶门图案，门上安置过梁，过梁正面雕刻有花卉图案，左侧壁为盛开的菊花，右侧壁为盛开的荷花（图2-60）；③

① 华蓥市文物管理所等编：《华蓥安丙墓》，北京：文物出版社，2008年，图版八一。
② 重庆市博物馆历史组：《重庆井口宋墓清理简报》，《文物》1961年第11期。
③ 四川省文物考古研究所等编著：《泸县宋墓》，北京：文物出版社，2004年，第18页。

3.仪仗与出行

(1)仪仗

仪仗是古代帝王、高官出行时所持的旗帜、伞、扇、武器等等,引申为扈从帝王、高官出行的队伍。能够使用仪仗的人,其身份必定煊赫。资中南宋右丞相赵雄墓的墓室东西两壁即刻有声势浩大的仪仗扈从图。[①]扈从图分为上下两组共三个部分,第一组位于东西壁上部与拱石相接处的长条石上,刻有八卦、二十八宿旌旗人物。东为☰(乾)、☵(坎)、☶(艮)、☳(震),葛、亢、氐、房、心、尾、箕、斗、牛、女、虚、危、室、壁;西为☴(巽)、☲(离)、☷(坤)、☱(兑),奎、娄、胃、昂、毕、嘴、参、井、鬼、柳、星、张、翼、轸图字,刻于飘状的旌旗上。旗士头戴浅粉绿色束结帽,身着土红色紧袖半长衣、紧裤脚,手执长杆三飘竖长杏黄旗,半步正立。人物高一般31厘米左右。(图2-87)

第二组分布在墓室的左右侧壁八卦与二十八宿旗士图下方。分为两个部分,前方为用以开道的十二生肖旗士浅浮雕。十二个旗士平均分布在墓室的左右两壁,手持"子、丑、寅、卯、辰、巳、午、未、申、酉、戌、亥"字的旌旗和十二旗士。东西壁前的两个持棒,一位击鼓开道。他们头戴幞头,身着长袍,紧裤鞋靴。前面击鼓者身高33厘米,其余穿插前后的身高略同(图2-88)。

紧接着是排场极大的仪仗出行图。

1.东壁:由七个部分组成(图2-89)。

(1)东前队仪仗图。东壁刻九人四马。前面三武士着断袖紧裤短衣,执戈矛武器、一长袍武士执"旌节"牌。中间有前后四骑马的紧袖长袍武士,各执旌旗仪仗,后跟随一从人。着宽衣幞帽,其余皆戴束结帽,身高30厘米左右,马高25厘米左右。

(2)差役图。东壁右侧刻徒步肩扛长棍,末端持一牌差役,着差役服,头戴蓬形帽,半握拳前进。身高34厘米。

(3)丞相骑马图。东壁正中刻丞相,戴宰相冠着宽衣袍,一手牵马,一手持鞭骑于马上。前后侍从护卫七人,各持武器。另一牵马前行。

(4)抬货图。东壁二堂子左侧差役身着短服,前二人扛抬货箱,后一人持棍尾随。

(5)车马图。在东壁后部,车高40厘米,轮直径18厘米,圆顶围帘,车身方

① 杨祖凯:《资中宋右丞相赵雄墓记实》,《四川文物》1995年第6期。

长，车门前方立戴披风身着长袍大袖侍从，手牵四马长绳导行。车前两侧及后面三文士拱手而立，后二骑马武士手执迎风招展旌旗。

（6）幕僚骑马图。东壁右侧，刻幕僚着宽衣，戴风帽骑于马上。左侧跟随相同服饰的侍从一人。

（7）后队骑士凯奏图。东壁最后部雕刻骑士十人，呈奔跑状，前列阵四骑上。后者执招展旌旗，上书“江南西路安抚史”。五骑士佩箭盒，并带有一些吹奏乐器。

2.西壁：亦由七个部分构成。

（1）西壁前卫队。西壁前部刻九人四马。前右三人手执长棍卷旗于肩，后一人持“旌旗在近，低声下路”牌，中后四骑士执旌旗和仪仗，尾随卫士长衣束带，四马做奔驰状。

（2）仆役图。西壁前部右侧刻一仆役肩扛长棍，前挂一长方牌行走。

（3）丞相骑马出行图。西壁正中展示丞相戴帽着长袍骑于马上，右手执长鞭。左手握马绳，有鸣锣、持剑棍斧军器的武士七人，前后护卫。

（4）仆役抬货图。西壁稍后部左侧，二仆役抬货箱行走。一戴幞头，着长衣，似管家。卫士持棒立于后侧，作监视护卫状。

（5）座轿图。西壁后部刻半如意形顶篷围门双卷帘方轿，轿高27厘米，轿杆39.5厘米，轿横宽为轿杆四分之一，周围四轿夫抄手侍立，候丞相入轿。轿后方一人执大圆二纹皱边栏伞肃立，伞横长35厘米，竖宽8厘米。轿后二骑士手执书“卫国公”“少师”标志旗帜。轿前左方有侍仆四人，着幞头腰带长衣。图面宽106厘米，共十一人二马。

（6）三骑幕僚图。西壁后部右侧有三骑幕僚。身着长衣宽帽，作徐徐前进状。

（7）西后队护卫图。西壁平面末，十骑士乘高头大马，品平交叉前行。后骑士持上书“宁武军节度使”竖长五飘缨旗，前者击鼓敲锣吹奏箫笛，卫队威武前进。

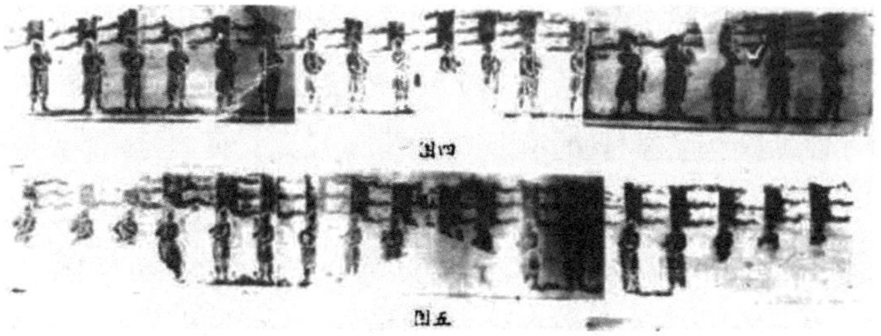

图2-87　资中南宋右丞相赵雄墓墓室左、右壁八卦和二十八宿旌旗人物[①]

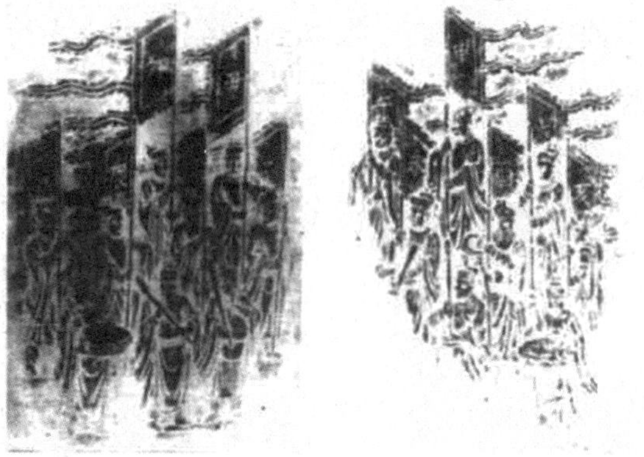

图2-88　资中南宋右丞相赵雄墓墓室左、右壁的十二生肖旗士浮雕拓本[②]

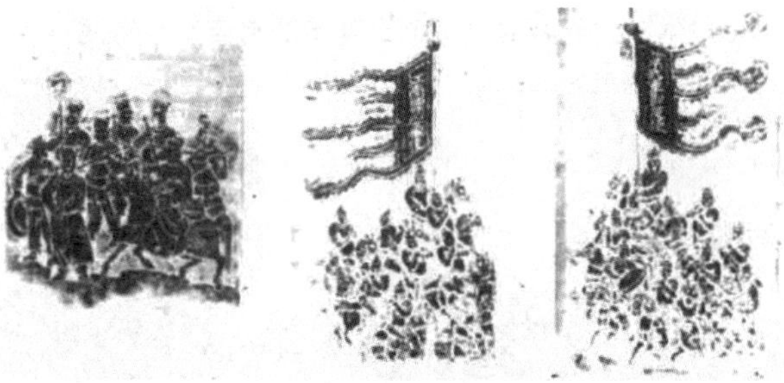

图2-89　资中南宋右丞相赵雄墓墓室左壁队仪仗图[③]

（2）出行

广元杜光世夫妇合葬墓西室西壁靠外侧刻抬轿图，刻有穿着短服的轿伕四人，共抬一乘有窗的顶作屋顶状的方形大轿，似在行进中（图2-90）；东室西壁靠外侧刻有一牵马图，图中刻一马伕，头戴帽，腰束带，带上系一布包，左手牵着一

① 杨祖垲：《资中宋右丞相赵雄墓记实》，《四川文物》1995年第6期。

② 同上。

③ 同上。

备有鞍镫的马,右手执鞭,似候主人乘马出行(图2-91),而东壁靠外侧亦刻有椅轿图,中刻四名轿夫抬着空的椅轿,似正在行进。椅轿系将两根轿杠绑固在一有扶手的椅子的四足上,椅上铺有垫褥(图2-92)。[①]昭化县曲回乡宋墓的右壁第三组刻一妇人骑在驴上,侧随一小童手撑伞追随在后[②]。眉山虞公著夫妇合葬墓西室的左壁中,刻有一幅出行图,图以墓主出行所乘轿为中心,前面列有侍从仪仗。轿停放在画面右侧,旁立一执伞侍者。轿前有一衣着长服的长须者,面右拱手而立。左侧则刻两组侍从仪仗,靠上一组前为四个佩剑者,后面又有四人拱手而立。下面一组前为四个扛剑于肩者,后随三人持物或作拱手状,其中一人背负一交椅(图2-93)。[③]

图2-90 广元杜光世夫妇合葬墓西室西壁抬轿图[④]

图2-91 广元杜光世夫妇合葬墓东室西壁牵马图[⑤]

① 四川省博物馆、广元县文管所:《四川广元石刻宋墓清理简报》,《文物》1982年第6期。
② 沈仲常、陈建中:《四川昭化县曲回乡的宋墓石刻》,《考古》1957年第12期。
③ 四川省文物管理委员会、彭山县文化馆:《南宋虞公著夫妇合葬墓》,《考古学报》1985年第3期。
④ 四川省博物馆、广元县文管所:《四川广元石刻宋墓清理简报》,《文物》1982年第6期。
⑤ 同上。

图2-92 广元杜光世夫妇合葬墓东室东壁抬椅图①

图2-93 彭山虞公著夫妇合葬墓西室左壁出行图②

① 四川省博物馆、广元县文管所:《四川广元石刻宋墓清理简报》,《文物》1982年第6期。

② 同上。

四、孝行题材

还有一种表现子孙尽孝的材料值得我们注意,那就是宋代巴蜀地区石室墓出现的孝行图。实际上,孝行图在中国墓葬艺术中并不罕见。汉画中就常见"七女为父报仇"题材故事;[①]魏晋南北朝时期,孝行图开始广泛流行并成为一种主要的墓葬艺术题材。如山西大同出土的北魏太和八年(484年)司马金龙漆屏风、[②]洛阳出土的北魏正光五年(524年)元谧石棺等,[③]这些图像都收录于邹清泉先生的《行为世范——北魏孝子图像研究》一书中,并对此类图像做了详致的分析。[④]北魏时期,孝行图成为墓葬装饰的重要艺术形式,在人物题材上更为丰富,据雷虹霁先生的观点可能"与'门阀制度'有很大的关系。"[⑤]也正是在这一时期,佛教思想广为传播,在儒家正统士人的质疑之下,佛教开始宣称孝道亦是佛教教义之一,并创造了目犍连地狱救母的传说,为传统的孝道文化增添了许多新的内容。

宋代,孝文化作为儒家文化的精髓,依旧得到统治阶级及士人阶层的推崇。宋哲宗曰:"奉先者如亡如存,追往者送终为大"[⑥]"赫赫炎宋,专以孝治"[⑦]从古至今,孝文化早已成为中华民族最基本的道德伦理而深入人心,成为我国传统儒家文化的本质文化。孝文化的两种表现形式为养生和送死。在宋墓石刻中,这一思想影响亦广泛存在。儒家崇尚孝道,"孝莫大于安亲,忠莫先于爱主,人伦之本,无越于斯"。[⑧]正是在这一文化背景下,孝行图也常见于宋人的墓葬之中。具体到巴蜀地区的墓葬石刻材料,表2-8直观地反映出巴蜀地区出土的孝行图像石刻:

---

① 出土这类题材汉画的地方有山东莒县东莞、山东武氏祠、孝堂山石祠、临沂吴白庄汉墓等,详参邢义田:《画为心声:画像石、画像砖与壁画》,北京:中华书局,2011年,第92-137页。

② 山西省大同市博物馆、山西省文物工作委员会:《山西大同石家寨北魏司马金龙墓》,《文物》1972年第9期。

③ 贺西林:《北朝画像石葬具的发现与研究》,载巫鸿主编:《汉唐之间的视觉文化与物质文化》,北京:文物出版社,2003年,第341-376页。

④ 邹清泉:《行为世范——北魏孝子图像研究》,北京:北京大学出版社,2015年。

⑤ 雷虹霁:《魏晋南北朝时期孝子图像研究》,《民大史学》,北京:民族出版社,1997年。

⑥《宋大诏令集》卷70《章惇罢相责本官知越州制》,北京:中华书局,1962年,第338页。

⑦ [宋]宋庠:《孝治颂》,载曾枣庄、刘琳主编:《全宋文》卷431,成都:巴蜀书社,1990年,第11册,第12页。

⑧ [宋]程颢、程颐:《二程集》卷5《为家君上神宗皇帝论薄葬书》,北京:中华书局,1981年,第527页。

表2-8 孝行题材石刻分布、内容一览表

墓葬名称	年代	位置	数量	孝行内容(由外而内)	孝行人物
重庆沙坪坝井口宋墓	南宋中期	1号墓左壁	1	老妇居中,身着裙衫,旁有两妇侍立,但不知是何故事	不明
		1号墓右壁	3	王延元求鱼	王延元
				姜诗故事	姜诗
				陆绩怀橘	陆绩
		2号墓左壁	3	子路负米	子路
				闵损行孝	闵损
				丁兰刻木事亲	丁兰
		2号墓右壁	2	汴州李氏孝女,年八岁,父卒,柩殡在堂十余年,每日哭泣无限……	李氏
				郭巨埋儿	郭巨
		1、2号墓中间过道	2	(东壁)“六师外道谤佛不孝”	阿难
				(西壁)目连救母	目连

另外,出土于广元的两座宋墓中,罗家桥宋墓侧壁中出现了“董永别妻”“原谷谏父”“杨香打虎”“伯俞泣仗”四幅孝行图(图2-94),[①]南宋嘉泰四年(1204年)广元杂剧石刻墓女主人墓室中左右侧壁雕有孝行故事图,分别为“唐氏乳姑”“曾参心痛”“郭巨埋儿”“刘庸行孝”“郭巨埋儿”“丁兰侍木”六幅孝行图(图2-95),[②]但不知道图像的详细位置,故未列入表格。

① 李成渝、林青、马彦:《四川省广元县罗家桥一二号墓伎乐石雕的研究》,《音乐探索·四川音乐学院学报》1985年第1期。

② 廖奔:《广元南宋墓杂剧、大曲石刻考》,《文物》1986年第12期。

图2-94 广元罗家桥宋墓女墓室侧壁的孝行图①

（上行图案从左至右为“董永别妻”“原谷谏父”下行图案从左到右为“杨香打虎”“伯俞泣仗”）

图2-95 广元南宋嘉泰四年(1204)墓西室侧壁浮雕孝行故事②

（左起：“刘庸行孝”“郭巨埋儿”“丁兰侍木”）

从墓葬中出土的孝行图来看，故事内容大都来源于西汉时期刘向编纂的《孝子传》一书，其中一些人物到元时收录到了《二十四孝》③图中。宋代，在传统儒家知识分子的眼中，孝道是作为人之基本伦理而应当被不断地阐释、宣扬和称道的，二程主张“本于孝悌，通于礼乐”④“仁主于爱，爱孰大于爱亲，故曰孝弟

① 廖奔：《广元南宋墓杂剧、大曲石刻考》，《文物》1986年第12期。

② 同上。

③ 指古代二十四名尽孝的典型人物。旧传元郭守敬弟守正辑虞舜、汉文帝、曾参、闵损、仲由、董永、郯子、江革、陆绩、唐夫人、吴猛、王祥、郭巨、杨香、朱寿昌、庾黔娄、老莱子、蔡顺、黄香、姜诗、王褒、丁兰、孟宗、黄庭坚等二十四人孝行。成《二十四孝》一书。

④［宋］程颢、程颐：《河南程氏文集》卷11，北京：中华书局，1981年，第638页。

也者其为仁之本欤。”[①]儒家知识界认为孝乃仁之本，是爱人之根本，同时提倡孝不能流于形式，而要付诸实践。孝道观念的大力提倡使得孝行图到宋时又一次出现在墓葬中，并受到上层社会及民众的欢迎。我们可以认为：“理学家的言论影响到整个精英阶层的思想——精英阶层思想状况的变化影响到民间信仰和对价值观的判断——民间信仰和价值观的判断影响到民间丧葬观和行为的变化，孝行图也就因此在民间墓葬中盛行开来。”[②]

另一方面，巴蜀地区宋代石刻墓葬中，呈现出整合儒释两教孝文化的色彩。佛教题材的孝行图在墓中也交相出现，重庆沙坪坝井口宋墓“目连救母”“阿难入城”便是两幅佛教题材的孝行图（图4-57）。“目连救母”的故事，可见于《盂兰盆经》，讲述了目连为救母于恶鬼道中，借十万众僧之力于七月十五日设盂兰盆会，母得脱鬼道的故事。[③]井口宋墓的这幅图像“浮雕一贵妇像，旁有五人侍立，左有一兽，据地而坐，下有一僧人鞠躬合十做敬礼状。图中贵妇即大富长者，僧人应是目连，左旁一兽即青提夫人的化身。”[④]目连戏在我国流行甚广，不过目连救母最初作为佛教孝行题材是出现在佛教石窟寺院的装饰题材中。到宋时，逐步进入宋代墓葬壁画和石刻墓中。题材逐渐世俗化，进入民众日常视野中。“阿难入城”的故事，可见于《楞严经》，阿难是佛教人物，图像描绘的有光头、手持念珠的僧人为释迦弟子阿难，其入城，所见王舍城中一男子家财荡尽，担父母乞食的场景。佛家题材与儒家孝道题材同时出现在墓葬石刻上，反映了宋代儒、释两教的孝亲观念在丧葬习俗中的合流，为这一时期孝行图的流行，构筑起知识和信仰的背景。

五、宗教题材

（一）道教题材石刻

包括与道教文化相关的人物、场景、神灵、八卦真文等内容：

---

① ［宋］程颢、程颐：《河南程氏遗书》卷18，北京：中华书局，1981年，第183页。

② 宋扬：《宋代墓葬壁画探索》，上海：华东师范大学硕士学位论文，2011年。

③ ［晋］竺法护译：《佛说盂兰盆经》，大正新修大藏经本。

④ 重庆市博物馆历史组：《重庆井口宋墓清理简报》，《文物》1961年第11期。

1.仙官

在巴蜀地区宋墓墓室中，常见一些文官形象，他们头戴梁冠，身穿朝服，颈部或有方心曲领，手执笏板，脚下踩祥云。如华蓥安丙家族墓M2中。后室过道左、右壁，共刻有十二位持笏文官人物，每壁六人，分前后两排站立，每排三人，内高外低，他们头朝墓室内侧（也就是安丙坐像），面色恭敬、肃穆，十分生动，上部均施有云彩。（图2-96）；[①]资中县烂泥湾宋墓M3墓室左、右壁亦有作文官打扮，头戴梁冠，双手持笏，踏云而来的人物，每壁六人，均为三人一组，对称分布于左、右壁壁龛的两侧（图2-97）。[②]

图2-96 华蓥安丙家族墓M2两侧壁后室过道的仙官图像[③]

① 华蓥市文物管理所等:《华蓥安丙墓》,北京:文物出版社,2008年,第56页。

② 资中县文物管理所、四川省文物考古研究院:《四川资中县烂泥湾宋墓发掘报告》,《四川文物》2015年第2期。

③ 华蓥市文物管理所等:《华蓥安丙墓》,北京:文物出版社,图版四八。

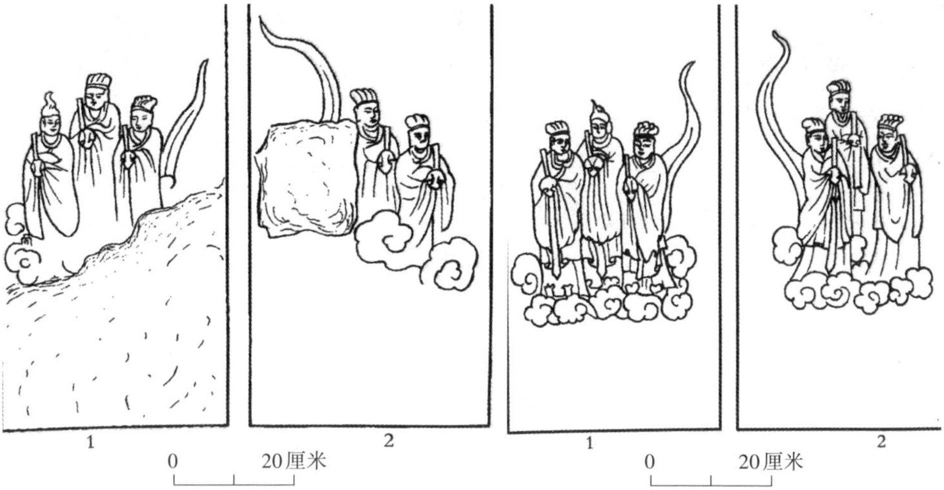

图2-97 资中县烂泥湾宋墓M3墓室左、右壁仙官形象[①]

2.道教镇墓文字与其他符号

镇墓文是墓葬中一种常见的道教石刻题材。所谓镇墓文是一个比较宽泛的概念，罗振玉《贞松堂集古遗文》卷15中将东汉刻写在铅券上的镇墓文字称作镇墓文，这个说法影响较广，学界也常用这个词语称谓具有相同镇墓性质的器物。[②]但这个概念并不准确，因为券大多指用竹、木、铅制作成的契据，是长条形的，而大量出土的镇墓文不止刻写于券上，用来书写镇墓文的载体材料是多种多样的，在陶瓶、砖石、瓦、木、铁等物上也十分常见。张勋燎在《东汉墓出土的解注器材料和天师道的起源》一文中认为凡是带有"镇墓文"的器物，都应该称作"解注器"。[③]本文则将出现在墓葬中与道教驱邪避煞有关的文字统称为镇墓文。

至少在汉代，墓葬中就出现了大量镇墓文，它们大多出现于陶瓶上，且一般用朱砂书写。至西晋时，镇墓文还有书写在木牍和纸上的。[④]宋代镇墓文一部

---

① 资中县文物管理所、四川省文物考古研究院：《四川资中县烂泥湾宋墓发掘报告》，《四川文物》2015年第2期。

② 张勋燎、白彬：《中国道教考古》，北京：线装书局，2006年，第2页。

③ 所谓解注器就是按照道教注鬼学说理论行解除注鬼术所用的器物。张勋燎先生认为这些器物上的镇墓文，无论带有"注"字与否，文字较长的都应叫作"解注文"，文字较短的也和解注有关，虽然在严格意义上不能叫作"解注文"，广义而言仍可归入解注文的范畴。参阅张勋燎：《东汉墓出土的解注器材和天师道的起源》，《道家文化研究》（第九辑），北京：线装书局，2006年。

④ 黄景春：《早期买地券、镇墓文整理与研究》，上海：华东师范大学博士学位论文，2004年。

分刻写于单块石上(通常将这些石头刻成八角形,或在石上刻八角形边框),置于墓中,称为“镇墓石”,多分布在汉中地区、巴蜀地区尤其是成都等地。有学者将其分为“华盖宫文”“敕告文”“五方镇墓石”三类,[①]张勋燎和白彬又将五方镇墓石按照具体内容划分为“八威真文石刻”“消灾真文石刻”和“渡炼真文石刻”。[②]对于此类宋代镇墓石,学界已做过相当深入的研究,如成都文物考古研究所的王毅、荣远大等编成《成都出土历代墓铭券文图录综释》,收录了成都地区出土历代墓铭券文700余件,并附有拓片和释文,对研究包括宋代在内的成都地区镇墓石有极大的参考价值。另外,张勋燎、白彬《中国道教考古》,周苗《唐宋镇墓石研究》、黄景春《早期买地券、镇墓文整理与研究》等专著和论文都对巴蜀地区出土的宋代镇墓石有过详致的研究。而宋代巴蜀地区的镇墓文还有一部分则雕刻在墓室的墓壁及石棺上,此类镇墓文较少受到学界关注,本文即主要关注此类镇墓文,通过对比同一地区出土的镇墓石的镇墓文,探讨其在墓葬中所表达的意蕴。

(1)五方消灾镇墓文

乐山井研县金井坪宋墓M2的两个墓室的左、右侧壁和后壁龛中发现刻写有东南西北中消灾真文各一方,其中“中央黄帝消灾真文”位于墓室后壁,“南方赤帝消灾真文”和“东方青帝消灾真文”位于右壁,“西方白帝消灾真文”和“北方黑帝消灾真文”位于左壁(图2-98)。M2这一套五方“消灾真文”,共计164字(两室真文内容基本相同,但左室的后壁只有“中央黄帝消灾真文”的题刻,无内容)。这些镇墓石上的文字殊为怪异,应属于道教的云篆。[③]

① 周苗:《唐宋镇墓石研究》,北京:首都师范大学硕士学位论文,2011年。

② 张勋燎、白彬:《中国道教考古》,北京:线装书局,2006年,第1452页。

③ 四川省文物考古研究院、井研县文物管理所:《四川井研县金井坪宋代墓地发掘简报》,《四川文物》2012年第1期。

图2-98　乐山井研县金井坪宋墓M2墓室中的“五方消灾真文”①

此类云篆属于道教灵宝派的内容，在灵宝派经典《太上洞玄灵宝赤书玉诀妙经》中对此类云篆有详细的释文。根据这些释文，我们大致可以对乐山井研县金井坪宋墓M2的五方消灾镇墓文进行释读：后壁“中央黄帝消灾真文”，楷体，真文共8行，每行5字，共40字，内容为“镇星辅脾，回度北元。魁□主非，截邪斩根。□□□□，扫秽除氛。魒正玄斗，明度天关。九天符命，金马驿传。”

按照由外而内的顺序，左壁第一为“西方白帝消灾真文”，共4行，每行6字，共24字，内容为：“太白检肺，奎娄守魂。胃昴毕嘴，主制七关。参总斗魁，受符北元”。左壁第二为“北方黑帝消灾真文”，共4行，每行8字，共32字，内容为：“北辰辅肾，斗牛卫扉。女虚危室，豁落四开。壁总七星，执凶纠非。却灾扫秽，明道轮辉。”

右壁第一为“南方赤帝消灾真文”，共4行，每行8字，唯末行4字，共36字，内容为：“荧惑辅心，井鬼守房。柳星张翼，统御四乡。轸总七宿，回转天常。召运促会，正道驿行。赤文命灵。”右壁第二为“东方青帝消灾真文”，共4行，每行

① 四川省文物考古研究院、井研县文物管理所：《四川井研县金井坪宋代墓地发掘简报》，《四川文物》2012年第1期。

8字，共32字："岁星辅肝，角亢镇真。氐房心尾，四景回旋。箕主七辰，正斗明轮。承气捕非，扫除灾群。"①

(2)"天帝敕告"文

重庆北碚澄江苦塘沟宋代墓群M3中雕刻有篆书"天帝告"文(该墓群M4中亦有相似镇墓文，但漫漶不清，不能辨认)。该文位于墓室左壁的长方形石框内，小篆书写，16行(图2-99)。其文曰：

> 天帝告土下冢中王气、五方诸神、赵公明等，江津县令杨元卑室人景氏，年六十三岁，生值清真之气，死归神宫，翳身冥乡，潜寄冲虚，辟斥诸禁忌，不得妄为害气。当令子孙昌炽，文咏九功，武备七德，世世贵王，与天地无穷，一如土下九天律令！②

图2-99 北碚澄江苦塘沟宋代墓群M3左壁"天帝告"文③

这篇"天帝告"文的道教内容直接来自陶弘景《真诰》卷10，原文云：

> 夫欲建吉冢之法。去块后正取九步九尺，名曰"上玄辟非"……题其文曰："天帝告土下冢中王气、五方诸神、赵公明等。某国公侯，甲乙年如千岁，生值清真之气，死归神宫，翳身冥乡，潜宁冲虚，辟斥诸禁忌，不得妄为害气。当令子孙昌炽。文咏九功，武备七德，世世贵王，与天地无穷。一如土下九天律令。"④

与北碚澄江苦塘沟宋代墓群M3中的篆书几乎一致。此类《真诰》文常见于唐宋时期的墓葬，如在河南扶沟县唐赵洪达墓出土的一方镇墓石，正文四周的

① 四川省文物考古研究院、井研县文物管理所：《四川井研县金井坪宋代墓地发掘简报》，《四川文物》2012年第1期。

② 北碚区文物管理所：《北碚澄江苦塘沟宋代墓群抢救清理简报》，《重庆历史与文化》2014年第2期。

③ 同上。

④ [南朝梁]陶弘景撰，赵益点校：《真诰》卷10，北京：中华书局，2011年，第181页。

上、下、左、右分别用篆书刻写十六个大字："上玄辟非，宫□延□，清龙元气，虎啸□□"，篆字边为朱雀、玄武、青龙、白虎四神图案。正文是："天帝告土下冢中王气、四方诸神、赵公明等。唐国许州扶沟县□公赵洪达年四十□□□民，年七十二，生值清真之气，死归神宫，□□□乡，潜灵冲虚，辟斥诸禁忌，不得妄为害气。当令子孙昌□。□咏九功，武备七□，世世富贵，与天地无穷。一如土下九天律令。"除个别用字有所差异外，几乎一致。另外，出土于成都东郊外原华阳县熙宁二年（1069年）墓有署名为曹氏的镇墓文、[①]成都东门外跳蹬河绍兴二年（1132年）王宜人合葬墓中的有王宜人夫妇署名的镇墓文[②]以及成都北门外羊子山147、148号淳熙九年（1182年）严世广夫妻合葬墓中各出土一方镇墓石，镇墓石上亦刻写有相似内容。[③]张勋燎先生把这些以"天帝告""天帝敕告"为开头的镇墓文称作"敕告文"石刻，指出其在川西地区出现最晚要到宋代，并根据《真诰》《洞真太霄琅书》的记载来看，认为此种镇墓文的具体作用，乃是道教葬埋所谓"太阴炼形"之"密法"，以之"制五土之精"，"家墓百忌，害气之神"，使墓室成为"神仙之丘窟，炼形体之所归"，"镇尸不朽，朽即又生，终与神合"达到"藏尸少时，枯骸更肉，调脏生华，瘁形又郁，先神后身，混合为一。炼易之炒方，成真之要求。"对墓主是炼尸成仙，对墓主的子孙后代，则可"无复冢墓之患""千禁万忌，一皆压之，必反凶为吉""子孙昌炽，文咏九功，武备七德，世世贵王（旺），与天地无穷。"[④]可谓一举两得。陶弘景是早期道教上清派的主要人物，《真诰》亦是上清派的主要经典之一，从带有此类镇墓文石刻的墓葬亦可以了解到道教上清派在巴蜀地区的活动。

（3）八卦符号

在离安丙家族墓地不远的华蓥许家堝宋墓中即雕刻有八卦符号。该墓为同穴异室的仿木结构双室墓，两个墓室结构和雕刻内容基本相同。左、右壁和后壁台基上均雕有八卦纹，这些八卦纹均为平级圆框内填压地隐起的八卦

---

① 四川省文物管理委员会：《四川华阳县北宋墓清理简报》，《文物参考资料》1956年第12期。

② 四川省文物管理委员会：《成都东跳蹬河发现宋代墓葬》，《考古通讯》1956年第6期。

③ 转引自张勋燎、白彬：《中国道教考古》，北京：线装书局，2006年，第1511–1512页。

④ 张勋燎：《川西宋墓和陕西、河南唐墓出土镇墓文石刻之研究》，《南方民族考古》（第五辑），成都：四川科学技术出版社，1993年，第126页。

形。[①]从外而内,左壁侧龛台基为震、巽、离,右壁为艮、坎、乾,后壁从左至右为坤、兑(图2-100)。若按此顺序将之还原为普通的八卦图案,则为后天八卦图形(图2-101)。对比该墓墓向,笔者发现,该墓向为93°,即坐西向东,向南微偏,也就是说处于墓室左、右壁外侧的震、艮卦正好面相东方,后壁的坤、兑正好面向西方,墓室的平面布局与后天八卦的方位大致重合(图2-102)。这种布局方式很难说不是刻意为之,即建造墓葬的人有意按照后天八卦的方位摆放墓室。

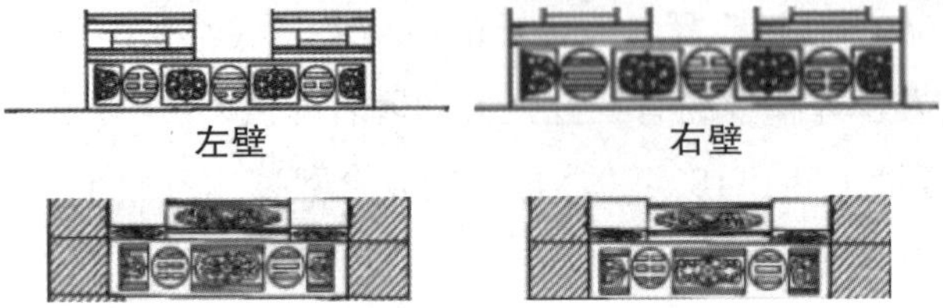

图2-100 华蓥许家堝宋墓台基处的八卦雕刻[②]

图2-101 后天八卦图

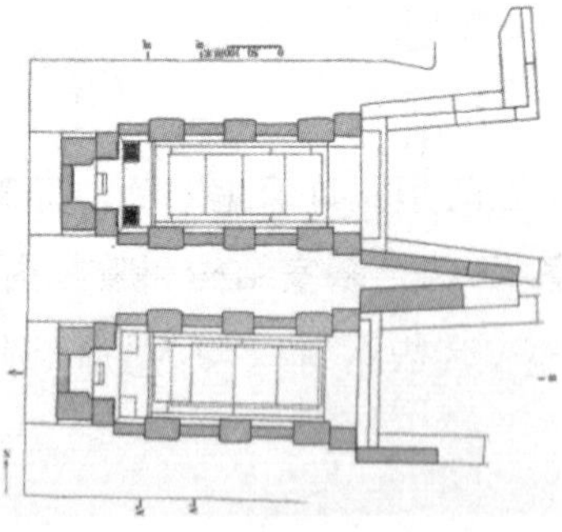

图2-102 华蓥许家堝宋墓平面图[③]

① 四川省文物考古研究所、广安市文物管理所、华蓥市文物管理所:《四川华蓥许家堝宋墓清理简报》,《四川文物》2010年第6期。

② 四川省文物考古研究所等:《四川华蓥许家堝宋墓清理简报》,《四川文物》2010年第6期。

③ 同上。

(2)佛教题材石刻

1.化生童子像

华蓥安丙家族墓地M1墓室中有数幅化生童子像。M1是安丙夫人、福国夫人李氏的墓室,在其墓室的左、右壁须弥座束腰内中部刻有化生童子图案。在两幅图像中,均雕刻了三个憨态可掬的童子手持连弧状菊花花枝图案(图2-103),孩童作攀枝状,显得调皮可爱(图2-104)。[①]

图2-103　M1墓室左、右壁束腰内中部的化生童子图案[②]

图2-104　M1墓室左壁束腰内中部的化生童子图案的细节(笔者　摄)

① 华蓥市文物管理所等:《华蓥安丙墓》,北京:文物出版社,2008年,第33页。

② 华蓥市文物管理所等:《华蓥安丙墓》,北京:文物出版社,2008年,图版二六。

2.佛经

重庆北碚澄江苦塘沟宋代墓群M3右壁上有楷书《楞严咒》一方(图2-105),楷书,共10行,[①]该墓的考古报告并未给出该经文的详细内容。根据报告提供的石刻照片,笔者查阅了《楞严经》经文,将这些经文还原如下:

右侧首段为《楞严经》卷7经文:“佛顶光聚悉怛多般怛罗秘密伽陀微妙章句”。经文后附有同出该卷的咒文:“跢侄他唵阿那隶毗舍提鞞啰跋阇啰陀唎槃陀槃陀你跋阇啰谤尼泮虎(合牛)都嚧瓮泮莎婆诃”[②]。

咒文“佛顶光明,摩诃萨怛哆般怛啰,无上神咒”,一般称为“楞严咒”,这段咒文在《楞严咒》中是最末几句,称作咒心,是该咒最为精要的部分。十方诸佛,持此咒心,就能够“于十方拔济群苦。所谓地狱饿鬼畜生,盲聋喑哑、怨憎会苦、爱别离苦、求不得苦、五阴炽盛,大小诸横同时解脱。贼难兵难、王难狱难、风火水难、饥渴贫穷,应念消散”[③]。也就是说,该咒能够降伏妖魔,起到使一切苦难烟消云散的作用。

宋代,人们相信诵念《楞严咒》能够降伏妖魔,度化亡魂。《夷坚丙志》就记载嘉兴县令陶彖有子因女鬼作祟,“得疾甚异,形色语笑,非复平日”。陶彖十分忧虑,聘请巫祝行压胜之事,也不能医治。一日天竺辩才法师元净,“适以事至秀”,陶前往求助,并称儿子可能为女鬼所祟,希望元净能够攘除。“净许诺,杖策从至其家。除地为坛,设观世音菩萨像,取杨枝沾水,洒而咒之,三绕坛而去,是夜儿寝安然”。明日,“净引儿问曰:‘汝居何地而来至此’,(女鬼)答曰:‘会稽之东,卞山之阳,是吾之宅,古木苍苍。’又问姓谁氏,答曰:‘吴王山上无人处,几度临风学舞腰。’净曰:‘汝柳氏乎?’輾然而笑。净曰:‘汝无始以来,迷已逐物,为物所缚,溺于淫邪。流浪千劫,不自解脱,入魔趣中,横生灾害,延及亡辜。汝今当知魔即非魔,魔即法界,我今为汝宣说《首楞严秘密神咒》,汝当谛听,痛自悔恨,讼既往过愆,返本来清净觉性。’于是号泣不复有云”。[④]可见,《楞严咒》拥有度化亡魂的力量。

---

① 北碚区文物管理所:《北碚澄江苦塘沟宋代墓群抢救清理简报》,《重庆历史与文化》2014年第2期。

② [唐]般刺密谛译:《大佛如来密因修正了一诸菩萨万行首楞严经》卷7,明天启元年凌氏三色套印本。

③ [唐]般刺密谛译:《大佛如来密因修正了一诸菩萨万行首楞严经》卷7,明天启元年凌氏三色套印本。

④ [宋]洪迈撰:《夷坚丙志》卷16《陶彖子》,北京:中华书局,2006年,第2版,第498页。

图 2-105　重庆北碚澄江苦塘沟宋代墓群 M3 右壁《楞严咒》[①]

第四节　墓室顶、底部石刻图像的题材

一、墓室顶部石刻图像的题材

在宋代巴蜀地区一些石室墓葬中，墓室顶部被施作藻井，而在藻井中，常常雕刻出莲花的图案，具体情况如下：

1944年，于南溪李庄镇发现南宋乾道年间的石室墓，墓室顶部藻井中刻莲花图案，硕大如盘，似向日葵。[②]2000年，发掘的青川县竹园金子山乡宋墓，两个墓室的后龛的顶部雕刻有莲花图案，莲心硕大，花瓣呈心状分布在莲心四周，共十六瓣（图 2-106）；[③]安岳老鸹山南宋墓 M1 的藻井用四块长方形雕有浮雕图案的条石围砌而成，其上原盖有一块方形巨石封顶，方形巨石底面内凹，中央刻有一朵双层花瓣的高浮雕莲花，花心中空；M2 墓顶亦施四方形藻井，藻井中部有一朵浅浮雕莲花，即十六瓣花瓣，高浮雕的花心中空，并以此为中心向外呈放射

① 北碚区文物管理所：《北碚澄江苦塘沟宋代墓群抢救清理简报》，《重庆历史与文化》2014 年第 2 期。

② 王世襄：《四川南溪李庄宋墓》，《中国营造学社汇刊》1944 年第 7 卷第 1 期。

③ 青川县文管所、四川省文物考古研究所：《青川县竹园金子山乡宋墓清理简报》，《四川文物》2001 年第 2 期。

状的16根辐条，再以辐条为中心或相隔，由外向里分别有莲瓣、编织纹带、连弧纹带组合成一朵莲花，在花心、辐条、编织纹带及连弧纹上均涂有红、蓝两种颜色(图2-107)，[①]较青川县竹园金子山乡宋墓中的莲花图形要繁复一些。荣昌县沙坝子宋墓墓室顶部后部砌成三角形藻井，内刻有一朵莲花，花盘硕大，形似向日葵(图2-108)。[②]彭山虞公著夫妻合葬墓东室的享堂室顶，中心留有一凸出的圆形平台，上刻有一朵盛开的荷莲(图2-109)。[③]另外，北碚澄江苦塘沟宋代墓群M1墓室顶部藻井内，刻有双鱼戏莲花图案，应是莲花图案的变形。[④]

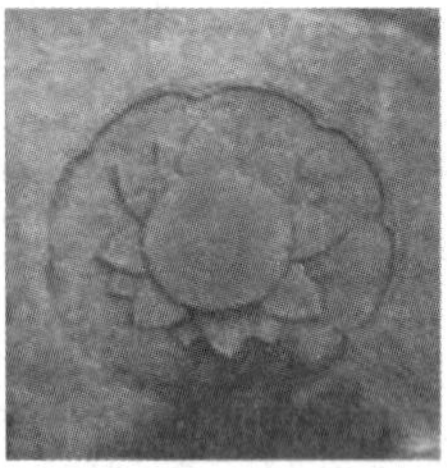

图2-106 青川县金子山乡宋墓顶部的莲花[⑤]

图2-107 安岳老鸹山南宋墓M2顶部的莲花[⑥]

图2-108 荣昌县沙坝子宋墓藻井内的莲花[⑦]

图2-109 彭山虞公著夫妻合葬墓东室享堂顶部[⑧]

① 四川省安岳县文物局博物馆:《四川安岳县老鸹山南宋墓清理简报》,《考古与文物》2009年第1期。
② 四川省博物馆、荣昌县文化馆:《四川荣昌县沙坝子宋墓》,《文物》1984年第7期。
③ 四川省文物管理委员会:《虞公著夫妇合葬墓》,《考古学报》1985年第3期。
④ 北碚区文物管理所:《北碚澄江苦塘沟宋代墓群抢救清理简报》,《重庆历史与文化》2014年第2期。
⑤ 青川县文管所、四川省文物考古研究所:《青川县竹园金子山乡宋墓清理简报》,《四川文物》2001年第2期。
⑥ 四川省安岳县文物局博物馆:《四川安岳县老鸹山南宋墓清理简报》,《考古与文物》2009年第1期。
⑦ 四川省博物馆、荣昌县文化馆:《四川荣昌县沙坝子宋墓》,《文物》1984年第7期。
⑧ 四川省文物管理委员会:《虞公著夫妇合葬墓》,《考古学报》1985年第3期。

二、墓室底部石刻图像的题材

巴蜀地区宋代石室墓的墓室底部通常会放置墓主人的棺木和一些随葬的器物，如陶器、钱币和俑等，其中属于石刻类别的有买地券。宋代民间葬俗中买地券的使用十分盛行。南宋周密《癸辛杂识·别集》卷下中云："今人造墓必用买地券，以梓木为之，朱书云：'用钱九万九千九百九十九文，买到某地'云云。此村巫风俗如此，数为可笑。及观元遗山《续夷坚志》载曲阳燕川青阳坝有人起墓，得铁券刻金字云：'敕葬忠臣王处存，赐钱九万九千九百九十九贯九百九十九文'，此唐哀帝之时，然则此事由来久矣。"①高朋《人神之契：宋代买地券研究》所著录的宋元时期的买地券共有199种，而巴蜀地区就达76种，几近一半；②鲁西奇《中国古代买地券研究》亦收集宋辽金元时期的买地券约200余种，其中川峡四路所出的买地券约有70余种，可考者63种。③可见当时巴蜀地区买地券的流行情况。但就目前的材料来看，宋代巴蜀地区的买地券多出于成都附近的砖室墓中，石室墓中可见者甚少，本书搜集所见共计7种买地券，详情如下（其显误者径改，置于[ ]中）：

1. 罗一娘买地券

出土于四川渠县渠光镇北宋天圣七年（1029年）石室墓，现藏于达州市渠县历史博物馆。长方形，四角折为短边，长29厘米、宽23厘米、厚2厘米，青砂石质。券文从右至左刻写，顺逆相间，共九行。④原报告著有录文，并附有拓本图影，兹据拓本图影校录如次：

维[大宋]（岁末）天圣七年[太岁]（大藏）己巳闰二月庚寅/[朔]（初）十四日癸酉，谨有户[贯]（萌）渠州流江县招宾乡、城南居/住，殁故亡人罗一娘，今用钱九万九千九百九十九/文，就黄天父、后土母、社稷、十二[时]（财）神边买得前件墓田/一段，东至青龙，西至白虎，南至朱雀，北至玄武，上至/苍天，下至黄泉，四至分明，即日钱财分付天地/神明了。保人：张坚固、李定[度]（庆）。知见人：东王父、西/王母。书契

① [宋]周密著、杨瑞点校：《周密集》，第三册《癸辛杂识·别集》卷下"买地券"条，杭州：浙江古籍出版社，2015年，第258页。

② 高朋：《人神之契：宋代买地券研究》，北京：中国社会科学出版社，2011年。

③ 鲁西奇：《中国古代买地券研究》，厦门：厦门大学出版社，2014年。

④ 王平：《达州出土的四方买地券考略》，《四川文物》2009年第2期。

人:石功曹。[读](得)契人:金主簿。书契人/飞上天,读契人入黄泉。一如律令。伏惟尚飨。/

2.黄念四郎买地券

1997年,出土于四川井研县城西的一座北宋宣和六年(1124年)石室墓中,石质,八卦形,并刻有八卦,对角线长39厘米。券文阴刻,由圆心向周围呈环状旋转排列,刻痕较深,文字工整。[①]原报告著有录文,并附有券碑图影,但不甚不清楚。兹迻录原报告录文如次:

□大宋宣和六年岁次甲辰十二月一日甲辰朔十七日庚申,谨有剑南道西川成都府路下仙井监井研县来凤乡永吉里,□故亡人黄念四郎,使钱九万九千九百九十九贯文,就□皇天父、后土母、社稷、十二位神边,购买得墓□□所,周流一顷,西至青龙,东至白虎,北至朱雀,南至玄武,上至苍天,下至黄泉。□□□□一一分付天地神明了。保人:张坚固、李定度。证见人:东王父、西王母。书券人:石[功](切)曹。读券人:金主簿。书了□上天,读券人□黄泉。一切诸神不得抢夺。急急如律令。

3.杜光世买地券

1980年,出土于四川广元市河西公社下西大队的一座夫妇合葬石室墓中,地券为两方,分别置于东室和西室的腰坑上部,均为石质,大小相同,长31厘米、宽33厘米、厚6厘米。券面墨底,券文为阴刻行书,内填朱砂。[②]原报告未录文,然附有拓本图影(图2-110)。兹据拓本图影录文如次:

维大宋庆元元年岁次乙卯九月壬子朔□□日□□,/谨有亡□男弟子杜光世,命属丙寅年五月二十四日生,享年/五十岁。今者卜其宅兆,于此利州绵谷县第一都地名水井/溪、艮冈艮穴一倾,起造坟茔,将为安厝。谨用钱玖阡玖伯/玖拾贯文,诣皇天父、后土母处买得上件墓田,周流一倾。/其地东至青龙,南至朱雀,西至白虎,北至玄武,中央勾陈,/分掌四域。丘丞墓伯,封步界畔。道路将军,整齐阡陌。/千秋万岁,永无殃咎。若辄干犯呵禁,将军庭(亭)长,收付河伯。/分付工匠修营已后,

① 曾清华:《井研县北宋黄念四郎墓清理简讯》,《四川文物》2002年第1期。
② 四川省博物馆、广元县文管所:《四川广元石刻宋墓清理简报》,《文物》1982年第6期。

永保吉安,光荣□续。知见人:岁/月主。保人:今日直符。先有故炁邪精,□□□□契□/□□□□□□□。如违此约,□□□□□□□□□/□□□□自当其祸,主人内外存亡悉皆安吉。急急一如/太上女青律令。

图2-110 杜光世买地券[①]

4.郑氏、王再立买地券

1975年,出土于四川广元072医院的一座夫妻合葬石室墓,二墓室腰坑内各有买地券一方,均为黄砂岩质,正方形,边长约33厘米。券文阴刻,顺逆相间,周围刻有八卦符号。西室所出买地券字迹较为清晰。[②]原报告著有录文,并附有拓本图影,然无法看清。兹移录原报告录文如次:

维大宋嘉泰四年岁次甲子初一日甲子朔十五日戊寅,谨有利州宁武军绵谷县第九[都](郡)绍兴钱监营居住、正宅门下女弟子郑氏,本命乙酉,行年四十岁,十二月二十一日丑时见生,近命羽流占等点相、童□□□,今岁山空命利,宜造吉宅,今用钱玖阡玖陌玖拾玖贯文,于皇天父、后土母、社稷主边买得寿山一□,命立寿堂,以备千年之计。所有四界,东至青龙,南至朱雀,西至白虎,北至玄武,上至苍天,下至黄泉,把钱交付了讫。保人:张坚固。见人:李定度。书契人:石功曹。读契人:金主簿。一如后土帝君敕。

5.陈氏中娘镇券

1986年,出土于四川仁寿古佛乡池家村一座夫妇合葬墓中,石质,通高39

① 四川省博物馆、广元县文管所:《四川广元石刻宋墓清理简报》,《文物》1982年第6期。

② 廖奔:《广元南宋墓杂剧、大曲石刻考》,《文物》1986年第12期。

厘米，底座高15厘米，为四边形，边长14厘米。券幢高32厘米，为八棱四角攒尖顶，上阴刻券文八行，自左至右读，顺逆相间。[①]原报告未录文，仅报道券文部分文字，附有拓本图影。兹据拓本图影录文如次：

□□□庚申，谨有殁故陈氏中娘 / □命归，□□周公择卜，良辰送葬还山，/ 先使大钱万万九千九伯九十九贯，买得西南山下□ / □墓田一所，东至青龙，南至朱雀，西至白 / 虎，北至玄武。上至苍天，下至黄泉。四至界 / 畔分明，即日钱财分付与天地神明。证保：张□□。/ □□人：东王公、西王母。镇券交陈氏中娘收执照用。/ 皇宋宝庆元年太岁乙酉四月三日□□。/

6.姚氏地券

1955年，出土于绵阳一座南宋嘉定二年（1209年）石室墓中。地券呈八棱柱形，石质。八面皆刻有铭文。[②]地券内容仅部分能够辨识：

维皇宋剑南西川成都府□姚氏□买到拍下乡墓田二所□其田系是亡人孺人姚氏所居之地，如有合千鬼神不得侵占□。

7.邓荣仲地券

1973年，出土于简阳一座南宋端平三年（1236年）长方形单室石室墓中。[③]地券呈长方形，长88厘米、宽85厘米、厚10厘米，地券文字单数行顺写，双数行倒写，楷书，12行（图2-111）：

大宋端平三年大岁丙申十月乙酉朔初一日，简州阳安县龙门乡福田里殁亡人邓荣仲，今将冥财就皇天后土，买得本乡巽山□穴墓田一[顷]（领）。四界分明：东至青龙，南至朱雀，西至白虎，北至玄武。中方勾陈，分掌四域，丘丞墓伯，封步界畔。道路将军，整齐阡陌。千秋万岁，永保元吉。知见人：岁月主。保见人：今日直符。先有居者，远避万里。故气邪精，不得干犯。灵骨归地，仙化成人，利祐见存，克昌厥后。所有买地钱物，获时交付社稷十二神讫。急急一如太上女青盟文律令。地券给付亡人邓荣仲收执。

① 莫洪贵：《仁寿县古佛乡宋墓清理简报》，《四川文物》1992年第5期。

② 李复华、江学礼：《四川绵阳平政桥发现宋墓》，《考古通讯》1956年第5期。

③ 方建国：《简阳县发现南宋纪年墓》，《四川文物》1987年第3期。

图2-111　邓荣仲买地券[①]

宋代由于堪舆风水之说的盛行，墓葬中买地券的使用不仅十分流行，且有了固定的文本样式。北宋时期，官方修订的系统性地论述堪舆的著作《地理新书》中，就记载了葬仪中的斩草环节要使用买地券。要使用的买地券共两枚，一枚斩草仪式结束后埋于明堂地心，一枚则在下葬时埋于墓中，其文本样式如下：

> 某年月日，具官封姓名，以某年月日殁故。龟筮协从，相地袭吉，宜于某州某县某乡某原，安厝宅兆。谨用钱九万九千九百九十九贯文，兼五彩信币，买地一段。东西若干步，南北若干步。东至青龙，西至白虎，南至朱雀，北至玄武。内方勾陈，分掌四域。丘丞墓伯，封部界畔，道路将军，齐整阡陌。千秋万岁，永无殃咎。若辄干犯诃禁者，将军亭长，收付河伯。合以牲牢酒饭，百味香新，共为信契。财地交相分付，工匠修营安厝，已后永保休吉。知见人：岁月主；保人：今日直符。故气邪精，不得忏怯。先有居者，永避万里。若违此约，地府主吏，自当其祸。主人内外存亡，悉皆安吉。急急如五帝使者女青律令！[②]

从上文所引述的宋代巴蜀地区石室墓中出土的买地券来看，基本是按照这一文本样式来书写的，如广元杜光世买地券，有的买地券虽在神祇系统上与《地理新书》有所出入，但买地券的作用和意义并未受到影响，具体情况见表2-9。

---

① 方建国：《简阳县发现南宋纪年墓》，《四川文物》1987年第3期。

② [宋]王洙等编撰，[金]毕履道、张谦校，金身佳整理《地理新书校理》卷14，湘潭：湘潭大学出版社，2012年，第428-429页。

表2–9 宋代巴蜀地区石室墓买地券及其分布与神祇系统一览表

买地券	年代	亡人籍贯或葬地所在	墓地边界	券文所载神祇					
				卖地人	保人	见人	书券人	读券人	执法
罗一娘买地券	天圣七年（1029年）	渠州流江县	青龙、白虎、朱雀、玄武、苍天、黄泉	黄天父、后土母、社稷、十二时神	张坚固、李定度	东王父、西王母	石功曹	金主簿	
黄念四郎买地券	宣和六年（1124年）	成都府路下仙井监井研县	青龙、白虎、朱雀、玄武、苍天、黄泉	皇天父、后土母、社稷、十二位神	张坚固、李定度	东王父、西王母	石功曹	金主簿	
杜光世买地券	庆元元年（1195年）	利州绵谷县	青龙、白虎、朱雀、玄武、勾陈	皇天父、后土母	今日直符	岁月主			丘丞墓伯、道路将军、将军庭（亭）长、河伯
郑氏、王再立买地券	嘉泰四年（1204年）	利州宁武军绵谷县第九［都］（郡）绍兴钱监营	青龙、白虎、朱雀、玄武、苍天、黄泉	皇天父、后土母、社稷主	张坚固	李定度	石功曹	金主簿	
陈氏中娘镇券	宝庆元年（1225年）	隆州仁寿县	青龙、白虎、朱雀、玄武、苍天、黄泉	天地神明	张□□	东王公、西王母			
姚氏地券	嘉定二年（1209年）	剑南西川成都府							
邓荣仲地券	端平三年（1236年）	简州阳安县龙门乡福田里	青龙、白虎、朱雀、玄武、勾陈	皇天后土、社稷十二神	今日直符	岁月主			丘丞墓伯、道路将军

第三章

宋代巴蜀地区石室墓石刻的空间关系

第一节 墓室后壁石刻与墓主的关系

宋代巴蜀地区带雕刻的石室墓的墓室平面以长方形为主，墓顶有劵拱顶、平顶、藻井顶、盝顶等；从形制上看，单室墓、双室墓及多室墓都有出现，另外墓内多做石棺台，排水沟和壁龛等；从题材内容上看，巴蜀地区宋代墓葬石刻的一个重要特点是青龙、白虎、朱雀、玄武所谓“四神”的大量出现，且在墓室中的位置分布具有非常明显且稳定的规律性。四神，也称四象、四灵等，即东宫青龙、西宫白虎、南宫朱雀、北宫玄武。中国传统的天文学体系将天赤道附近的星空划分为二十八宿，分别由四象统辖。冯时先生指出：“象是中国传统星官体系最基本的概念，而四象后来作为四个赤道宫的象征，最终形成了由五种动物组成的四组灵物，分别具有四种不同颜色以及代表四个不同方向，并与二十八宿完成固定配合的严整形式。”[①]因为巴蜀地区宋代石室墓的墓室绝大多数是长方形，则一般均可分为墓门、与墓门相对的墓室后壁、墓室的左右两侧壁，以及墓顶和墓底六个空间方位。我们假设在墓室中有一个看不见的人，其面朝墓门站在墓室后壁，则四神的配置即是按照左青龙、右白虎、前朱雀、后玄武的规律分布在墓室四个方位（典型如重庆合川黄家湾宋墓、四川华蓥南宋安丙家族墓、重庆沙坪坝井口石室墓等等），从而界定出墓室在文化意义（可能非实际地理意义）上的东、西、南、北四个方位。即使有的墓葬中四神出现地并不完整，如只出现青龙和白虎，也是按此规律分布，无一例外（典型如四川达县九岭乡宋墓、重庆大足油房坡石室墓等等）。考虑到整个墓室是专为墓葬主人而建造的封闭空间，显然这个看不见的人只可能是墓主人，那么后壁（即文化意义上的北壁，下同）的位置也很可能代表着墓主人的位置。

实际上，宋代巴蜀地区的许多石室墓葬中，在墓室文化意义上北方的后壁位置，就通过雕刻直接呈现出了墓主人的形象。如华蓥安丙家族墓M2内龛内下部中间雕刻墓主人安丙坐像，“左右各侍立一女性。安丙坐于椅子上，头戴东坡巾，平视前方，颏下胡须垂至腰部，上身内着交领衣，外套宽袍，双手交叉拢于

① 冯时：《中国天文考古学》，北京：中国社会科学出版社，2010年，第409页。

袖中,双足平分踩于脚踏子上,靴尖上翘。像高0.8米”[①]。又如重庆大足龙水镇明光村磨儿坡宋墓M3头龛(即后壁龛)“正壁中央又套刻一小龛,高宽各64厘米、深11厘米。小龛正壁刻一屏风,屏风内高浮雕二像:左像为一女童,头绾双髻,身着开领广袖服,双手捧物立于右像身前;右像为老妪,斜坐于靠背椅上,头挽髻,身着开领袍服,两手拢袖置于腹间,外搭一肩带(巾)垂足前,双足置踏凳上,坐像高38厘米、肩宽10厘米、头长11厘米,似展示老妪或贵妇休闲、优裕之尊者状”[②]。四川资中县烂泥湾宋墓M1后龛顶部雕刻有仿木建筑结构的房屋,龛内高浮雕墓主人坐像,以及在四川叙永天池宋墓群的墓09SLXXM1、墓09SLXTM1、墓09SLXTM2及墓09SLXPM1中,其墓室后壁的雕刻均为墓主人或墓主人夫妇坐像,并左右各一侍者的题材组合[③],等等。同时,我们发现在这些墓葬中,除了后壁之外,墓室中其他位置的石刻题材内容都是围绕墓主人位为中心而展开的。如墓门处通常安排武士图像用于守门;四神按照左青龙、右白虎、前朱雀、后玄武的规律配置在墓室四方;其他庖厨图、出行图、装饰图案、花卉、动物等等题材都是围绕此中心位而展开。这样的墓葬构造以及题材安排,从文化意义上看也符合中国古代建筑传统中门朝南开、以北为尊,以及坐北朝南等文化习惯。

由此,我们似乎可以初步推论,这些石室墓葬的后壁位置应该代表了墓主之位。这个论点是否具有普遍性,则还需要对其他墓室后壁题材内容进行综合考察。综观宋代巴蜀地区带有雕刻的石室墓葬后壁,除了通过雕刻直接呈现墓主人形象之外,还常见以下几类题材,兹详述如下:

一、墓主灵牌位

如华蓥永兴镇驾挡丘宋墓M1后壁有龛,龛为三重龛,龛基为须弥座,束腰内雕壶门,门内剔地起突一枝花卉图案;内龛后壁正中剔地起突莲花幢牌位,牌位中竖书阴刻“×××寿堂”五字。墓M5后壁为后龛立面,龛为三重龛,龛基为须弥座,束腰内雕壶门,门内剔地起突莲花图案;连接外龛和中龛的坡面上有牡丹

① 四川省文物考古研究院等:《华蓥安丙墓》,北京:文物出版社,2008年,第58页。

② 重庆大足石刻艺术博物馆:《重庆大足龙水镇明光村磨儿坡宋墓清理简报》,《四川文物》2002年第5期。

③ 四川省文物考古研究所:《四川叙永天池宋墓清理简报》,《四川文物》2010年第2期。

花图案。内龛后壁正中剔地起突莲花幢牌位，牌位中竖书阴刻“张中兴寿堂”五字。又如重庆大足珠溪镇宝珠村张家坡宋墓头龛（后壁龛）刻须弥座，“座上刻大肚花瓶内插花一束，瓶前立一灵位牌，右边立男侍，两手抄于腹前，双目下视，作哀思状，左立男子右手指灵位，左手曲举过肩，其形象好似内侍们在向人们述说亡人之功德，以及对亡人的无限哀思”①。在达县九岭乡宋墓中，后部正中的壁龛为“王堂”，内壁浮雕主人牌位②。还如重庆渝北区生基岗石室墓群M1北室后壁龛雕刻有“男女侍从各一，男侍从头着软角幞头，广袖束腰，弯腰收腹，着拱手状；女侍从着螺髻，博衣广袖，双手托盘，盘中有物，弯腰卑侍。人像采用高浮雕，只雕出大半身，下半身腿部没于石面中。人像中间为灵位。”报告撰写人称之为“卑躬侍主”图③。可以说，除了直接雕刻呈现墓主人形象之外，通过雕刻墓主的灵牌位来表示墓主人的位置也是非常明确而直接的。

二、墓主人座

这里所说的墓主人座，是指不直接出现墓主人形象及灵牌位之类具有明确指向性的元素符号，而代之以侍者、屏风、帷幔、桌子、座椅等与墓主人关系密切的图像符号，作为侍奉墓主人的题材配置共同营造、暗示、隐喻了墓主人所在的无形空间。

如四川安岳老鸹山宋墓M1“后壁正中是盝顶式门、门楣两端有浮雕花卉。门内雕有菱格纹样的屏风。屏风前刻有1把靠椅，靠椅两侧各有1个身着长袍的男子立像”④。再如重庆大足磨儿坡宋墓M1后壁“龛正壁正中刻一浅龛”，“其内刻有一屏风，屏风中上部刻有一大叶花草图，下部正中刻有一靠椅高0.20米、宽0.12米，椅上有长方形布帛搭盖。浅龛外侧左右各立一高浮雕女像高0.38米、肩宽0.08米、头长0.08米，均头顶挽髻，身穿开领长服，两手拢袖于胸前，外搭饰带（帛、巾）垂直足前”。又如四川泸县奇峰镇宋墓M2的墓室后（壁）“龛内刻屏风、座椅、女侍”。还有重庆合川新屋村石室墓M2后壁龛上刻仿木九脊顶屋檐，檐下施斗拱，龛内刻花卉，两侧阴刻侍女和一长方形石桌。同样位于合川

① 唐毅烈：《简述大足宋墓的建筑结构与雕刻艺术》，《重庆历史与文化》2002年第1期。

② 张明扬：《达县九岭乡宋代墓葬》，《四川文物》2000年第4期。

③ 林必忠：《渝怀铁路重庆段考古清理发掘工作概述》，《重庆历史与文化》2002年第1期。

④ 王玉：《四川安岳老鸹山南宋墓清理简报》，《考古与文物》2009年1期。

的花谷帽墓群，后壁龛上浮雕歇山式屋顶，檐下施斗拱，后壁龛内阴刻侍女、案桌等；大足石马镇黄木村宋墓头龛（后壁龛），居中雕刻龙头高背椅，左旁立一内侍女，右手平举，手心向上，左手屈直，手心向外指椅，作恭请主人入座之势。同样是在大足龙水镇明光村七社宋墓，头龛（后壁龛）刻有一靠背椅，椅上用布帛搭盖，椅两侧有女立像，均头顶挽髻，衣着长服，两手拢于胸前，外搭饰一巾垂至足，两眼平视，着卑躬状；重庆大足狮子坡宋墓M10后龛双女侍座石刻；等等。类似的例子非常多，而且题材的组合也呈现多样化。如重庆合川观山宋墓M1后壁为两叉手侍者、靠背椅、双扇门、花卉组合，而M6中后壁为靠背椅、双扇门、花卉组合。同为家族墓葬，M6较M1省略了侍者组合，实际是一种形式上的简化。又如大足螺丝坡宋墓的左侧墓室“左右壁开龛，刻双扇格子门……后壁龛中部有一屏风，其前刻靠背椅”[①]。还有大足城西李氏安人墓头壁龛内雕有帷幔，内设靠背座椅，左右壁龛内刻半开双扇门。又如合川观山墓群墓M5后壁前端有一石块构筑成座椅座面，后壁装饰有座椅靠背和窗格图案，M6两墓室形制相同，“后壁各存一龛，后壁前端有一石块构筑成座椅座面，后壁装饰有座椅靠背和门扉图案”[②]。另外，在沙丘石室墓左室后龛浅刻一石桌，桌上垂吊一方巾，巾上有葵花图案和几何纹饰，桌上中部置一浅浮雕鼎，鼎口有炊烟缭绕，鼎两侧各有一花瓶，瓶内各插一束花卉[③]，等等。

三、启门图

最早出现于汉代的启门图，是宋代墓葬装饰中的一个重要题材。其构图常常表现为双扇安设的门扉，一扇关闭，一扇微微开启，一个女子从门的缝隙中探出半身或全身，或向门外张望，或手中捧什物。因启门者多为女子，有些学者也常称之为“妇人启门图”。巴蜀地区作为宋代一个重要文化区域，在诸多墓葬石刻题材中也出现了大量的启门图像，该类题材也经常被安排在墓室后壁位置。仅重庆大足就有解瑜墓、翠屏村石室墓、惜字阁石室墓群、黄木石室墓群、狮子坡石室墓等；还有重庆北碚区的澄江苦塘沟宋墓；巴南区的梅景城石室墓；重庆

---

① 大足石刻研究院：《大足古墓葬》，北京：中国戏剧出版社，2012年，第34-35页。

② 重庆市文化遗产研究院、重庆文化遗产保护中心：《重庆市合川区观山墓群宋代石室墓发掘简报》，《四川文物》2014年第2期。

③ 中国考古学会：《中国考古学年鉴2003》，北京：文物出版社，2004年，第205-306页。

荣昌的牛擦石村石室墓群;等等。又如四川威远永利宋墓、泸县青龙镇三号墓、华蓥安丙家族墓等等。典型如北碚澄江苦塘沟宋代墓群M2的后壁,高浮雕歇山顶式建筑中间刻有妇人启门图像,而在启门图的两侧刻有瓶花各一幅,下方基座雕刻成供桌式样,成为类似灵位这样带有祭祀含义的“位”的象征。又如华蓥安丙家族墓地的M3、M4、M5等墓室后壁的启门图也很有特点,其并非像传统形制的启门图呈现出半开门的状态,而是两扇门向室内敞开,其中,M3与M5雕有一插花花瓶,M3的两位启门侍女各自手捧物分别站于门扉旁边。M5瓶花左右为帷幔图案,两旁各立一侍女,左侧侍女正用双手抱住垂幔,右侧侍女身体朝向门外,左臂向后挡住垂幔。M4刻一香炉,而两位启门侍女则手捧物分别站立于门扉旁,在启门图的上侧,则刻有二飞天状侍女相向捧扶莲花座灵牌位图案。插花花瓶及具有供奉意味的香炉以及灵牌位的出现清晰传达出“祭奠供奉”的含义,换言之,这一时期放置于后壁内龛的启门图的功能开始与“位”的功能相互重叠——都是为生者处于“祭奠供奉”目的而专门为之的。正如李清泉先生在《空间逻辑与视觉意味——宋辽金墓“妇人启门”图新论》中所指出的,“由各种家具奉侍活动图像所包裹着的墓室内部,看上去仿佛就是一个供死者灵魂起居活动的‘堂’”[①]。从这个意义上说,位于墓室后壁的启门图代表了墓主人死后的灵魂居所。那么也可以认为在这个封闭围合的墓室空间内,“启门图”这种装饰手段其实代表了墓主人所在的位置。

类似位于后壁的启门图像代表了墓主人“位”的墓例还有很多。如在重庆荣昌大坡地宋墓M5中,“后(壁)龛内为仿木格扇门,右扇门微开,外立一男性,面部损毁,直立,手握书一本”。从上述材料来看,该男性手中握书观看而不是捧书等其他动作,基本不似专职侍奉的侍者,可大致可推定为墓主人。又如大足玉龙镇三教村水井坡南宋家族墓,六座墓室均为仿木石造,平面呈长方形,皆素壁,唯后壁石材上有雕刻。值得注意的是,M3、M4和M5都是双女侍座图,即后壁为仿木结构的屏风、靠背座椅及两个侍者的组合形式,即上文提到的墓主人座,而M2后壁则为妇人启门图。对于同一个家族墓地来说,时人的丧葬观念应差别不大。墓葬的其他位置基本上都是素面,雕刻题材几乎都集中于后壁,很显然,后壁在时人心目中应当为最重要的位置,且具功能性。合理的推论就是至少在此家族墓葬中,M2后壁的妇人启门图的功能与其他家族墓的题材功

① 李清泉:《空间逻辑与视觉意味——宋辽金墓“妇人启门”图新论》,《美术学报》2012年第3期。

能是一致的。

再一个重要例证是重庆大足城北环二路锅盖坡宋墓，该墓疑为夫妻墓，按发现时间先后编为M1和M2。有意思的是，两座墓葬分别在左右壁和后壁均刻有“启门图”题材，很值得研究。其中M1的左壁龛内右门半开启，门前立一女像，头绾双髻，上着交领襦，下着腹裙，左半身部分隐于左门内，双手拢袖于胸前，手腕搭饰巾。右壁龛内左门半开启，双扇门前立一女像，上身着小袖对襟旋袄，下着裙，头绾双髻，左半身外露，右手持壶柄，左手托壶底，置于胸前。后壁头龛分内外龛，在内龛下部为半开启双扇雕花门，右门半开启。门前立一女像，头绾高髻，着交领长服，左半身隐于左门内，右手持镜柄，将镜面贴于胸前，镜柄带至于膝盖处。M2后室左壁龛内有半开启双扇门，右门半开启。门前立一男像，左半身隐于门内，绾高髻，内着交领，外着圆领长服，双手捧供物置于胸前。右壁龛为左门半开启扭身女像，头绾双髻，腹部隐门内，上半身侧扭，向外探视，左腿外露，呈奔跑状。后壁内龛下部雕刻一半开门图像，“门前立一男像，头戴软仆，内着交领服，外着圆领长服，腰系带，右大部身子外露，左手掌托似官印样方物，右手护物上，双脚外露，疑此即墓主像，像高0.45米、胸径0.15米”。从此墓例可以看出，同样是启门图，位于后壁的和位于两侧壁的可能具有不同的功能，我们有理由认为，至少在一定时间和地域范围内，宋代巴蜀地区位于后壁的启门图与墓主人位具有相似的含义。

宿白先生指出，启门图最早在汉代出现，在经历了长时段的沉寂之后，又在宋代墓葬装饰中大量出现。其中，又在北方中原地区的砖雕壁画墓和位于西南的巴蜀地区的石室雕刻墓中出现最多。在北方中原地区典型如白沙宋墓，墓内砖雕壁画上都有专门的墓主人像呈现，而启门图像则与诸多表现现实生活的装饰题材并列。如丁雨先生所指出的：“中原北方地区的核心地带——河南、山西仿木构砖室墓中的启门图，与启门图同层出现的题材皆为现实题材，如庖厨、奉食、夫妇对坐、备马、杂剧、伎乐等，少有例外。”[①]因此，宿白先生指出的，“疑其取意假门之后尚有庭院、房屋，墓室至此尚未至尽头”[②]之推论具有极大的合理性。而对于学者们一直较少关注的宋代巴蜀地区石室墓葬来说，不但大量出现启门图像，更具有鲜明的地域特点。位于墓室后壁的启门图像与同样位于此位置的

① 丁雨：《浅议宋金墓葬中的启门图》，《考古与文物》2015年第1期。

② 宿白：《白沙宋墓》，北京：文物出版社，2002年，第54-55页。

墓主人像、灵牌位、墓主人座等具有相似的功能，即代表了墓主人在墓室中的“位”。

四、花卉类

花卉、花篮、花瓶等题材也常常出现在宋代巴蜀地区石室墓的后壁位置。如四川华蓥安丙家族墓M5、重庆南岸区上新街石室墓，后壁刻有花篮；在重庆大渡口区八一村宋墓，墓室后龛雕刻有精美的莲花、折枝花等；在綦江上岚垭石室墓群后龛内有浮雕莲花图案等；以及重庆大足出土的“芳华侍女”石刻；等等。袁泉先生根据《墨庄漫录》中甘露寺“植莲供养”的故事，考证宋代以来的盆花供养常取“永永无迁”之意，墓葬中的盆花是用作“永为供养”的祭祀奉之物。[①]重庆的宋代石室墓葬材料也充分证明了这一点，如北碚区苦塘沟南宋杨元甲夫妇墓“M3后龛左右柱框浅浮雕神树，龛内两侧各阴刻一大一小平行四边形，略具对开隔扇门意，门内阴刻曲足供案，案上承香炉及二盆插花卉”[②]，就通过图像手段营造了一个“永为供养”的香花祭享礼仪空间，其实质也是代表了墓主人在墓葬中的“位”。

综上所述，从宋代巴蜀地区石室墓葬的形制上看，绝大多数为长方形单室或双室石室墓，其后壁即文化意义上的北壁处于整个墓葬的中心位置。后壁位置的石刻题材有的直接呈现了墓主人的形象，有的虽然隐去了墓主人的直接形象，但通过雕刻各类题材图像的装饰安排，用暗示、隐喻等方式定义出该位置为墓主人的“位”，其目的就是想为墓主人营造一个形而上学的，具有象征意味的礼仪空间。正如巫鸿先生所言，造墓者试图以死者为中心构造一个安宁而永恒的墓葬环境，以突出墓主人的主体位置，“重构他的视觉、保留他的形象、展示他的社会等级和官阶、颂扬他的道德和精神成就”[③]。而整个墓葬装饰也正是围绕这个墓主之位而展开。

---

① 崔兴众：《丹青意映——韩城宋墓图像研究》，西安美术学院硕士学位论文，2015年，第24页。

② 白九江：《重庆市北碚区苦塘沟南宋杨元甲夫妇墓的发现与研究》，《四川文物》2015年第6期。

③［美］巫鸿：《黄泉下的美术：宏观中国古代墓葬》，施杰，译，北京：生活·读书·新知三联书店，2010年，第66页。

第二节 墓室前部石刻与墓主的关系

古人看来,阴间并不安全,而是充满了各种危机。古人认为人死之后会成为鬼魂,而恶鬼或者陌生的鬼则会危及死者灵魂的安宁,故而是要驱逐的。宋代的民间社会亦崇信巫教,相信鬼神可以左右人世祸福,所以要避而远之。沈宗宪《宋代民间的幽冥世界观》中收罗了宋代的笔记史料,将宋人口中的鬼神分为人与非人两类,其中,人化作的鬼就有饿鬼、夜叉、阴摩罗鬼、神差鬼兵、冤鬼、厉鬼、伥鬼、水鬼、木客、尸骸、骷髅等名目。[①]地下材料如买地券中亦反映有诸多鬼怪会来骚扰墓主亡魂,如故气邪精、魑魅魍魉、魍象、夔灵、牛鬼蛇神、邪精伏藏、左墓右气、地下百鬼、大力鬼、凶恶之神、五方无道鬼神、地下诸神恶鬼、伏尸故气、山中所有诸猛兽等。[②]如果不加以保护,这些鬼怪就会进入墓中,大肆破坏,甚至危害墓主。中国历来就有这样的恐怖传说,如《周礼·夏官》中就曾有记载,方相氏会进入圹中,"以戈击四隅,殴方良",[③]又《封氏见闻记》引《风俗通》云:"魍象则好食亡者肝脑",[④]所以不得不禁御之。巴蜀地区宋代石室墓葬石刻材料显示,保卫墓主安全、防止鬼怪的侵扰一直是宋人在营造墓穴时所需要考虑和安排的事情。站在墓门守卫的武士,就起到了守卫死者在阴间居室安全的作用。如位于泸县青龙镇三号墓墓门两侧的武士,披坚执锐,双眼圆睁,面相狰狞,二武士右手均提拽一小鬼,小鬼露出獠牙,作挣扎状(图3-1)。[⑤]这两幅武士图显示,武士的功能即是防止此类小鬼在阴间作祟,危害墓主人的安宁。另一方面,位于墓门处的朱雀也拥有守护墓室和墓主安宁的作用。正如上文所述,佛教进入中国后,深刻影响到了古代中国的丧葬活动和墓葬艺术。其中之一,就是大鹏金翅鸟与传统朱雀形象的融合,传统朱雀的镇邪压胜与金翅鸟护持佛法的功能出现重合,共同守护墓主人的地下宅室的安宁。

---

① 沈宗宪:《宋代民间的幽冥世界观》,台北:商鼎文化出版社,1993年。

② 高朋在《人神之契:宋代买地券研究》中对买地券中的鬼神有详细的梳理和讨论,详参氏著《人神之契:宋代买地券研究》,北京:中国社会科学出版社,2011年。

③ [清]孙诒让撰,王文锦、陈玉霞点校:《周礼正义》卷59,北京:中华书局,1987年,第2495页。

④ 同上。

⑤ 四川省文物考古研究所等:《泸县宋墓》,北京:文物出版社,2004年,第48-50页。

图 3-1 武士镇压小鬼[①]

第三节　墓室左、右壁石刻与墓主的关系

不同于墓室其他部分与墓主之间有较为固定的关系，宋代巴蜀地区石室墓左右壁的石刻题材最为繁缛，这些石刻题材与墓主之间的关系也最为繁复。在上文中，笔者通过对左右壁石刻题材的梳理，将这些石刻分为五类。可以想见的是，这每一类石刻都与墓主人之间有深刻的联系。本书就分布于墓室左、右壁的五类石刻题材与墓主之间的关系做简要的探讨。

一、青龙与白虎与墓主的关系

作为象征东方和西方的神物，青龙通常被放置在左壁，而白虎则放置在右壁。但青龙和白虎的设置，并非只为定义墓室空间的方位那么简单，它们的存在和墓主人之间是有深刻联系的，具体表现如下：

① 四川省文物考古研究所等：《泸县宋墓》，北京：文物出版社，2004 年，彩版一四。

(一)升天成仙

青龙和白虎图像不仅是对自然世界的模仿与物化,更是作为一种文化符号,连接着现实世界、死后世界和成仙后的天界。自古以来,神仙信仰作为中国人的一种精神信仰,上至帝王将相,下至贩夫走卒,无不痴迷于长生不死和升天成仙。许地山在《道教史》中如此说道:"求长生,求享乐,是人类自然的要求,而中国民族便依着这种迷信产生神仙道和求神仙底方术。"[①]《礼记·郊特牲》云:人死后,"魂气归于天,形魄归于地"[②],也就是说,人生在世是魂气与形魄的结合体,人死之后,形魄埋于地下,而魂气归于天。故而在人刚死时就要"升自前东荣,中屋,北面招以衣,曰:'皋某复!'"(《仪礼·士丧礼》),举行招魂仪式。在先民的传说中,魂气如果想要升天,就必须借助各种奇珍异兽作为接引的工具。而龙、虎等动物在古代中国人的观念中,就是神仙周游宇宙的工具,是接引死者成仙的祥瑞。屈原在《离骚·远游》中就曾吟到:"为余驾飞龙兮,杂瑶象以为车""驾八龙之蜿蜒兮,载云旗之委蛇"[③],贾谊《楚辞·惜誓》:"苍龙蚴虬于左参兮,白虎骋而为右骓"[④];《史记·封禅书》:"黄帝采首山铜,铸鼎于荆山下。鼎既成,有龙垂胡髯下迎黄帝。黄帝上骑,群臣后宫从上龙七十余人,龙乃上去。馀小臣不得上,乃悉持龙髯,龙髯拔,坠,坠黄帝之弓。百姓仰望黄帝既上天,乃抱其弓与龙髯号,故后世因名其处曰鼎湖,其弓曰乌号。"[⑤]考古资料显示,早在仰韶文化时期,先民们就萌生了骑龙与虎、飞升上天的信仰。河南濮阳西水坡仰韶文化遗址,其中包括编号为M45的奇特墓葬(图3-2),在墓主人骨架左右两侧及脚端,分别放置了用蚌壳精心塑造的龙、虎形象与三角形图案。其中,蚌龙居右,位于东方,头北向,蚌虎居左,位于西方,头亦北向,龙、虎皆背朝墓主人作行走状,蚌塑三角形图案居上,位于北方,配置的人骨指向东方。[⑥]学者认为龙与虎共同引导主人向北斗所代表的天界飞升。另外,与该墓同时发现的蚌塑遗迹还

---

① 许地山:《道教史》,上海:华东师范大学出版社,1996年,第1页。

② [清]孙希旦撰,沈笑寰、王星贤点校:《礼记集解》卷26,北京:中华书局,1989年,第714页。

③ [战国]屈原著,[宋]洪兴祖注:《楚辞补注》卷5,南京:凤凰出版社,2007年,第149页。

④ 同上书,第204页。

⑤ [汉]司马迁:《史记》卷28《封禅书》,北京:中华书局,1959年,第1394页。

⑥ 濮阳市文物管理委员会、濮阳市博物馆、濮阳市文物工作队:《河南濮阳西水坡遗址发掘简报》,《文物》1988年第3期。

有两处，分别是人骑龙与虎图和虎龙鹿形图①，则更为直观地反映了驾龙、虎飞升的精神信仰。

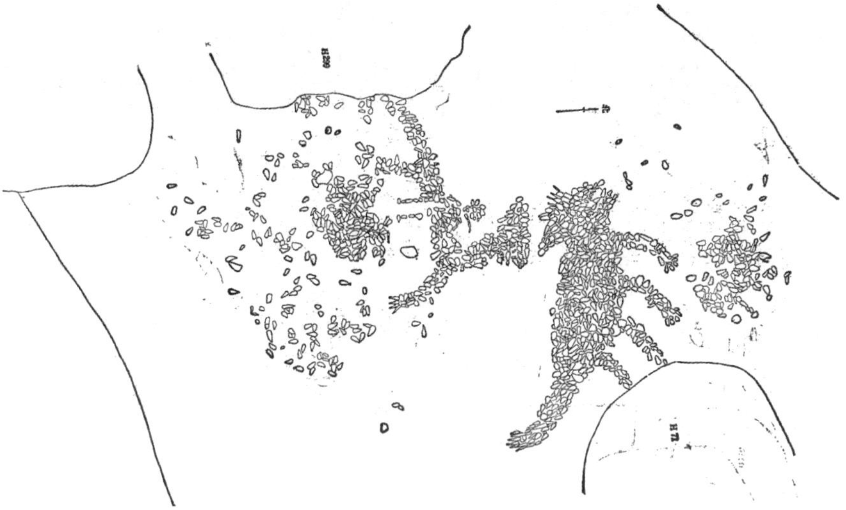

图3-2　河南濮阳西水坡仰韶文化遗址M45蚌塑龙虎图案②

青龙与白虎图像引魂升天的功能依然在宋代巴蜀地区墓葬中普遍存在。云气，是四神图的常见伴生题材。《易·乾·文言》云："云从龙，风从虎"，通过云气的渲染，龙、虎、鸟、龟等动物就不再是凡物，而是能够腾云驾雾的神兽，从而具备了神秘性。在巴蜀地区宋代石刻墓葬中，四神多伴有云纹出现，如重庆荣昌沙坝子宋墓的青龙与白虎图案（图3-3），龙与虎周围都会有云气。③华蓥安丙家族墓M1与M2中，白虎由上而下，后足踏云，前足着地，似乎正从云端（仙境）中下来，而青龙则由下而上，攀云而上，呈升天之势。其中，最为直观地表达引魂上天主题的是华蓥安丙家族墓M2，即安丙本人的墓室的左侧壁上（图3-4），一条巨龙浮云而上，而一身着东坡巾、圆领袍的男人抱住龙尾，双足已然离地，似要缚住龙一同上升。该图不禁令人遐想：此男子若非墓主安丙？考察该男子的服饰，头戴文人常佩戴的东坡巾，而身上的圆领袍长已及地，不像是普通杂役或侍从，而更像一名文士。而该墓的主人安丙就是一位文士。换言之，这幅图很

① 濮阳西水坡遗址考古队：《1988年河南濮阳西水坡遗址发掘简报》，《考古》1989年第12期。
② 濮阳西水坡遗址考古队：《1988年河南濮阳西水坡遗址发掘简报》，《考古》1989年第12期。
③ 四川省博物馆、荣昌县文化馆：《四川荣昌县沙坝子宋墓》，《文物》1984年第7期。

可能描绘的就是青龙引导安丙的灵魂升上天空的场景。①

图3-3 荣昌沙坝子墓的青龙与白虎图案②

图3-4 安丙攀附青龙飞升③

(二)镇邪驱煞

由于古人相信鬼神的存在,因而产生了对鬼神的敬畏和辟邪的观念,由此也就产生了镇邪、驱煞的巫术信仰。巫术是人类社会最为原始、世俗的文化行为,法国人雅克·洛维希在《巫术奇观》中说道:"人们不能撇开巫术而谈论、分析

① 华蓥市文物管理所等:《华蓥安丙墓》,北京:文物出版社,2008年,第54页。

② 四川省博物馆、荣昌县文化馆:《四川荣昌县沙坝子宋墓》,《文物》1984年第7期。

③ 华蓥市文物管理所等:《华蓥安丙墓》,北京:文物出版社,2008年,第54页。

社会和文化的诞生、发展和消亡”[①]。宋代,通常被学术界认为是中国文化的高峰时期。新儒学兴起并最终成为思想界的主流,佛、道两家在宋代社会继续兴盛,科学技术的不断进步,教育事业(比如学院的兴起)的不断发展,科举制度的不断完善,等等,都推动着宋代社会文明的不断发展。实际上,从宋代笔记小说中保存的大量民间巫术的材料来看,在主流精英文化的面具之下,以鬼神崇拜、巫术信仰为主的世俗文化依然在宋代民间社会中广泛存在。巴蜀地区自古以来就巫术盛行,虽经历代的开发,但究竟地处偏远,民族众多,直到宋代,“民失在于征巫,好鬼妖”[②]的风气依然普遍。鬼神信仰是巫术信仰的主要内容之一,是指人死之后的存在。《礼记·祭义》云:“众生必死,死必归土,此之谓鬼”[③],即人死之后,灵魂不灭,转化为鬼。并且古人相信,鬼能够在冥冥之中左右活人生死祸福,为防止鬼神作祟,就需要通过祭祀来取悦鬼神,同时也需要采用一些巫术对恶鬼加以镇制。唐宋时期,由于受到道教和阴阳地理之说的影响,墓葬中普遍使用明器神煞以驱邪避凶。买地券更是以契约的方式,要求“诸神不得侵犯”[④],“千秋万岁,地下百鬼,不得侵夺”[⑤],“故气邪精,不得忤吝”,甚至先前埋葬于此者,都必须“回避万里”[⑥]。

青龙与白虎既是神物,也能够用于镇邪驱鬼,王充《论衡·解除篇》就曾说道:“龙虎猛神,天之正鬼也,飞尸流凶安敢妄集”[⑦]。在宋代,青龙与白虎依然起到镇墓驱邪的作用,在买地券中,四神作为与死者签订契约的神灵之一,也起到“故气邪精,不得忤吝”的作用。如江西出土的崇宁四年(1105年)李宣义地券即曰:“朱雀在前,玄武在后,青龙蟠于左,白虎踞于右。镇守方宫,神灵拥护。”[⑧]在宋代巴蜀地区的石刻墓葬中,青龙与白虎图像都得到了变形和演绎。正如上文

① 雅克·洛维希:《巫术奇观》前言《致读者》,谢军瑞,等译,上海:上海文艺出版社,1991年,第2页。

② [东晋]常璩:《华阳国志》卷3《蜀志》,济南:齐鲁书社,2000年,第39页。

③ [清]孙希旦撰,沈笑寰、王星贤点校:《礼记集解》卷24,北京:中华书局,1989年,第709页。

④ 该文字摘于蒲江县出土的宋乾兴元年(1022年)王仁明买地券,载龙腾:《蒲江县宋墓出土文物》,《成都文物》1997年第2期。

⑤ 该文字摘于成都市南郊出土的宋元丰四年(1081年)赵德成地券,载王方:《成都市南郊北宋赵德成墓清理简报》,《四川文物》2001年第3期。

⑥ 该文字摘于成都东郊华阳县出土的宋熙宁二年(1069年)曹氏地券,载四川省文管会:《四川华阳县北宋墓清理简报》,《文物参考资料》1956年第12期。

⑦ [汉]王充:《论衡》卷25《解除篇》,上海:上海文艺出版社,1974年,第385页。

⑧ 陈柏泉:《江西出土地券综述》,《考古》1987年第3期;录文另见高朋《人神之契:宋代买地券研究》,北京:中国社会科学出版社,2011年,第206页。

所提到，有部分青龙和白虎增添了狮子的一部分造型，狮子是佛的象征，自汉代开始具有避邪的功能。而白虎更多的是被刻意与青龙相对应，显得更加神异，不可侵犯，如华蓥安丙墓M1、M2中的白虎，张牙露齿，面目狰狞，前后四肢也刻画得孔武有力，令人心生畏惧，而鬼祟邪精自然也不敢靠近。①

（三）吉祥符瑞

祥瑞，即“吉祥符瑞”，是天下太平的征验和吉兆。它是古代儒家“符瑞灾异”思想的产物，所谓“国家将兴，必有祯祥”就是这个意思。汉代董仲舒系统地总结了先秦祥瑞灾异思想，并将其纳入“天人感应”的宇宙观念中，通过上天降下祥瑞之象，使皇权的统治得到合法的证明（当然，董仲舒也试图通过灾异的现象告诫君主不可失政不德）。《白虎通·封禅》中详细描述了祥瑞的种类，其中德至鸟兽则“凤皇翔，鸾鸟舞，麒麟臻，白虎到，狐九尾，白雉降，白鹿见，白鸟下”，可见此类珍禽异兽的出现，就是吉祥的征兆。直至宋代，龙与虎仍是吉祥符瑞的象征符号。其中，龙常常被用来祈雨，如《宋史·吉礼》载：“咸平二年旱，诏有司祠雷师、雨师。内出李邕《祈雨法》：以甲、乙日择东方地作坛，取土造青龙，长吏斋三日，诣龙所，汲流水，设香案、茗果、糍饵，率群吏、乡老日再至祝酹，不得用音乐、巫觋。雨足，送龙水中。”又“景德三年五月旱，又以《画龙祈雨法》付有司刊行。”②《夷坚志》亦载饶州僧惠吉张氏，过抚州宜黄县时，该县“大旱，县人作土龙祷雨。”另外，《夷坚志》记载，乾道四年（1168年），南安县黄龙溪上有龙出现，被认为是嘉祥，第二年大廷策士，果然“县人石起宗、初为榜首矣，既而列在第二”③。龙、虎既然被赋予了祥瑞的意蕴，其在墓室中，也为墓主人提供着吉祥福瑞的功用。

二、家居侍奉题材与墓主的关系

中国古人早有将墓葬视为居室的传统。《仪礼·士丧礼》：“筮宅，冢人营之。”郑玄注云：“宅，葬居也。”《礼记·杂记上》：“大夫卜宅与葬日”，孔颖达疏曰：“宅谓葬地。”自汉代以来，墓葬已经发展到“完全的第宅化”，即不仅平面布局第宅化，

① 华蓥市文物管理所等：《华蓥安丙墓》，北京：文物出版社，2008年，第54页。

② ［元］脱脱等撰：《宋史》卷102《吉礼》，北京：中华书局，1977年，第2500页。

③ ［宋］洪迈撰：《夷坚丁志》卷11《南安黄龙溪》，北京：中华书局，2006年第2版，第630页。

其空间立体造型方面也在第宅化。[①]墓室的不同单元也一如地上单元。宋代巴蜀地区很多石室墓的左右壁间，都施有仿木结构建筑部件，如仿木结构门窗、斗拱、柱梁、门楼等，俨然如地上居室的再现。同时，在左右侧壁中，常常雕有侍从侍奉的场景。他们或男或女，有的手捧饮食器具，似乎正侍候墓主人饮食；有的手捧铜镜、妆奁，似乎正等待墓主梳妆打扮；有的则手持兵器，守护墓主的安宁。如同墓主人在人间的起居生活一样，这个地下宅居意味着墓主永恒的"家"。

在广元杜光世夫妇墓中，一些石刻则展示了具有祭供意味的场景。西室的右壁上，一男子正朝着象征死者灵魂的灵位牌，手捧香作祭拜状，而死者正坐在树下，翘足享受着自己子孙的祭拜。如果我们把视角放宽，联系到墓室后壁，那里的壁龛中，女主人正手持念珠，坐于帷幔之下。似乎墓主人的形象转移到了右壁上，去接受子孙（或者侍者）的祭拜。同样在该墓的东室右壁上，描绘了三位侍者排队站立，分别手捧酒壶、果品等物，他们均面向墓室后壁，那里正在准备一场宴饮（图3-5）。同时，酒与瓜果作为祭祀所需，也含有以此祭祀墓主的意味。[②]

图3-5 广元杜光世夫妇合葬墓东室西壁侍奉图[③]

三、宴乐、出行题材与墓主的关系

（一）宴乐

宴乐题材表现了墓主人在墓中宴饮和观赏乐曲的场景。

在宋代巴蜀地区石室墓的左右壁中，表现宴饮题材的图像石刻很多，且造

---

① 吴曾德、肖元达《就大型汉代画像石墓的形制论"汉制"》，《中原文物》1985年第3期。

② 四川省博物馆、广元县文管所：《四川广元石刻宋墓清理简报》，《文物》1982年第6期。

③ 同上。

型不一。有直接表现宴饮场景的，如资中县烂泥湾宋墓M1左壁和M2、M3两室的右壁上，都刻有相同造型的倒酒图。图像中，一侍者捧酒杯，一侍者毕恭毕敬地向杯中倒酒。而在这幅图的对面左壁上，M2与M3分别刻有说唱图与旋舞图（图3-6）。[①]宴饮和乐舞的遥相呼应，正与宋人"宴饮必作乐"生活礼仪相关。宋代由于商业经济的繁荣，娱乐性质的歌馆酒楼如雨后春笋般兴起与繁荣，而士人们在饮宴中，必唤伎人侑酒助兴、歌舞侍宴。在这方面，宋代士人们留下了很多描写这种场景的诗词。如刘天迪《凤栖梧》云：

一剪晴波娇欲溜。绿怨红愁，长为春风瘦。
舞罢金杯眉黛皱。背人倦倚晴窗绣。
脸晕潮生微带酒。催唱新词，不应频摇手。
闲把琵琶调未就。羞郎却又垂红袖。[②]

再如柳永《荔枝香》云：

甚处寻芳赏翠，归去晚。缓步罗袜生尘，来绕琼筵看。
金缕霞衣轻褪，似觉春游倦。遥认，众里盈盈好身段。
拟回首，又伫立、帘帏畔。素脸红眉，时揭盖头微见。
和笑整金翘，一点芳心在娇眼。王孙空恁肠断。[③]

图3-6 资中烂泥湾宋墓说唱图和倒酒图[④]

① 资中县文物管理所、四川省文物考古研究院：《四川资中县烂泥湾宋墓发掘报告》，《四川文物》2015年第2期。

② 唐圭璋：《全宋词》，北京：中华书局，1965年，第3562页。

③ 唐圭璋：《全宋词》，北京：中华书局，1965年，第27页。

④ 资中县文物管理所、四川省文物考古研究院：《四川资中县烂泥湾宋墓发掘报告》，《四川文物》2015年第2期。

这就是当时酒筵歌舞的写照。人们在饮宴的同时，用歌舞增添情趣，获得审美上的享受。而在该墓中，饮酒图与旋舞图、说唱图相对，这种图像上的组合不仅增添了墓主在阴间的乐趣，更反映了宋人在精神生活上的追求。

另一种场景为庖厨与备宴的场景。在彭山虞公著夫妇合葬墓西室东壁的备宴图（图3-7）中，上部正中置一桌，桌上放有带温酒器的酒注子及带托子的酒杯，桌前置三酒瓶，其中一瓶有架。桌子周围有五个身着长衫的侍者，除桌后一人外，均面向右侧，其中立于桌左的一人正伸手整理桌上的酒具，桌右靠上的一人肩负一琴。此外，在桌前的左右两侧，还有二拱手的侍者相对而立。下面的三个侍者，一个整理挑有温酒炉的担子，担子左侧的炉火正旺，上有两个酒注子。其左置一小方桌，桌左一人整理桌上的食具。再左是另一拱手而立的侍者。[①]该图像场面较大，人数众多，而且图中不仅有整理食具、温酒器的侍者，更专门通过雕刻安排一名肩上负琴的侍者。说明在地下居室的设计营造中，不仅为墓主人准备好了饮食，也为其准备好了音乐，耳目之娱与味觉的享受都要兼顾，也再次说明了宋人，尤其是官宦士绅阶层（该墓的女主人留氏恰好为丞相之女，官僚之妻）的日常宴饮必定是要伎乐助兴的。

图3-7　彭山虞公著夫妇合葬墓备宴图[②]

① 四川省文物管理委员会、彭山县文化馆：《南宋虞公著夫妇合葬墓》，《考古学报》1985年第3期。

② 四川省文物管理委员会、彭山县文化馆：《南宋虞公著夫妇合葬墓》，《考古学报》1985年第3期。

而广元杜光世夫妇合葬墓中的两幅庖厨图(图3-8)则体现了民间生活的趣味。两幅图中均描绘了一人坐于灶前用筒吹火,另一人用桶挑水的场景,展现了宋人在厨房中劳作的场景。[①]两幅图中的灶台上均放有蒸笼,应该是面点之类的食物。联系该墓的女主人是一位虔诚的佛教信徒——后壁就刻着她手持念珠的场景,这些面点食物不仅符合佛家茹素的特点,更为重要的是这些素食清供作为佛教供养亡灵的供品,这一厨房的场景正是要为永远供养墓主而提供源源不断的供品。

图3-8 广元杜光世夫妇合葬墓东、西室左壁庖厨图[②]

唐宋时期的乐舞和戏曲表演,都围绕着庆寿、节日庆典和祭祀而举行。也就是说乐舞具有祭祀与酬神的功能。在宋代,民间祭祀活动十分兴盛,有"赛社""赛会""赛神""酬神"等名目,赛社时,有乐舞和戏剧演出,既是娱人的活动,也是酬神的重要形式。[③]宋高承《事物纪原》"赛神"一条就记载:

> 郑康成谓,岁十二月,索鬼神而祭祀,则党正以礼属民,而饮酒劳农而休息之。使之燕乐,是君之泽也。令赛社则其事尔。今人以岁十月农功毕,里社致酒食以报田神,因相与饮乐。世谓巫礼始于周人之蜡云。[④]

《东京梦华录》卷8"六月六日崔府君生日,二十四日神保观神生日"条记载了六月六日和二十四日这两天,开封人民祭祀崔府君和灌口二郎神的盛况:

> 六月六日州北崔府生日,多有戏送,无盛如此。二十四日,州西灌口二郎生日,最为繁盛。庙在万胜门外一里许,敕赐神保观,二十三日

① 四川省博物馆、广元县文管所:《四川广元石刻宋墓清理简报》,《文物》1982年第6期。
② 同上。
③ 车文明:《20世纪戏曲文物的发现与曲学研究》,北京:文化艺术出版社,1996年,第509-512页。
④ 高承:《事物纪原》卷8"赛神条",文渊阁四库全书本。

> 御前献送。后苑作与书艺局等处，制造戏玩，如球杖、弹弓、弋射之具，鞍辔、衔勒、樊笼之类，悉皆精巧，作乐迎引至庙。于殿前露台上设乐棚，教坊钧容直作乐，更互杂剧舞旋。太官局供食，连夜二十四盏，各有节次。至二十四日，夜五更争烧头炉香，有在庙止宿、夜半起以争先者。天晓，诸司及诸行百姓献送甚多。其社火呈于露台之上，所献之物，动以万数。自早呈拽百戏，如上竿、趯弄、跳索、相扑、鼓板小唱、斗鸡、说诨话、杂扮、商谜、合笙、乔筋骨、乔相扑、浪子、杂剧、叫果子、学像生、倬刀、装鬼、砑鼓、牌棒、道术之类，色色有之。至暮呈拽不尽。①

乐舞、百戏等表演成为向神灵敬献的精神类供品。戏曲和乐舞图案是巴蜀地区石室宋墓左右壁中又一重要题材。无论是大曲图还是伎乐图或是戏曲图，以往的学者都将其看作墓主人生前享乐的生活写照，但实际上，由于乐舞和戏曲的“酬神”功能，在墓中，它们的作用就不单单是墓主生前享乐的写照，更是通过这些娱神的歌舞，向死者的亡灵奉献永恒的精神供品。

（二）出行

不同于北朝至唐代的出行图，在宋代巴蜀地区石室墓中，很少出现车骑绵延不断、护卫侍者前呼后拥的复杂场面。基本上仅以一匹鞍马、一个驭手或者是一顶轿子和携带主人物品的侍者组成。并且在这些场景中，主人的形象往往是隐匿不见的，而是通过驭手或轿夫，以及携带墓主旅行用品的各种服务角色来完成的。如虞公著夫妇合葬墓西室的左壁中，刻有一幅出行图，图以墓主出行所乘轿子为中心，前面列有侍从仪仗，轿子停放在画面右侧，旁立一执伞侍者，轿前有一衣着长服的长须者，面右拱手而立，左侧则刻两组侍从仪仗，靠上一组前为四个佩剑者，后面又有四人拱手而立，下面一组前为四个扛剑于肩者，后随三人持物或作拱手状，其中一人背负一交椅。图中并未有墓主人的形象出现，而且我们发现这些人物的朝向都是面向后壁的。如前所述，后壁是墓主人的灵魂所在，那么这些侍者、护卫和轿夫不约而同向后壁作恭敬状，似乎正等待墓主人入轿启程。②当然也有例外，广元昭化曲回乡宋墓右壁上，女主人是坐在驴背上的，侧随一小童手撑伞追随在后，将女主人出行的情况生动的描绘了

① [宋]孟元老撰，邓之诚注：《东京梦华录注》卷8，北京：中华书局，1982年，第205-206页。

② 四川省博物馆、广元县文管所：《四川广元石刻宋墓清理简报》，《文物》1982年第6期。

出来。[①]

赵雄墓中的出行图就要复杂得多。图中护卫侍者都面向墓门，仿佛正要整队出发，扈从赵雄的灵魂离开墓室，去巡游外方。纵观这只庞大的队伍，其人员并不显得混乱，而是整齐有序。如果将之还原为现实中的出行队伍，就足见其颇有章法：手持八卦和二十八宿的旗手平均分列出行队伍两侧；手持十二生肖旗帜的旗手和负责鼓吹的人员走在队伍前列，负责开道引路；紧接着是一队卫队，共两组，都是九人四马，手持兵器、仪仗，其中东侧卫队持“旌节”牌，西侧卫队持“旌旗在近，低声下路”牌；其后为二杂役，均肩扛长棍，前卦一长方牌行走。其后是位于这幅出行图像的中心位置的丞相骑马队伍，丞相也就是墓主人赵雄，正骑着高头大马，由两组7人卫队扈拥者，缓步向前行进；其次是由五个仆役一个卫士组成抬货队伍；其后一对队伍由一组车马和一组抬坐轿队伍组成，坐轿后二骑士手执书“卫国公”“少师”标志旗帜；最后，四位骑马幕僚和一侍从走在队伍的末端。整个场面井然有序，总计人数共144（除赵雄外）人，规模庞大，在巴蜀地区石刻墓葬中亦属少有。而这幅图像的精到之处就在于突出了墓主人、丞相赵雄的中心位置。换句话说，这幅图就是围绕着赵雄展开的，前有导，后有从，在地下世界，作为“卫国公”“少师”的他，也要向阴间的鬼神展现其显耀的身份地位。赵雄是孝宗朝重臣，据《宋史·赵雄传》记载，赵雄字温叔，资州（今资中县）人，淳熙五年（1178年）拜右丞相。光宗受禅，召授宁武军节度使、开府仪同三司、进卫国公，改帅湖北。绍熙四年（1193年）薨，年六十五，赠少师。嘉定二年（1209年）谥文定。[②]赵雄生前身居高位，备受隆宠。按宋制，皇帝即王公重臣出行的仪仗队伍称为卤簿[③]，一品朝臣的卤簿有：

> 中道清道四人。幰弩一，骑。大晟府前部鼓吹。令一，职掌一人，局长、院官各一人。掆鼓、金钲各一，大鼓、长鸣各一十六，麾、幢、节各一，槊二，诞马六。次革车一乘，驾赤马四，驾士二十五人。散扇八，方伞二，朱团扇四，曲盖二，大角八。次后部鼓吹。丞一员，录事一人，引

① 沈仲常、陈建中：《四川昭化县曲回乡的宋墓石刻》，《考古》1957年第12期。

② [元]脱脱等：《宋史》卷396《赵雄传》，北京：中华书局，1977年，第12073–12075页。

③ 卤簿，即帝王出行时扈从的仪仗队伍。出行目的不同，仪式各有区别。汉应劭《汉官仪》云：“天子车驾次第谓之卤簿。”卤簿之名始于秦汉，自汉之后，后妃、东宫、王公、大臣皆有卤簿，并各有定制，非天子所专用。唐制，四品以上皆给卤簿。宋承唐制，三品（包括命妇）以上皆有卤簿（《宋史》卷147《仪卫五》）。

> 乐官二员。铙鼓一，箫、笳、大横吹各四，节鼓一，笛、箫、觱栗、笳各四。外仗。青衣十人，车辐棒十，戟九十，刀盾、槊各八十，弓矢六十，仪刀三十，信幡八，告止幡、传教幡、仪锽斧挂五色幡各四。次卫尉寺排列、押当职掌一十一人，部辖人员、太仆寺部押人员、教马官各一人。押当职掌四人。①

共540余人，可谓声势浩大。赵雄生前官居极品，地位显贵，死后，灵魂进入地下幽冥世界，其出行的仪仗队伍也必定需要与之身份相匹配。墓室左右壁的宰相出行图中，拥有人物数量庞大的仪仗队伍，据笔者统计，左右壁中，除骑在马背上，处于图像中心的宰相赵雄以外，扈从者达到144人。在巴蜀地区的墓葬中，雕饰有如此众多人物的石刻，也仅见此例。虽然，其扈从者远远低于在赵雄在人间时所享有的级别，但墓葬作为一个仿照现实生活的微缩空间，其出行的阵势已是足够惊人了。

总之，从社会生活的角度来说，出行场景的出现，是具有一定社会地位的贤达人士才能拥有的，这无疑是墓主人优越生活和社会地位的象征。

四、孝行题材与墓主的关系

孝文化作为儒家文化的精髓，早已成为中华民族最基本的道德伦理，成为我国传统儒家文化的本质文化。孝文化的两种表现形式为养生和送死，《荀子·礼论》云"事生，饰始也；送死，饰终也；终始具，而孝子之事毕，圣人之道备"，为逝者处理好身后之事，就是孝最好的表现。墓葬作为"送死"的重要环节，子孙营建和装饰墓葬的过程就是在恪尽孝道。宋代巴蜀地区墓葬石刻所营造的象征性空间就被赋予了这种历史意义和道德要求。孝子们通过营造寿堂，绘制永久供奉死者的图像以及表示孝行的图案，满足了死者对子孙永久尽孝的期待和子孙恪守孝道的道德责任。孝行图的一个重要内容就是子孙对逝去父母的安葬和追悼，如广元杜光世夫妇合葬墓东室两侧壁发现的二组图像，一幅祭祀图，表现子孙手捧香火祭祀死者的场景，一幅则表现出三个侍者手持清供，面朝后壁的墓主人位供奉的场景。②达州万源庙垭乡宋墓后龛刻花卉、茶桌、花瓶等，

---

① [元]脱脱等撰：《宋史》卷147《仪卫五》，北京：中华书局，1977年，第3457–3458页。

② 四川省博物馆、广元县文管所：《四川广元石刻宋墓清理简报》，《文物》1982年第6期。

条石上阴刻石桌及“太岁甲午，端平元年，创立寿堂，福寿具悼”字样，表达了子孙追悼逝者的心情。[①]另一方面，巴蜀地区还出土了展示孝行事迹的石刻，如重庆沙坪坝井口宋墓、广元罗家桥宋墓和南宋嘉泰四年（1204年）广元杂剧石刻墓中的孝行图，其中展示了丁兰、董永、姜诗之妻、汴州李氏孝女，包括佛教传说中前往地狱救母的目连等孝行故事，而这些孝行正是死者所想要子孙具有的德行。因此，这些石刻材料作为历史的再现和孝行的叙事性图解，将死者、后人与孝道传统联系起来。换言之，墓葬中的孝行图案承载着“昭孝以事祖”的功能，不管后人是否具备这样的孝行，至少在墓葬之中，在图像的作用下，子孙们正在地下居室中扮演孝子的角色，死者的期待和子孙尽孝的愿望都能够得到满足。

五、宗教题材与墓主的关系

（一）道教题材石刻与墓主的关系

1.长生与成仙

长生不死与飞升成仙，一直都是先民们孜孜不倦的理想与追求。这些理想与追求直观地反映在神仙崇拜及道教信仰中。而通过墓葬艺术，将想象中的仙境以不同的艺术形式刻画出来，就能够使死者超越生死的界限，飞升仙界，达到永恒的理想状态。从上述列举的巴蜀地区宋代墓葬中有关道教的石刻，无论哪种艺术形式，都有着共同的目的，希冀死者的灵魂能如同石刻所表现的情景一样，被引导入仙界，从而获得长生和永恒的快乐。在巴蜀墓葬石刻中，道教文化中仙人与动物常常起到引导墓主升仙的作用，如翱翔天宇的鹤、凤、龙等动物，以及瑞鹿衔来灵草仙药，都能够使墓主实现长生不死和得道升仙的愿望。

纵观宋代巴蜀地区宋墓左右壁的道教石刻，对于成仙的途径，宋人认为可以通过仙人、仙兽引导，飞升成仙。如华蓥安丙墓M2中，左右壁的仙官图中，仙官们头戴梁冠，作文官打扮，列队持笏分列于安丙之下，似乎是正在朝见安丙。也就是说，通过这样的设置，安丙就已经得道成仙，并且由于他平蜀的功绩和崇高的地位，在升入天界后，依然能够得到尊崇。不仅如此，左壁上的青龙图案中，安丙双手抱住向上飞升的青龙的尾巴，将墓主人希望攀附龙尾青云直上天

① 马幸辛：《川东北历代古墓葬的调查研究》，《四川文物》2001年第2期。

界的心理描绘得十分真切。

2.压胜拘忌

在巴蜀地区宋代有些石室墓流行在侧壁刻写道教镇墓文字，这些文字有的来源于道教上清派，有的来源于灵宝派。这一方面反映了巴蜀地区道教的分布和传播情况，也反映了宋人更在乎的是这些镇墓文字所起到的作用，而并非真的笃信某一教派，他们大多数可能只是信道的俗人。而这些镇墓文石刻所起到的作用一般有两个层面。一方面针对死者，希望通过此类镇墓文字达到震慑鬼神、祛除百邪万恶、解除命运刑克之灾、剪除不祥和保佑死者安宁的目的，"辟斥诸禁忌，不得妄为害气""千禁万忌，一皆压之，必反凶为吉"，使墓室成为"神仙之丘窟，炼形体之所归"。并且，期望此类经文能够度化死者，使其早日飞升天界。另一方面是针对生者，也就是死者的子孙等亲属，死者及其子孙也希望此类文字能够保佑生者福禄倍增，子孙代代荣显、富贵。正如《真诰》中所说，"当令子孙昌炽。文咏九功，武备七德，世世贵王，与天地无穷。"①

（二）佛教题材石刻与墓主的关系

1.镇邪驱魔、度化亡魂

发挥镇邪驱魔、度化亡魂作用的石刻，一般以文字类石刻表现得最为直接。如上文提到北碚澄江苦塘沟宋代墓群M3右壁上有一方楷书《楞严咒》，包括一段经文和一段咒文，同样是在该墓室的左壁上则刻有一方属于道教镇墓石系统的"天帝告"文，佛、道两家的经文同时出现在一个墓室。②由此可见，造墓者并非是一个虔诚的信教徒，他更有可能只是一个佛、道两家都信奉的俗人，他所关心的是这些咒语经文的实际效用，即能够镇压地下世界的妖魔邪祟，能够起到趋吉避凶的作用，并且能够超度亡灵，使死者的灵魂早登仙界。另一方面，佛道两家石刻和谐共存于宋代巴蜀地区的石刻之中，也反映了巴蜀宋人的真实心理状态，即关注的往往是某一种事物的实际作用而并不是去笃信这项事物本身，是一种实用主义的精神观念。

2.极乐世界

将西方极乐净土世界作为死后的归宿，是宋代佛教信徒较为普遍的期待，

① [南朝梁]陶弘景撰，赵益点校：《真诰》卷10，北京：中华书局，2011年，第181页。

② 北碚区文物管理所：《北碚澄江苦塘沟宋代墓群抢救清理简报》，《重庆历史与文化》2014年第2期。

他们对往生西方佛国净土有着强烈的憧憬和向往。《观无量寿佛经》中对佛国净土的描述加深了信徒们的想象。在宋代的笔记、碑刻等材料中经常可见到信徒临终时见到或梦到净土世界的记载。如王以宁《广平夫人往生记》中说，向子宠夫人张氏在临终前梦到自己前往佛国的情景："神游净土，面礼慈尊，观音左顾，势至右盼。百千万亿清净佛子稽首庆我来生其国，若夫宫殿林沼，光明神丽，与华严佛化及十六观经中所说，无二无别。"[①]张应运祖母卞氏的墓志铭中记载："（卞氏）得于佛氏之教，妙年却荤不御，持诵观世音号，精严匪懈。一夕感梦，履坦途，左右顾盼，幽阒虚旷。布地皆金沙，晶光夺目，一人肩莲华来拱揖，分两枝见畀，梦中疑非人间世，觉而神爽思清，语家人曰：'此西方净土，我没，其游此乎！'"[②]黄策《荊王越国夫人往生记》也提到赵頵夫人王氏跟随已故妾侍梦游净土所见景象：

> 见二池塘，白莲华小大间错，或荣或悴，种种不同。夫人问曰："何以如此？"妾曰："此皆世间发念，修西方境人也。才发一念，善根已萌，遂成一华，唯其勤堕不同，是以荣悴各异。盖精进者鲜荣，间断者枯悴，若悠久不息，念定观成形，消命尽化生其中矣。"中有一莲华华叶忽落，复有人朝服而坐，其衣飘扬，随风散灭，宝冠璎珞，庄严其身。夫人问曰："何人也？"妾曰："杨杰也。"又一华开，衣朝服而坐者。然其华悴，而叶存。夫人复问之，妾曰："马玗也。"夫人曰："我当生何许？"妾导夫人前迈约数里，许妾请夫人延望。唯见一坛金碧照辉，光明交彻。妾曰："夫人化生之地乃金坛，上品上生也。"[③]

佛教的生命礼仪也为宋代的知识阶层尤其是蜀中士人所接受。如苏洵曾感慨生命无常和对至亲之人的怀恋，在极乐园"造六菩萨，并龛座二所"，并说如果"死者有知，或生于天，或生于人，四方上下所适如意"，希望死者或升入天堂，或转世为人，都能如意。[④]苏洵之子苏轼曾舍亡母簪珥，命画工胡锡采画佛像以

① [宋]王以宁：《广平夫人往生记》，载[宋]释宗晓：《乐邦文类》卷3，《大正新修大藏经》第47册，第190-191页。

② [宋]袁甫：《蒙斋集》卷18《太孺人卞氏墓志铭》，北京：中华书局，1985年，第263页。

③ [宋]黄策：《荊王越国夫人往生记》，载[宋]释宗晓：《乐邦文类》卷3，《大正新修大藏经》第47册，第190-191页。

④ [宋]苏洵著，曾枣庄、金成礼笺注：《嘉祐集笺注》卷15《极乐园造六菩萨记》，上海：上海古籍出版社，1993年，第401-403页。

荐父母冥福，并献颂曰："愿我先父母与一切众生在处为西方所遇皆极乐，人人无量寿，无往亦无来。"[①]由此可见，佛教的生命礼仪和关于净土世界的传说与想象对宋人的丧葬观念产生了深远的影响。

死亡引起恐惧，对生命的有限意识唤起了人们延迟并最终逃脱死亡的欲望。于是，希望克服死亡，使生命得到无限延长，从而彻底地摆脱死亡(根本上说是对死亡的恐惧)，而通过对成仙、成佛的追求，古人相信就能够达到这一目的。墓葬艺术恰恰能够满足人们对死后世界的想象，佛教的净土世界也得以在宋人的墓葬中频繁出现。通过上文所列举的巴蜀地区出土的宋代墓葬中包含佛教因素的石刻，可以发现宋人对于往生净土世界的期待和追求。其中，代表佛国净土的莲花题材也是屡见不鲜，通过在墓室的台基上雕刻仰莲纹，墓室的顶端和墓室内的石柱石壁上雕刻莲花图像，将此岸世界的墓室转化为彼岸的佛国净土。就如雕刻在重庆南川张子硕墓后壁上的一段文字："南无西方极乐世界，大慈大悲"一样，[②]期盼着墓主人身处极乐世界，永享着无穷的安宁和快乐。

第四节　墓室顶、底部石刻与墓主的关系

一、墓室顶部石刻图像与墓主的关系

宋代巴蜀地区石室墓的墓室顶部常常施有藻井，并在藻井内雕刻出莲花图案。莲花古称"芙蕖""芙蓉""菡萏""水芸"等，俗称荷花。早在周代，莲叶就用来作为青铜器的装饰，如河南新郑李家楼郑公大墓出土的莲鹤方壶，壶盖就被铸造成莲花瓣的形状。东汉王延寿《鲁灵光殿赋》云："圆渊方井，反植荷蕖。发

① [宋]苏轼：《苏东坡集》卷6《释教》，上海：商务印书馆，1933年，第115页。

② 重庆市第三次文物普查领导小组办公室：《重庆文物总目录续编》，重庆：西南师范大学出版社，2008年，第256页。

秀吐荣,菡萏披敷”①,可知,至少在东汉时期,莲花就已被运用到建筑装饰之中。当时人们以莲花本水生植物,用以“厌火祥”,应劭《风俗通义》云:“殿堂象东井形,刻作荷蔆。蔆,水物也,所以厌火”。②魏晋六朝时代,随着佛教的传入,莲花图案成为装饰佛寺、佛像、佛龛、佛座的重要题材。在佛教教义中,莲花是“西方弥勒净土”的象征,又是纯洁的象征。极乐世界的人们都是以莲花为居,信佛之人往生都是从莲花中化生。佛教认为,要摆脱生老病死等痛苦,只有在莲花中再生,从莲花中进入“西方极乐世界”,从莲花中孕育,从莲花中生长。莲花是佛国的象征,佛教中有“莲花化生”之说,如敦煌变文中说:“生到莲花佛国里,快乐逍遥难可比”“化生童子本无情,尽向莲花朵里生”。③因而,莲花成为佛教圣洁之物,寺庙称为“莲宫”“莲舍”,僧众的袈裟成为“莲服”,佛经称为“莲经”。在宋代,由于净土宗宣扬只要口念佛号,便可以往生西方阿弥陀佛净土,故而净土信仰在社会上有很大影响,成为当时各派佛教徒的共同信仰。④莲花是净土信仰里一个重要的意象,也是净土世界的象征。净土宗经典《观无量寿佛经》中就对净土世界有过描述,称:“极乐国土,有八池水。一一池水,七宝所成。其宝柔软,从如意珠王生,分为十四支。一一支作,七宝妙色。黄金为渠,渠下皆以杂色金刚,以为底沙。一一水中,有六十亿七宝莲华。一一莲华,团圆正等十二由旬……令其莲华,一一叶上,作百宝色。有八万四千脉,犹如天画。脉有八万四千光,了了分明,皆令得见。华叶小者,纵广二百五十由旬。如是莲华,具有八万四千叶。一一叶间,有百亿摩尼珠王,以为映饰。”⑤故而,将代表往生佛国净土的莲花形象带入地下居所,不仅可以用以装饰墓室,也表达了时人希冀死者不堕轮回之道,能够早日往生西方净土的期待与盼望。在墓室顶部施莲花可能来自宋代官方建筑专书《营造法式》中关于装饰房屋顶部的藻井做法。《营造法式》卷8记载,房屋藻井有斗八藻井和小斗八藻井两种,但藻井中心,都要“施垂莲或雕华云卷,皆内安明镜”⑥。宋代墓葬流行仿木结构建筑,即按照地上的房屋式样建造地下墓室,但石室墓葬以条石砌成,若要砌成结构复杂的藻井,一般

① [东汉]王延寿:《鲁灵光殿赋》,载[南朝梁]萧统《文选》,上海:商务印书馆,1936年,第233页。
② [东汉]应劭撰,王利器校注:《风俗通义校注》佚文,北京:中华书局,1981年,第575页。
③ 敦煌变文:《佛说阿弥陀经讲经文》后《化生童子赞》。
④ 牟钟鉴、张践:《中国宗教通史》下卷,北京:中国社会科学出版社,2000年,第468页。
⑤ [南朝宋]畺良耶舍译:《观无量寿经》,北京:中国文史出版社,1999年,第35页。
⑥ 梁思成注:《营造法式注释》卷8,北京:生活·读书·新知三联书店,2013年,第213页。

而言，难度太大。故而有的墓葬将石头雕成藻井形状，内部施以莲纹，以象征地上房屋结构。

古人想象天地结构为“天圆地方”，故而房屋筑为穹顶四方之形，筑藻井以象东井。所谓东井，即东方七宿之一的井宿，而藻井又位于房屋顶部中央，又有象征天穹的含义。莲花作为佛教净土世界的象征，巴蜀宋人将莲花雕于墓室顶端象征天穹的地方，即墓室顶端象征着天上佛国，而墓主人的灵魂就能飞升天界，进入极乐世界。

二、墓室底部石刻图像与墓主的关系

买地券是宋代巴蜀地区墓葬中比较常见的石刻题材，一般安置在墓室底部。买地券是一种由汉代延续至今的明器。传统中国民间丧仪，一般分为卜葬、下葬与谢墓三个环节，卜葬是下葬前的准备，谢墓则是葬后的后期抚慰仪式，二者并非必要程序，因此民间葬仪的必备程序仍是下葬，包括立明堂、斩草、发土开圹、营墓、镇墓等步骤。而置(买地)券就是斩草中最为重要的仪式文本。买地券通过向地下神祇宣告亡人在阳世的生命已经结束，从而正式成为冥界的一分子，并通过“买地”的方式取得在阴间的居留权和居住权，而这一权力受到冥间法律的保护。同时，它还意味着亡人灵魂不得再返回人世，所谓“生居城邑，死安宅兆”，从而将生与死阻隔开来。[①]在本书列举的在宋代巴蜀地区石室墓底部发现的这八块买地券中，详细地说明了向冥界买地的过程，包括向谁买、花费、所买土地的界限、保人是谁、知见人是谁、书契人和读契人是谁都有一一说明，如同人间的土地契约一样，目的就是使墓主合法享有阴间的居住权。可以想象宋人相信，一旦买地券埋入墓室，就会发挥作用，墓主就可以安心居住地下宅居，不用担心故炁邪精来侵犯自己的宅第。

上文中，笔者分别介绍了墓主人位及墓室其他各部分石刻图像的内容，并就墓室其他部分石刻图像与墓主人之间的关系进行了分析和探讨，认为这类石刻题材都是围绕着墓主人发挥其礼仪功能的。首先，墓室后壁通常被定义为墓主人灵魂安寝的地方，处于宋代巴蜀地区石室墓的中心位置，而其他各部位的石刻题材都是围绕着这个中心位置展开的。其次，墓室前部的石刻发挥着守卫

① 鲁西奇：《中国古代买地券研究》，厦门：厦门大学出版社，2014年，第20页。

墓室及墓主安宁的作用。再次，墓室顶部的藻井象征着天界，而其中蕴含着佛教佛国净土息味的莲花图案则寓意墓主人前往佛国的极乐世界，享受永恒的安宁与快乐。再次，通过在墓室底部安置买地券，墓主就可以用土地契约的形式，取得了在阴间的居留权和居住权，而这一权力也受到冥间法律的保护，一切故炁邪精都不得侵犯自己的宅第。最后，墓室左右壁的石刻因石刻题材的繁复，其为墓主人发挥的功能也丰富多彩。青龙与白虎作为传统神灵，不仅能够镇邪驱煞，也能够引导墓主人升往天界；家居侍奉题材的石刻为墓主人提供了一个永恒的"家"，使墓主人在地下也能够像人间的起居生活一样；宴乐、出行的图案不仅丰富了墓主在地下的生活乐趣，更为重要的是，通过宴饮与乐舞的酬神作用，达到祭祀与供养墓主的目的，而出行图则展示了墓主人的优越生活和社会地位；孝行故事题材的石刻承载着"昭孝以事祖"的功能，不管后人是否具备这样的孝行，至少在墓葬之中，在图像的作用下，孝子贤孙们正在地下居室中扮演孝子的角色，死者的期待和子孙尽孝的愿望都能够得到满足；宗教题材的石刻一方面为墓主在地下生活的安宁提供了保障，另一方面展现了墓主人对永生的追求和对仙境和佛国的向往。

总而言之，墓室不同部分的石刻题材及其文化功能不尽相同，但都是围绕着死者而展开的，目的就是要为墓主提供一个重构他的视觉、保留他的形象、展示他的社会地位，并永恒祭供他的地下空间。

第四章

宋代巴蜀地区墓葬石刻的文化指向

“墓葬石刻的产生和发展是一种社会文化现象，是特定历史阶段的产物，其所反映的是特定社会的经济、政治和主流思想，以及由此而形成的墓葬制度与习俗方面的变化。”[①]宋代巴蜀地区墓葬石刻题材丰富，而丰富的石刻题材背后的文化指向又是什么？本书认为，宋代巴蜀地区墓葬石刻的共同文化指向是追求世俗生活的永恒。本章将从以下内容对宋墓石刻这一文化指向进行论述。

第一节　世俗生活的再现

从目前搜集到的宋代巴蜀地区墓葬石刻材料来看，无论墓主人身份为品官还是平民，与世俗生活相关的奴仆侍从、宴饮庖厨、出行赏乐等生活题材在墓葬石刻中极为常见。这些极富生活气息的墓内场景均围绕着永恒世俗生活这个主题展开。主要表现在以下两个方面：一是家庭生活的再现；二是社会地位的再现。在宋人眼中，生死如一，“民间完全相信，死者是到了另一个世界，是另外一种生，一种永生。”[②]

一、家庭生活的再现

家庭生活的再现包括奴仆侍从、日常家具用品、备宴图、庖厨图、伎乐图等。既是墓主人生前世俗生活的再现，也是墓主人身后阴间世俗生活的继续。桌子、椅子、执壶、碗、茶盏等是人们日常生活常用的家居物品；庖厨图中所出现的方格蒸笼，以及挑水桶是人们日常厨事活动中最为常见的物件，是体现墓主人物质需求方面的石刻题材；伎乐图中出现的乐器、舞蹈等题材是人们休闲放松的娱乐活动，是墓主人精神需求方面的石刻题材。将这些石刻图像一一雕刻于阴间世界，墓主人渴望世俗生活永恒的愿望在这里表现得淋漓尽致。

---

① 张春新：《南宋川南墓葬石刻艺术》，重庆：重庆大学出版社，2001年，第5页。

② 陈华文：《丧葬史》，上海：上海文艺出版社，1999年，第203页。

考察墓葬石刻中出现的生活用具图像，可以发现酒具、茶盏在墓葬石刻中出现频率很高。二者在中国传统文化中一直扮演着重要角色，不仅与民众日常生活紧密相连，同时也是巴蜀地区酒文化和茶文化的生动再现。宋代市民阶层的兴起将这些原本属于上层雅文化的生活习俗逐步传播到普通百姓的日常生活中，《清明上河图》中茶肆、酒楼的盛行便是最好的例证。巴蜀茶业兴盛，产地众多。北宋名臣范镇说："蜀之产茶有八处，雅州之蒙顶、蜀州之味江、邛州之火井、嘉州之中峰、彭州之堋口，汉州之杨村、锦州之兽目、利州之罗村。"[①]茶叶的广泛种植，使得饮茶习俗在人们日常生活中日趋普遍，如《王文公文集》卷31《杂著·议茶法》曰："夫茶之为民用，等于米盐，不可一日以无。"[②]可见饮茶已成为人们日常生活中不可缺少的一部分。除饮茶之外，饮酒之风同样盛行。《北山酒经》载："上至缙绅，下逮闾里，诗人墨客，渔夫樵妇，无一可以缺此。"[③]同时，酒事活动的多元化和大众化使得酒文化更加普及。这一时期乡村酒店林立繁多，《容斋续笔》载："今都城与郡县酒务，及凡鬻酒之肆，皆揭大帘于外，以青白布数幅为之，微者随其高卑小大，村店或挂瓶瓢，标帚秆。"[④]乡村酒店密度高、规模小，为一般普通民众所消费，饮酒成为人们日常生活中必不可少的活动。除文献记载外，实物材料如四川广汉三星堆出土的青铜壶等酒器与汉画像墓中雕刻的沽酒宴饮以及虞公著夫妇合葬墓中备宴图上详细雕刻的酒杯、酒具、温酒炉、酒架等各种酒事用具。这一系列实物材料生动形象地再现了巴蜀人民的日常生活。同时也可以看出很早之前巴蜀人民便将这种日常生活习俗带入墓葬。

其次，墓葬石刻中出现的伎乐图描绘了墓主人在阴间的娱乐活动。有宋一朝，经济的发展以及社会的变革使得宋代市民阶层的思想文化生活越来越丰富。在巴蜀墓葬石刻中，表现最为明显的就是巴蜀好音乐的娱乐乐俗。唐宋时，"勾栏""瓦舍"等作为专门固定的表演场所逐渐形成。反映在巴蜀宋墓中即泸县宋墓出现的勾栏表演、伎乐图、杂剧图等娱乐方面的石刻题材。音乐演奏最初是皇家、贵族所享用的，而乐丧习俗最初也为政府履令所禁。但唐宋之际的变革以及新兴市民阶层的兴起，使得这一习俗出现了世俗化、平民化的趋势。

① [宋]范镇、宋敏求：《东斋记事》卷4，中华书局，1980年点校本，第37页。

② [宋]王安石：《王文公文集》卷31《杂著·议茶法》，唐武标校注，上海：上海人民出版社，1974年，第366页。

③ [宋]朱肱：《北山酒经》卷上，文渊阁四库全书本。

④ [宋]洪迈：《容斋续笔》卷16《酒肆旗望》，中华书局，2005年点校本，第417页。

唐段成式《酉阳杂俎》云:“世人死者有作伎乐,名为乐丧。”[①]宋庄绰《鸡肋篇》中记载:“丧家率用乐……人皆以为当然,不复禁之。”[②]显然到宋时,丧葬用乐的习俗已进入民众的日常生活中,为世人所用。正如姜伯勤在其著作《敦煌艺术宗教与礼乐文明》一书中着重强调:“传统中国文化以‘礼’为其核心。又指出:‘唐宋之际,中国音乐发展的历史经历了一次重要的转折:音乐从皇家教坊、贵族家伎的狭小天地,走向市井庶民社会,音乐从业人员从著籍贱口音声人逐渐演变为勾栏瓦舍的行业人员’。”[③]这一习俗的世俗化自然渗透到民间百姓的丧葬观念中,于是人们便将这种娱乐场景雕刻于阴间世界来保证自己死后可以永恒享受,是墓主人生前世俗生活娱乐活动的再现。

二、社会地位的再现

车马出行图描绘的是墓主人出行的场景。早在汉代开始,“车马出行”就已经成为墓葬壁画或者画像石中的一种流行题材。东汉时期的画像石墓中,这种题材更为常见。车马在古人的思想观念中是与衣食住同等重要的基本需求之一,甚至被视为是墓主人身份等级的象征。在巴蜀发掘的墓葬石刻中,由于墓主人身份等级的不同,出行的阵势和方式有很大的区别。如资中赵雄墓所刻出行图,赵雄官阶较高,其墓葬在巴蜀发掘的石室墓中属于高等级墓葬。墓内雕刻有气势恢宏的出行场面,仪仗和随行的武士、侍从护卫体现了墓主人赵雄生前显赫的社会地位,是其他一般中下层等级墓葬所不及的。具体来看,“东西壁均刻九人四马,前面三位执矛武士,中间四位骑马执旌旗武士,后跟一随从;东壁后部刻一车马图,车门前方立侍从,车前两侧三文士站立,后二骑马武士执旌旗相迎;东西壁均刻丞相骑马图,前后执武器护卫武士均七人。”[④]虞公著夫妇合葬墓也是巴蜀地区的高等级墓葬之一,墓内雕刻的出行图同样也是众多人物内容的车马出行场面。在这些墓葬中,出行列队前面均有侍从仪仗和执武器的武士护卫,带有较强的军事政治题材,是墓主人崇高身份地位的象征。

与资中赵雄墓和虞公著夫妇合葬墓中拥有众多人物内容的车马出行画面

① [唐]段成式:《酉阳杂俎》卷13《尸穸》,北京:中华书局,1981年点校本,第123页。

② [宋]庄绰:《鸡肋篇》卷21,“近时婚丧礼文亡阙条”,北京:中华书局,1983年点校本,第8页。

③ 姜伯勤:《敦煌艺术宗教与礼乐文明》,北京:中国社会科学出版社,1996年,第6-8页、509页。

④ 杨祖恺:《资中宋右丞相赵雄墓纪实》,《四川文物》1995年第6期。

相比,广元石刻墓和四川昭化曲回乡宋墓所刻出行图内容则简单很多,画面中不再有绵延不断的队伍和前呼后拥的侍从,如广元石刻墓中雕刻的椅轿图、牵马图和抬轿图以及四川昭化曲回乡宋墓中的出行图。这两座墓葬中所雕刻出行图内容简单很多,出现的人物形象也较少,可以说是当时普通民众的日常出行场面。

通过对巴蜀墓葬石刻中车马出行图的阵势和仪仗等方面的分析来看,可以发现这些墓葬等级是不一样的,墓主人社会地位也是不同的。但考察其墓葬内的其他石刻内容,不管墓主人社会地位如何,墓葬中石刻图像整体表现的内容仍然都是围绕墓主人日常生活的家居侍奉、车马出行等基本方面,衣食住行仍是墓葬生活题材的主要内容,只是墓主的身份、社会地位及由此而决定的观念类型方面应有所差异而已。"名已成者希望生前拥有的威仪得以延续,名未成者盼望他世可得之。"[①]传统的封建等级观念在这里已经开始逐渐转为世俗化,人们在构建自己的地下居所时所追求的是将生前拥有的世俗生活或其渴望的世俗生活搬离到阴间世界,反映了人们对现世生活的留恋。

墓葬中衣食住行娱乐活动一应俱全,既是墓主人生前世俗生活的再现,也是墓主人身后阴间世俗生活的继续。正如日本林巳奈夫在其著作《刻在石头上的世界》一书中所写道:"人偶或模型以及墙壁上的绘画等,虽然有些简单,但是从房屋到器皿,甚至佣人,生活条件准备得无微不至。不仅如此,连音乐和舞蹈等娱乐活动也很周到地安排好了,这就是地下墓室中的世界。对死者而言,这么好的住所,只怕别处也不会再有了吧。遗属们不遗财力地准备这些,为的是无论如何一定要让死者能够安居于此,此外不可能有其他意图。"[②]体现的是墓主人对阴间世俗生活永恒的追求。而在巴蜀地区,构建永恒世俗生活的传统古来有之。

相信另一个生命世界存在的最好印证是形成传统的"事死如事生"的态度。古人认为人死有知,与生人并无二异,所以"闵死独葬,魂孤无副,丘墓必藏,谷物乏匮,故作偶人以侍尸柩,多藏食物以歆精魂"[③]。这种将生前的物质生活以某种方式随葬在墓中的认知从史前社会便已经开始出现了。首先,从考古材料

① 黄佩贤:《汉代墓室壁画研究》,北京:文物出版社,2008年,第217页。

②[日]林巳奈夫:《刻在石头上的世界》,唐利国,译,北京:商务印书馆,2010年,第10页。

③[汉]王充:《论衡》卷23《薄葬篇》,上海:上海人民出版社,1974年,第352页。

来看，如四川境内发现的时代最早的大溪遗址，大多数墓葬中都随葬有数量多寡不等的器物，包括陶器、石器、骨器、蚌器和食物等，多以日常生活用品和装饰品为主。[①]当时一种普遍的原始葬俗是人死即以生前所用之物随葬，因为死者在阴间要继续生活，必须按他（她）生前的生活状况安排死后之事。早期灵魂不死的原始宗教观念使得人们对死者的灵魂在另一个世界里要像生前一样生产、生活和娱乐的观点深信不疑。于是往往将死者“生前认为最珍贵的物品，都与已死的占有者一起殉葬到坟墓中，以便他在幽冥中继续使用”。[②]其次，墓葬中出现乐舞等娱乐活动的习俗同样起源很早。考古实物材料如四川广汉三星堆出土有玉磬、陶埙等最简单的乐器，“玉磬是我国最古老的打击乐器之一，也就是《尚书》中‘以石拊石’的石。”[③]考古图像方面，“成都百花潭中学出土的相当于战国早期的水陆攻战纹铜壶上的宴乐图，图中的乐队有两人击编磬五枚，二人击编钟四枚，一人击建鼓，四人吹奏笙、排箫之类乐器，还有四人佩剑持矛而舞（当即武舞）。”[④]从这些发掘的墓葬实物材料来看，巴蜀最原始的丧葬观念即对生前世俗生活的临摹。

秦汉时期，这一丧葬思想观念更为明显。《盐铁论·散不足篇》云：“古者明器有形无实，示民不用也。及其后，则有醯醢之藏，桐马偶人弥祭，其物不备。今厚资多藏，器用如生人。”[⑤]《论衡·薄葬篇》中亦云：“谓死如生。”[⑥]从这些文献记载中我们可以看出这一时期人们的丧葬意识即将死人当作生人来看待，并把对待死者的冥事与子孙后代的祸福凶吉联系起来，而一直以来厚葬之风的盛行同样可以证实。宋时城市经济高度发展，中下层市民阶层大量兴起，人们思想意识逐步觉醒。尽管宋廷多是根据儒家的伦理道德来规范世人的言行，但世俗文化的力量非常强大。流行的、大众化的文化经民间百姓的广泛传播，更是将这一永恒世俗生活的墓葬主题推向高潮。巴蜀宋墓中世俗欢乐生活题材的广为

---

① 四川长江流域文物保护委员会文物考古队：《四川巫山大溪新石器时代遗址发掘记略》，《文物》1961年第11期。

② ［美］马克思：《摩尔根〈古代社会〉一书摘要》，科学历史研究所，译，北京：人民出版社，1978年，第36页。

③ 袁庭栋：《巴蜀文化志》，成都：巴蜀书社，2009年，第149页。

④ 袁庭栋：《巴蜀文化志》，成都：巴蜀书社，2009年，第149页。

⑤ ［汉］桓宽：《盐铁论》卷6《散不足篇》，上海：上海人民出版社，1974年，第69页。

⑥ ［汉］王充：《论衡》卷23《薄葬篇》，上海：上海人民出版社，1974年，第352页。

流行便是最好的印证。

综上所述,墓葬中出现的丰富的世俗生活题材,既是墓主人生前世俗生活的再现,也是墓主人身后阴间世俗生活的继续。其核心内容仍然不外乎墓主人衣食住行娱乐五个方面的基本生活诉求。墓主人及其建设者都希望他在另一个世界获得永生,因此将此岸世界的生活尽可能地描述在墓葬石刻中。在这里,他将生活在童仆如云的高堂华屋之中,一边享用美味珍馐一边欣赏丰富多彩的乐舞表演。在墓葬石刻所建构的阴间社会中,此岸与彼岸几乎没有区别。从史前的实物陪葬到祭品明器再到汉以来的壁画石刻,这些物品的备置包含了墓主人衣食住行所需的全部内容,而这正是潜存于人们内心深处另一世界的表征。随着时代的迁沿,即使陪葬物的形式、质料发生了变化,都未能改变这些事物的基本象征意义。

第二节　永生信仰的追求

丰富的世俗生活题材再现了巴蜀人民世俗生活的全部内容。除此之外,在巴蜀宋墓石刻中,还出现了儒教、佛教、道教三教信仰的石刻题材。宋时,宗教世俗化趋势导致墓葬石刻中有关宗教信仰的文化指向更为功利化,儒教表现为追求福祚绵长,佛教表现为追求极乐世界,道教表现为追求永生仙境。三教信仰最终所归于的核心内容是对永生信仰的追求。本节将从以下三个方面对巴蜀宋墓中出现的三教题材分别进行论述。

一、儒教的福祚绵长

儒家思想作为中国传统文化的主流思想,几千年来最核心、最深入人心的便是孝文化思想。纵观儒家经典,孝文化也是无处不在。从《论语》中"孝弟也者，其为仁之本与。”[①]到《孝经》中“夫孝，天之经也，地之义也，人之行也。”[②]再到《孟子》中“仁之实，事亲是也”。[③]孝文化一直是中国传统文化的核心主题思想。梁漱溟先生曾说过：“中国文化是‘孝’的文化，自是没错。”[④]孝文化的两种表现形式为养生和送死。人们谈及儒家的孝道思想，除了生前孝敬奉养父母，还包括死后安顿祭祀父母。墓葬中出现的孝子图像从根本上讲是墓主人展现自己生前被子女尽心奉养，死后也可以延续这一传统，祈盼子女可以记住先人并岁时祭拜。

从墓葬中发掘的孝行图来看，这些孝行故事内容大都来源于西汉时期刘向编纂的《孝子传》一书，其中一些人物到元时收录到了《二十四孝》[⑤]中。孝子图像最早出现在两汉时期，有单体形象也包括有故事情节的图像。魏晋南北朝以降，“孝子图像成为墓葬装饰的重要艺术形式，在人物题材上更为丰富，与‘门阀制度’有很大的关系。”[⑥]隋唐时期，佛道思想的广泛传播对儒家思想形成了一定的冲击力，发掘的墓葬材料中少见孝行图，但在一些佛教石窟造像中比较常见。到了宋代，孝子图像在墓葬装饰图案中再次流行，并且多为有故事情节的孝行图。这一现象的出现离不开宋统治者的推崇和儒学家们的大肆宣扬指引。

首先，宋代是一个以孝治国的朝代，宋庠《孝治颂》讲：“赫赫炎宋，专以孝治”[⑦]。儒家倡导“家庭伦理”为核心的孝道思想自然受到统治阶级的大力推崇。从太祖立国起，孝治一直贯穿整个宋代的政治统治，并且作为一种潜意识的文化自觉性在民间社会得到广泛流行。宋太宗更是亲自书写《孝经》并将其列入十三经之一，后成为科举考试的必考内容。墓葬中雕刻的孝行题材便是这种大众集体文化意识的最好载体。其次，国家倡导儒学，官方和民间的教育也大肆发展，因而在宋代社会兴起了一个“士绅”阶层。他们提倡以儒家经典指导日常

① [宋]朱熹：《论语集注》卷1《论语·学而篇》，北京：商务印书馆，2015年，第82页。

② [汉]郑玄注：《孝经》卷3《三才章第七》，上海：中华书局，1936年点校本，第12页。

③ [宋]朱熹：《孟子集注》卷7《离娄章句上》，上海：上海古籍出版社，1987年，第58页。

④ 梁漱溟：《中国文化要义》，上海：上海学林出版社，1987年，第307页。

⑤ 指古代二十四名尽孝的典型人物。旧传元郭守敬弟守正辑虞舜、汉文帝、曾参、闵损、仲由、董永、郯子、江革、陆绩、唐夫人、吴猛、王祥、郭巨、杨香、朱寿昌、庾黔娄、老莱子、蔡顺、黄香、姜诗、王褒、丁兰、孟宗、黄庭坚等二十四人孝行，成《二十四孝》一书。

⑥ 雷虹霁：《魏晋南北朝时期孝子图像研究》，《民大史学》(2)，北京：民族出版社，1997年。

⑦ [宋]宋庠：《孝治颂》，收录于曾枣庄、刘琳主编：《全宋文》卷431，上海辞书出版社、安徽教育出版社，2006年点校本，第21册，第12页。

生活，倡导尊老孝亲、家庭和睦，开展书院文化，使得孝道思想快速渗透到民众的日常生活规范中。伴随着经济的发展和思想的逐步开放，这一孝道思想更加世俗化。而这一变化，使得“思想成为原则，而原则又成为规则，而规则就进入民众生活，当民众在这种规则中生存已久，它就日用而不知地成为‘常识’。”[①]国家和士绅阶层不遗余力地推行，从上到下以其很强的影响力将儒家的“忠孝”由观念进入实践并进而演变为习俗进入民众的日常生活。

刑铁在其著作《宋代家庭研究》一文中指出：“宋代常见的家庭模式为‘三代五口之家’，以中间的壮年夫妇为核心，上养老人，下育子女，均为直系血缘关系。”[②]这种带有血缘关系的小农家庭模式更加稳固，尊老爱幼、供养事亲的社会道德伦理更容易实现。生前人们通过实际行动来爱戴侍养父母，死后墓葬便成为这一孝行思想的载体，而孝子图像的出现更是将墓主人内心渴望与生前一样被奉养的祈盼表现得淋漓尽致。一方面，墓主人身受儒家思想的影响，身为孝子，将大众认可的孝行故事雕刻于墓葬中，与墓主人共处一室，仿佛“死者似乎也成为不同时代贤人中的一员”[③]。这些被列入《二十四孝》故事中的人物是当时人们心目中的孝子形象，是社会备受称道的孝子，同样也是被后人祭祀崇拜的人物形象。墓主人将其雕刻于阴间墓葬中，在很大程度上讲满足了自己内心强烈的道德感和荣誉感。另一方面，孝子图像的雕刻也使得墓主人的子孙后代成为孝子，在繁华建构的墓葬中雕刻孝子图像，使得“孝”在墓葬中有了物质载体，更能凸显孝道思想。墓主人的家庭成员会因为完成了社会上所认同的“孝”而受到邻里乡亲的赞赏和称道，这样一来家庭成员内心满足感得到实现，自然也会像生前一样在岁令时节祭拜自己的亲人，使其不至于在阴间凄冷的世界中忍饥挨饿。

因此，在以孝治国的策略下，世人皆为孝子，孝行图是墓主人希望在阴间社会延续与生前一样被侍奉供养的世俗生活的体现，是儒家福祚绵长信仰的生动再现。用石刻图像将这些孝行故事永久性地雕刻于阴间墓葬中，寄托了生者对死者的祈祷和祝福，也是儒家思想关注和肯定现实生活的入世体现，不仅关注

① 葛兆光：《中国思想史》，上海：复旦大学出版社，2009年，第272页。

② 刑铁：《宋代家庭研究》，上海：上海人民出版社，2005年，第31页。

③［美］巫鸿：《黄泉下的美术——宏观中国古代墓葬》，施杰，译，北京：生活·读书·新知三联书店，2010年，第187页。

此岸世界,同时也关注彼岸世界。在彼岸世界,依旧体现了受到儒家提倡的以家庭为中心的纲常伦理思想的影响。不管是在现实生活还是在死后的阴间社会中,人们更注重的是合理有序的家庭伦理道德,父慈子孝,夫妻和睦,岁时祭祀。

二、佛教的极乐世界

宋代的巴蜀地区,佛教同样兴盛。佛教四大名山之峨眉山便是巴蜀地区佛教传播的中心。峨眉山虽地处西南一隅,交通不便,但该地作为普贤应化道场,受到了僧、俗两界信众的神往。《峨眉山志》载:“峨眉从汉以来二千年,大小寺宇莫不崇奉普贤菩萨,四方信士礼敬普贤者,亦莫不指归峨眉。”①至宋代,“民间多次盛传普贤山显示端相,引起朝廷的重视,命人入山造像,安置寺内,峨眉山佛教达到鼎盛,百里山峦,大小寺院多达一百七十余座,入住僧侣达三千之众,朝山礼佛的俗众不计其数。”②宋代的苏轼、黄庭坚、范成大均作诗表示崇仰。佛教在士大夫阶层及民间社会都产生了一定的影响,在一些石窟造像中能够看到佛教影响十分深入,同时这一影响还表现在巴蜀地区的墓葬石刻中,融入了众多佛教文化元素。

佛教在传入中国前有一套属于自己的成熟的修行方式,但要想在中国本土获得广泛的群众基础就必须迎合中国社会的各个阶层。中唐以后禅宗和净土宗在民间较为盛行。到宋时,“若按崇信的人数而论,净土宗无疑问的压倒包括禅宗在内的其他佛教宗派而雄踞首位。”③净土信仰深入到了社会各个阶层。

所谓净土宗,是指“宣扬信阿弥陀佛,称念其名号以求其死后往生净土的佛教派别,它又称念佛宗,简称净宗。”④论其盛行的原因即是提倡简单易行的修行方式。净土宗的教义极为简单,“其一是以‘净土’作为崇佛修行的目标,其二是把念佛作为修行成佛的主要手段。”⑤这种净土法门因其简单易行而在中国中下层民众中广泛流传,建立了较为巩固的民众基础,拥有众多的信徒并进而兴起

---

① 印光:《峨眉山志》卷2《普贤圣迹·应化》,上海国光印书社,1934年,第90页。

② 潘桂明:《中国居士佛教史》,北京:中国社会科学出版社,2000年,第818页。

③ 何峻:《南宋思想史》,上海:上海古籍出版社,2008年,第299页。

④ 陈扬炯:《中国净土宗通史》,南京:凤凰出版社,2008年,第1页。

⑤ 范荧:《宋代民间信仰中的佛教因素》,《上海师范大学学报》1995年第1期。

结社念佛之风。在民间,人们普遍认为只要口念佛号、坐禅观想念佛便能死后往生,超度自己,去往西方极乐世界而享受诸多愉悦,摆脱一切烦恼和痛苦。《乐邦文类》载:"至今薄海内外,宗古立社,念佛之声洋洋乎盈耳,乃知至德如风,民应如草,有不期然而然者矣,请试论之。"[①] 朱熹也说:"佛氏乃为逋逃渊薮,今看何等人,不问大人小儿,官员村人商贾,男子妇人,皆得入其门。最无状,是见妇人便与之对谈。"[②]可见这一时期佛教的功利化和世俗化倾向。

在中国人心目中,佛祖的形象与神仙并无大差异。牟子《理惑论》中汉人描绘的佛陀形象为:"恍惚变化,分身散体,或存或亡,能大能小,能圆能方,能老能少,能隐能彰。蹈火不烧,履刃不伤,在污不染,在祸在殃。欲行能飞,坐则扬光。"[③]俨然佛陀就是一位神仙的形象,中国佛教徒心中的西方净土、佛国彼岸世界与神仙福地相去不远。民间社会看中的是佛教的现实价值和其简单易性的修行方式。

在地下墓葬中,这种简单易行的修行方式也被雕刻于墓壁上,如广元河西乡宋墓中便雕刻有墓主人念佛图(图4-1)。[④]除了墓主人念佛之外,墓葬中还出现了许多佛教用语。重庆南川张子硕墓后壁左柱刻有一幡,"幡生题字云:'南无西方极乐世界,大慈大悲'。"[⑤]重庆北碚澄江苦塘沟宋代墓群中"三号墓左壁上有楷书《楞严经》一方。"[⑥]宜宾堰沟宋墓中刻有八行楷书佛号。[⑦]此外,在墓葬中僧人和佛的造像也多有出现。从这些佛教文化符号来看,墓主人是否信仰佛教还有待进一步商榷,但佛教简单易行的修行方式确实已被普通民众所接受。民间百姓希望通过佛教人物来超度自己,通过念佛来"资冥福"使自己免受地狱之苦。佛教经论中尝谓诵念《地藏菩萨本愿经》《阿弥陀经》《金刚经》等,皆能使亡者闻经而解其深义,从而使灵魂得以度脱。宋人认为,死后不作佛事,每日都

---

① [宋]宗晓:《乐邦文类》卷1《四明石芝沙门》,收录于星云大师监修、佛光大藏经编修委员会主编:《佛光大藏经》,彰化:佛光出版社,1999年,第11页。

② [宋]黎靖德:《朱子语类》卷126《释氏》,北京:中华书局,1986年点校本,第3037页。

③ [汉]牟融:《牟子》卷1《理惑论》,北京:中华书局,1991年点校本,第3页。

④ 四川省博物馆、广元县文管所:《四川广元石刻宋墓清理简报》1982年第6期;盛伟:《四川广元宋墓石刻》,《文物》1986年第12期。

⑤ 重庆市第三次文物普查领导小组办公室:《重庆文物总目录续编》,重庆:西南师范大学出版社,2008年,第256页。

⑥ 北碚区文物管理所:《北碚澄江苦塘沟宋代墓群抢救清理简报》,《重庆历史与文化》2014年第2期。

⑦ 刘师德:《四川宜宾堰沟有带雕刻的古墓》,《文物参考资料》1954年第12期。

要受阴间地狱之苦，而如果请戒僧看诵《金刚经》，“经文资荐”，则“方免兹业”，投胎为人。[①]表明人们相信通过做佛事以及念经诵佛可以使自己得到超度，进入极乐世界。

在这里，我们可以发现佛教象征符号和佛教人物的出现反映了墓主人希望通过这种简单易行的修行方式来使得自己的阴间生活可以免受灾难甚至往生西方极乐世界，从而将生前的世俗生活一直延续。佛教题材出现的背后是墓主人对西方极乐世界的向往。这里的佛教已被普通民众接受并改造为地道的利生利命的活命宗教。

图4-1　广元河西乡宋墓墓主人念佛图

三、道教的永生仙境

道教是中国土生土长的传统宗教。就道教的起源来说，卿希泰先生在其著作《中国道教史》一书中提道：“道教产生于东汉中后期，其思想渊源直接来源于道家思想，并受到儒家、墨家、阴阳五行等先秦文化思想的影响，同时也吸收了传统的鬼神观念和古代的宗教思想与巫术，还继承和发展了战国的神仙思想和神仙方术。”[②]道教是中国社会历史发展和道家自身衍变的产物，是中国社会自身孕育的结果。即使没有外来宗教的传入，道教在中国的产生也是不可避免的。

---

① [宋]洪迈：《夷坚支丁》卷2《张次山妻》，北京：中华书局，1981年点校本，第980页。

② 卿希泰：《中国道教史》，成都：四川人民出版社，1988年，第80–84页。

巴蜀地区是道教活动兴盛的中心地域之一。《北史》卷66《泉佡传》中记载："巴俗事道，尤重老子之术"[①]，说明巴人一直都有崇尚道教的传统。东汉时期，道教的创始人张陵率弟子"顺帝时客于蜀，学道鹤鸣山中，造作符书，以惑百姓"[②]开始传教。巴蜀原始鬼巫信仰浓厚，张陵以黄老之学改造巴蜀妖魔鬼道，并降伏鬼魔盘踞的鬼蜮青城山，使得青城山成为道教发展的洞天福地，其创立的"五斗米道"，标志着蜀中道教的建立。唐朝末年著名道士杜光庭来到青城山，天师道与上清道结合，形成了巴蜀道教的独特风格。宋代是道教发展的一个高峰时期，尤其是在宋徽宗时期，天下崇道之风达到了顶峰。统治阶级的扶持和推崇为道教的发展提供了良好的条件。

宋真宗时期，巴蜀道教发展兴盛。《续资治通鉴长编》卷72《真宗·大中祥符二年》记载："诏诸路、州、府、郡、监、关、县择官地建道观，并以'天庆'为额，民有愿舍地备材创盖者亦听。先是，道教之行，时罕习尚，惟江西、剑南人素崇重。及是，天下始便有道像矣。"[③]作为道教的源起地，巴蜀地区道教的发展一直兴盛不断。许多著名的道教人士亦被神化为仙人，巴蜀地区至今仍分布着众多道教的重要宫观。道教不同于道家，"道家主要是指老庄的思想，是'雅'的'上位层文化'即官僚——士大夫文化，是中国文化精神的主干，主要追求老、庄那种精神的超越。而道教是'俗'文化，在于满足现实世界中人们的心理欲求"[④]。相较于道家思想来看，道教思想体系比较开放，其所包含的内容杂糅多端，思想更加世俗化并贴近人们的日常现实生活，因而在不同的阶层广泛流行。在巴蜀宋墓中，道教思想体系影响下的墓葬石刻题材广为流行。

（一）道教世界的精神追求——长生与仙境

道教是源于中国本土的宗教，是中国民间土壤自身孕育出来的，三教融合的历史大背景下，道教开始充实健全自身思想体系，成为一种带有中国特色的综合性的宗教。如果说几乎所有的宗教都执着于"人死后如何"的问题，那道教最为执着追寻的则是"人如何不死"的问题。"在满足了人类深层的本能和欲望，

① [唐]李延寿:《北史》卷66《泉佡传》，北京：中华书局，1974年点校本，第2331页。

② [刘宋]范晔:《后汉书》卷75《刘焉传》，北京：中华书局，1965年点校本，第2435页。

③ [宋]李焘:《续资治通鉴长编》卷72，"大中祥符二年十月甲午条"，北京：中华书局，1980年点校本，第1637页。

④ 常军瑞:《汉代画像石的文化内涵及审美价值》，兰州：兰州大学硕士学位论文，2010年，第23页。

尤其是生存欲望后，随着文明程度的提高，人要生存而且要生存得更好，肉体生存之外还要精神上的满足，这种欲望在社会范围内受到压抑，却在宗教领域内得到'升华''宣泄'或者虚假的满足，这是宗教得以产生的思想基础。"[①]长生和升仙便是肉体之外的精神满足。道教似乎没有灵魂超越的概念，它所追求的是形骸不死，肉体成仙。其人生理想的核心宗旨便是现世永续、成仙不死。为了迎合民众的欲望，道教杂糅各种神仙方术、秘术、鬼巫，几近成为民间大众信仰。鲁迅有句广为引用的名言，"中国根柢全在道教"，揭示了道教之于国民性的深刻关系。[②]

从古至今，对来世的恐惧和对此世的留恋一直是人类本性最懦弱的地方。而道教的出现，一方面提倡享受现世，另一方面又宣称死后升仙，解除人们的思想恐惧，于是在众生信仰中逐步渗透。如何将其带入墓葬实现人们的文化心理需求？在巴蜀地区，墓葬石刻便成了人们追求永恒生活的载体。在地下世界中，墓葬石刻所营造的住宅是祥和的、幸福的家园。在那里，没有邪恶、没有妖魔鬼怪、没有令人恐惧的东西。正如恩格斯所指出的："一切宗教都不过是支配着人们日常生活的外部力量在人们头脑中幻想的反映。在这种反映中，人间的力量采取了超人间的力量和形式。"[③]在巴蜀宋墓中，道教石刻题材便围绕着长生和升仙的主题而展开。

1.墓主人对长生的渴望

想要长生首先必须要长寿。寿的观念非常古老，始于远古。祈求长寿是中国人最古老、最普遍的世俗欲望之一。长寿者存在的事实更加强了可能长生的民间信念。"世无得道之孝，而有有寿之人。世见长寿之人，学道为仙，逾百不死，共谓之仙矣。"[④]在墓葬中，寓意长寿长生的石刻题材丰富。如最为直接表达墓主人对长生渴望的石刻题材，即重庆井口一号墓的藻井顶上有"延长""福寿"的刻字。除此之外，墓葬内还多雕刻有"寿如山""寿山""福寿如山"等，直接表达墓主人对长生的渴望。寿堂在墓葬中出现的次数也较为频繁，同样反映的是墓主人对长生的渴望。将这些渴望长寿长生的文字、象征符号直接用雕刻的形

① 葛兆光：《道教与中国文化》，上海：上海人民出版社，1987年，第5-6页。
② 鲁迅：《鲁迅全集》第11卷，北京：人民文学出版社，1981年，第353页。
③《马克思恩格斯选集》，北京：人民出版社，1972年，第354页。
④［汉］王充：《论衡》卷7《道虚篇》，上海：上海人民出版社，1974年，第111页。

式绘于墓壁之上，“赤裸裸地表达了道教重生、养生、乐生、长生不老的观念和人们对于生命无限延长的羡慕和对长生不死的执着追求。”[①]

2.墓主人对成仙的渴望

墓壁上直接雕刻长生、延长、寿堂等石刻图像体现了墓主人对长生的渴望。当墓主人获得长生之后，便开始追求飞升成仙。而成仙一方面可以直接羽化成仙，另一方面则需要借助仙人神灵指引成仙，二者均体现了墓主人对成仙的渴望。

永川高洞子崖墓群中羽人图是墓主人渴望羽化飞仙最直接的表达。墓中羽人形象为：“长约30—40厘米，向后梳起的发髻，很有几分唐朝仕女的韵味；身体细长，脸有些微胖；肩膀上长着一对大大的翅膀，后面还雕刻着云朵；双手握在胸前，细长的身体拖着长长的尾巴。”[②]根据我国最古老的地理书《山海经》记载，羽人是人头鸟身，后来成为羽化成仙、长生不老的象征。宋《太平御览》卷622引《天仙品》中云：“飞行云中，神化轻举，以为天仙，亦云飞仙。”[③]羽人形象的出现是人们对仙人的描绘和对成仙的向往。

在墓葬中，无法直接飞升成仙的则需要仙人和各种神灵祥瑞组合的帮助。首先是仙人引导图，在资中烂泥湾二号墓和三号墓的东西两侧均刻有仙人引导图，“三人均踩于云朵之上，似从远处归来，三人均头戴冠，身着圆领袍衣，持笏板。”[④]在这里，可以看出墓主人由仙人指引飞升成仙。其次是墓主人借助各种神灵祥瑞飞升成仙。人们认为动物是上天的使者和吉祥之兆，可以佑护人们羽化成仙。于是仙鹿、仙鹤等具有飞升成仙功能的神界之物在墓葬石刻中出现了，是帮助墓主人飞升成仙的仙灵。

鹿作为长寿的仙兽，自古以来就有升仙的蕴意，是墓葬石刻中较为常见的祥瑞图像。鹿的雕刻造型各异，有奔跑、站立、侧坐、回首、攀爬、嬉戏等各种姿势，最为常见的图案是“鹿含瑞草图”。《山海经》中《海内西经》记载：“开明北有不死树”，“开明东有巫彭、巫抵、巫阳、巫履、巫相。皆操不死之药以距之”。[⑤]

---

① 常军瑞：《汉代画像石的文化内涵及审美价值》，兰州：兰州大学硕士学位论文，2010年，第24页。

② 王昌文：《永川发现宋代崖墓》，《四川文物》1989年第6期。

③ [宋]李昉：《太平御览》卷662引《天仙品》，北京：中华书局，1960年点校本，第2955页。

④ 资中县文物管理所、四川省文物考古研究院：《四川资中县烂泥湾宋墓发掘报告》，《四川文物》2015年第2期。

⑤ 袁珂：《山海经校注》卷6《海内西经》，成都：巴蜀书社，1992年，第352页。

"不死药"和"不死树"的存在寄托了人们对永生的渴望。于是在墓葬石刻中，人们将瑞鹿所衔之草视为仙草，即为不死之树所长，是不死药的存在，食用之后可以使人的灵魂长生不死，亦是暗示墓主人食仙草飞升成仙的内涵。同时鹿也是墓主人升仙的坐骑。在自贡富顺县发掘的墓葬中出土了一幅"人物执鹿"的石刻，墓壁刻画了一人手持一只奔跑中的鹿的场景。泸县宋墓中同样雕刻有墓主人和鹿组合的石刻图像，如"墓主人站立，旁边有一祥鹿，口衔类似祥云回望墓主人(图4-2)；另一幅墓主人站立交椅旁边，交椅一边为鹿衔瑞草图。"①在墓葬石刻中，除了鹿是指引墓主人飞升成仙的神灵之一，鹤的功能同样如此。

鹤在古人心目中是一种具有超凡能力的仙禽。《淮南子·说林训》说："鹤岁千岁，以极其游，蜉蝣朝生而慕死，而尽其乐。"②道教所提倡的逍遥自由的境界和长生不老的终极追求均与鹤的习性相近。由于白鹤在道教经典中象征着长生，将其绘于墓中即可以把一座黑暗的墓葬转化为超越俗世的洞天仙界。鹤也是帮助墓主人飞升成仙的神灵。王子乔驾鹤升仙的传说曾在中古时期广为流传，继这个故事之后，驾鹤飞仙的神话仍不断在人间出现。如《陶侃传》记载："侃丁母艰，在墓下。忽有二客来吊，不哭而退，仪服鳞异，知非常人之，遣随而看之，但见双鹤孤而冲天也。"③又如《历代名画记》卷9记载："司马承祯，字子徽，自梁陶隐居至先生，四世传授志仙法，尝画于屋壁……二十三年尸检，白云从堂户出，双鹤绕堂而上……"④道教经典《云笈七签》里同样有记载"张天师乘白鹤"⑤的说法。这一思想在墓葬石刻中也有反映，如泸县宋墓群中"有一持龟、鹤的侍女，二侍女身着对襟长襦，侧立面对，头上发髻高绾，左侧侍女双手捧托盘，盘内一龟形香薰，吐出袅袅青烟。右侧侍女双手捧托盘，盘内站立一仙鹤，伸颈抬头，口衔墓主人灵牌位(图4-3)。"⑥华蓥安丙墓，"一号墓后室后壁上部左右两侧刻有仙鹤衔攀枝童子飞升图"⑦。可见，鹤也是指引墓主人飞升成仙的神

---

① 摄于泸州石刻艺术博物馆。

② [汉]刘安等:《淮南子》卷17《说林训》，上海:上海古籍出版社，1989年，第190页。

③ [宋]李昉:《太平御览》卷561《礼仪部四十·吊》，北京:中华书局，1960年点校本，第2537页。

④ [唐]张彦远:《历代名画记》卷9，载于安澜编:《画史丛书》，上海:上海人民美术出版社，1963年，第114页。

⑤ [宋]张君房:《云笈七签》卷28《二十八治》，北京:中华书局，2003年点校本，第640页。

⑥ 摄于泸州石刻艺术博物馆。

⑦ 四川省文物考古研究院等:《华蓥安丙墓》，北京:文物出版社，2008年，第59页。

灵之一。

墓葬中无论是表现墓主人直接羽化成仙还是借助神灵仙人飞升成仙的石刻图像，均体现的是墓主人对成仙的渴望。

图4-2 墓主人与鹿组合图（笔者 摄）

图4-3 泸县宋墓持龟鹤侍女图（笔者 摄）

3.墓主人对仙境的渴望

道教所提倡的人间仙境是人们对死后归宿的向往和追求。墓主人飞升成仙后去往的是道教的蓬莱仙境。在巴蜀墓葬石刻中，虞公著夫妇合葬墓和彭山观音乡一号宋墓中雕刻的蓬莱仙境图体现了墓主人对仙境的渴望。具体来看，在虞公著夫妇合葬墓中的蓬莱仙境图雕刻为“整幅图的下部为海水，上部刻蓬莱山，山脚下有一只仙鹤和一位长者（疑似墓主），正准备攀登山间小路，通向山顶，半路还雕刻凉亭，附近有灵芝仙草，山顶树林中有一蓬莱仙洞”[①]。整幅图像勾画出了一幅想象中的仙山胜景。《列子·汤问》中有记载，蓬莱是传说中的人间仙境，是仙人居住的地方，仙鹤、仙草也是仙境中所生所长。人们相信仙人掌握着不死的秘密，可以无私地授予凡人，使之获得永生，而人工模拟的仙境可以吸引掌有不死之药的神仙的降临。这些都体现了墓主人对蓬莱仙境的渴望。

长生、成仙和仙境都是道教世界的精神追求，人们渴望长生，通过飞升成仙去往蓬莱仙境。仙人、神灵、仙境等墓葬石刻题材的出现将墓主人长生与升仙

---

① 四川省文物管理委员会、彭山县文化馆：《南宋虞公著夫妇合葬墓》，《考古学报》1985年第3期。

的愿望雕刻于阴间社会中，是墓主人对永生仙境的向往，是人们所追求的理想化的阴间世俗生活。

（二）道教世界的护法神灵——武士与四神

古人认为，人死后所面临的是一个完全陌生的世界，恐怖的鬼魂及各种不可预测的事随时都有可能发生，死后的世界也就是阴间其实并不安全。于是为了保护墓主人的安全以便让其顺利地飞升成仙，镇墓武士和四灵神兽在墓葬中广泛流行起来。两者均属于道教中的主要护卫神，保护墓主人阴间生活免受邪灵鬼蜮的侵扰。

1.武士图像

在巴蜀墓葬石刻中，不论是士绅阶层还是平民阶层，武士的形象都作为一种主流的墓葬装饰图像雕刻于墓壁上。在巴蜀宋墓中，武士的位置最为常见的是在墓门及其附近。以泸县宋墓为例，仅据收入到考古报告中的武士类石刻约计四十多件，基本形态一般为“戴头鍪，鍪顶有缨饰，身披铠甲，手执利剑、斧、或骨朵等，足穿长靴，脚踏祥云。”[①]墓葬中雕刻的武士形象大都立于祥云之上，道教所营建的墓室是洞天世界，是神宫之所在。因而，墓葬中所雕刻的武士作为墓主人护法神灵同样也是仙境中的一员。

泸县青龙镇三号宋墓，墓门两侧所刻武士形象比较独特，“左侧武士左手持弓，右手的拇指与食指夹住一支箭的箭尾，另外三指提一小鬼。小鬼整个身子向下斜垂，露出獠牙，做挣扎状。小鬼身着短裤，裸露上身、双腿、赤脚。左手伸直五指上举至被捉处，欲拨开武士的手指，右肩上耸，曲臂握拳。双腿伸直下垂，右脚置于左脚后。武士腰带的右侧也拴有一小鬼，小鬼双目圆睁，双耳上耸，两獠牙外露。右侧武士手上同样抓一长发小鬼。”[②]从泸县青龙镇宋墓所刻武士图像来看，小鬼的形象在这里可以说是刻画得非常传神。泸县宋墓中武士所捉鬼的形象也向我们反映了古人认为死者在墓葬中并不是绝对安全的，既有来自鬼怪邪魅的骚扰，又有盗墓者的入侵。因此，墓葬中武士石刻图像一般都面对面站立，共同守护着墓主人。正如苏轼在《书温公志文异圹之语》中所讲，

① 四川省文物考古研究所等:《泸县宋墓》，北京:文物出版社，2004年，第100页。

② 四川省文物考古研究所等:《泸县宋墓》，北京:文物出版社，2004年，第48-49页。

"……生者之室，谓之寿堂。以偶人被甲执戈，谓之寿神以守之。"①

武士作为镇墓驱邪的人物形象出现在墓葬石刻中，一方面，武士石刻形象大都面目狰狞，耳大如翼，怒目圆睁。如泸县宋墓中雕刻有造型比较独特的武士形象，"男女武士都头戴兜鍪，兜鍪上均饰有兽面图案，兽面双目圆睁，表情肃穆、神态威猛。"②武士形象与辟邪的巫师极为相似，并且武士手中均持有弓、剑、骨朵等武器。《后汉书》记载："方相氏身着熊皮，头戴四眼睛的面具，一手执戈，一手执盾，驱逐鬼怪。"③墓葬中武士石刻的功能与巫师类似，作为驱逐妖鬼的神灵帮助墓主人免遭阴间厉鬼的侵扰。另一方面，作为镇墓的武士，必须要有强健的体魄。墓葬中所刻武士形象均身材魁梧、体格健硕，拥有超强的武艺且勇猛。如华蓥安丙墓一号二号墓、泸县石桥镇新屋村宋墓等发掘的武士石刻图像通高1.78米，有些达到了1.9米。相比于其他石刻人物题材，武士的形象在墓葬中更高大威猛，更有威慑力。因此，墓葬中武士图像的雕刻是墓主人希望保护其阴间世俗生活的安全，生前需要护卫家庭平安，死后同样需要守卫墓主人的安全。

2.四神图像

四神，古之为四灵。四灵的起源比较早，最初是指龙、凤、麟、龟四种动物，是古人图腾崇拜的灵物。古人把四灵与四方方位匹配，称之为"四方之神"。《三辅黄图·汉宫》载："苍龙、白虎、朱雀、玄武，天之四灵，以正四方，王者制宫阙殿阁取法焉。"④

东汉时期，道教创立并不断发展壮大，诸多民间神灵经过改造被吸收到道教的行列，成为道教中的神灵。四灵信仰以其在民众中特有的信仰内涵也无不例外地被纳入到了道教体系之中，并被神格化成为道教的守护神。《道藏·太上黄箓斋仪》有记载："青龙为道教东方七宿星君……西方白虎七宿星君……南方朱雀七宿星君……北方玄武七宿星君。"⑤ 这时的四神与道教天象中的二十八星宿相融合，成为守护道教四大星宿区的四大神灵。汉晋时期四神形象逐渐人

① [宋]苏轼：《苏轼文集》卷66《书温公志文异圹之语》，北京：中华书局，1986年点校本，第2062页。

② 四川省文物考古研究所等：《泸县宋墓》，北京：文物出版社，2004年。

③ [刘宋]范晔：《后汉书》卷5《礼仪志中》，北京：中华书局，1965年点校本，第3127页。

④ 何清谷：《三辅黄图校释》，北京：中华书局，2005年点校本，第160页。

⑤ [唐]杜光庭：《太上黄箓斋仪》卷44，《道藏》第9册，北京：文物出版社、上海：上海书店、天津：天津古籍出版社联合出版，1988年，第311页。

格化，在道教中四神还被赋予了不同的名字。《云笈七签·北极七元紫庭秘诀》中记载："左有青龙名孟章，右有白虎名监兵，前有朱雀名陵光，后有玄武名执明，建节持幢，负背钟鼓，在吾前后左右，周匝数千万重。"[①]赋予四灵"孟章""监兵""陵光""执明"人格化的名字，使其不再是几个单纯的动物符号，而真正成为道教中重要的护法神灵，履行着守卫墓主人安全的职责。

在墓葬中，以四神为代表的东西南北四方界限内的广大世界是墓主人的专属领域，任何神人都不得侵犯。买地券也证实了四神作为空间方位神在墓葬中的作用。如井研北宋黄念四郎墓："西至青龙，东至白虎，北至朱雀，南至玄武，上至苍天，下至黄泉……□黄泉一切诸神不得抢夺，急急如律令！"[②]仁寿古佛乡宋墓："东至青龙，南至朱雀，西至白虎，北至玄武，上至苍天，下至黄泉，四至□畔分明……"[③]广元河西公社杜光世夫妇墓："东至青龙，南至朱雀，西至白虎，北至玄武……"[④]广元072医院宋嘉泰四年（1204年）杂剧石刻墓西室："买的寿山一□，命立寿堂，以备千年之计。所有四界。东至青龙，南至朱雀，西至白虎，北至玄武，上至苍天，下至黄泉，把钱交付了讫。"[⑤]这时的青龙、白虎、朱雀、玄武一跃成为主宰四方的方位神，寓意着为墓主人镇守四方，保护墓主人的领域及安全。

四神图像除了作为方位之神分布在墓葬的四方保护墓主人的领域和安全外，从发掘的四神石刻材料来看，四神在墓中的出现亦是帮助墓主人飞升成仙的神灵及墓主人飞升的护卫者。

道教产生之前，四神就有着帮助飞升成仙和防御护卫的作用，道教产生后对四神的这些功能性加以吸收并进一步神化，使四神真正融入道教思想体系中，重新担当起护法大神的角色。宋代以后四神成为广大道教徒崇拜的尊神，受到广泛的奉祀。[⑥]四神与道教中的仙人有着紧密的联系。《抱朴子内篇·杂应》中记载："老君真形者，思之，姓李名聃，字伯阳，身长九尺，黄色，鸟喙，隆鼻，秀

① [宋]张君房：《云笈七签》卷25《日月星辰部·北极七元紫庭秘诀》，北京：中华书局，2003年点校本，第569页。

② 曾清华：《井研县黄念四郎墓清理简报》，《四川文物》2002年第1期。

③ 莫洪贵：《仁寿县古佛乡宋墓清理简报》，《四川文物》1992年第5期。

④ 四川省博物馆、广元文管所：《四川广元石刻宋墓清理简报》，《四川文物》1982年第6期。

⑤ 廖奔：《广元南宋墓杂剧、大曲石刻考》，《文物》1986年第12期。

⑥ 丁常云：《道教与四神崇拜》，《中国道教》1994年第4期。

眉长五寸，耳长七寸，额有三理上下彻，足有八卦，以神龟为床，金楼玉堂，白银为阶，五色云为衣，重叠之冠，锋铤之剑，从黄童百二十人，左有十二青龙，右有二十六白虎，前有二十四朱雀，后有七十二玄武，前道十二穷奇，后从三十六辟邪，雷电在上，晃晃昱昱，此事出于仙经中也。”[①]在这里，老君老聃不仅将四神作为出行的护卫侍者，同时还将玄武作为其腾云驾雾的坐骑。显然在道教思想体系中，四神的飞升功能进一步神化被赋予更多内涵。

从搜集到的众多四神石刻来看，可以发现有许多四神造型四足均踏于云纹之上，宛如神宫。如《泸县宋墓》一书中描绘的四神造型：“青龙或呈行走状、或呈飞奔状，或是二龙戏珠；白虎其形态或呈行走状或踏于祥云之上呈飞奔状，有的在虎额上刻有‘王’字；朱雀呈展翅站立状，均踏于云纹座之上；玄武一般刻在墓室的横梁部位，基本特征是龟身缠绕蛇身形象。”[②]墓葬中雕刻姿态各异的四神图像，“青龙蜿蜒、白虎训俯、朱雀翔舞、玄武垂头，在这样的墓地中死者才可以得到安宁，子孙也因此可以免受凶祸灾殃”[③]。墓葬中四神题材的出现反映了民间对其功能的认同。生人认为，这些镇墓神兽犹如墓葬内的卫兵，先人的亡灵也就有了一定的安全保障，它们用狰狞的形象，吓到一切恶鬼以及盗墓者的侵入，保护墓主人的安宁，使其在阴间的世俗生活可以安然无恙地持续下去。

巴蜀地区作为道教发展的源起地，其影响力在巴蜀民间社会中更具有普遍意义。因而道教信仰元素在墓葬石刻中是反映最多的，“这可能和道教的发展走的是自下而上的道路有关，这和儒释两家的发展靠的是自上而下有着很大的区别”[④]。相较于佛教更注重个人修为的修行方式来讲，道教更加世俗化一些。墓葬中出现的长生与仙境以及武士、四神图像体现了墓主人对永生仙境的追求。

综上所述，儒释道三教信仰在墓葬石刻中皆有体现。宋时宗教世俗化趋势导致墓葬石刻中有关宗教信仰的文化指向更为功利化，儒教表现为追求福祚绵长，佛教表现为追求极乐世界，道教表现为追求永生仙境。通过上述分析，可以看出，儒释道三教信仰最后的核心内容都是墓主人对永生信仰的追求。当墓葬

① [东晋]葛洪：《抱朴子内篇》卷15《杂应》，北京：中华书局，1985年点校本，第283-284页。

② 四川省文物考古研究所等：《泸县宋墓》，北京：文物出版社，2004年。

③ 张勋燎、白彬：《中国道教考古》，北京：线装书局，2006年，第1647-1653页。

④ 宋扬：《宋代壁画墓探索》，武汉：华中师范大学硕士学位论文，2011年，第55页。

中具备了基本的生活用品后,墓主人渴望通过一些超人间的力量来帮助自己实现繁华阴间世俗生活的永恒,而宗教思想便可以实现这一切。无论是儒教信仰、佛教信仰、道教信仰,还是三教信仰的兼容,其最终目的都是服务于墓主人对阴间永恒世俗生活的向往,是墓主人永生信仰的追求。

第三节　富贵吉祥的希寄

在巴蜀墓葬中出现的各种吉祥的动物、植物、刻字等石刻图像体现的是墓主人对富贵吉祥的希寄,这些石刻题材均是人们日常生活中最为常见的图案。民间百姓通过借喻、谐音、比拟、象征等手法,将这些石刻图像赋予长寿、富贵、多子多福等吉祥的蕴意。通过这些直观的视觉形式来表达对幸福美满生活的渴望。其蕴意大都是丰富墓主人在阴间的世俗生活,使其生活在一个充满吉祥意味的舒适空间中,以便延续现世生活的享受。

一、植物类吉祥图像

植物类吉祥图像是指在墓葬中被赋予吉祥蕴意的植物图案,在墓葬中,雕刻有花草、果实等。根据现有的考古发掘报告,石刻作为壁面装饰在巴蜀地区最先出现的题材便是一些简单的线刻花卉,后来发掘的带有石刻的植物花卉题材几乎必然出现。宋代商品经济发达,民间百姓生活富足,新兴市民阶层出现。一方面人们开始提升自己的审美观念,另一方面也促使植物纹饰的风格蕴意日渐丰富。

民众喜好花,认为花不仅美观,同时还赋予了众多美好的祝福和愿望。在民间日常生活中,花随处可见。孟元老《东京梦华录》卷7记载:“是月季春,万花烂漫,牡丹、芍药、棣棠、木香,种种上市,卖花者以马头竹篮铺排,歌叫之声,清奇可听。”[①]可见宋时街上所卖花的种类繁多和卖花买花之人之多。当时无论朝野，不分男女老幼、城市乡村、客旅家居，人们簪花的习俗广泛而普遍，是历朝所罕见的。此时的巴蜀地区，花卉生产也蔚为大观，出现了专业的养花之户。有“天下第一”之誉的洛阳牡丹，在宋徽宗崇宁年间传入四川，于是“在蜀，天彭为第一”[②]。陆游《天彭牡丹谱》记载：“崇宁中，(天彭)州民宋氏、张氏、蔡氏，宣和中石子滩杨氏，皆尝买洛中新花以归。自是洛花散于人间，花户始盛，皆以接花为业。……而天彭之花，遂冠两川”[③]。苏轼《格物粗谈》中“花草”条详细记载了牡丹、菊花、海棠等各种花草的种植和浇灌。[④]士大夫们常有鲜花消费，普通百姓亦趋之若鹜。茉莉花“初出之时，其价甚穹，妇人簇带，多至七插，所值数十券，不过供一饷之娱耳”[⑤]。花卉的大量种植，在各地还兴起了“花市”和“花店”，反映了这一时期花卉种植市场的壮大和人们对花的喜爱。在巴蜀墓葬中，人们也将这一点缀日常世俗生活的吉祥图案带到阴间世界，植物花卉的形象在墓葬中随处可见。

墓葬中雕刻的花卉图案种类繁多，有牡丹、菊花、莲花、荷花，以及荔枝、石榴等。这些贴近民众日常生活的植物花卉除了人们审美情趣的提高外还被赋予了更多吉祥的蕴意，在墓葬石刻中，这些植物类图像的雕刻也延续了现实生活中的吉祥蕴意。有象征富贵荣华的牡丹图像、有象征长寿的菊花图像、有象征墓主人清静高洁的莲花图像，以及象征多子多福的各种瓜果图像等。

牡丹是中国传统的名花，有“富贵花”之称。周敦颐称：“牡丹，花之富贵者也。”其象征富贵荣华、幸福美满，与民众心底企盼富贵的愿望正相契合，因此受到大众的喜爱。墓葬中牡丹雕刻造型各异，如北碚澄江苦塘沟宋墓藻井顶里面浅浮雕三角状牡丹纹一幅，其下上层梁枋浮雕缠枝花卉一幅，下层对称刻有折枝牡丹一幅，侧里面同样对称刻有牡丹和太阳花浮雕图案。[⑥]四川昭化曲回乡

---

① [宋]孟元老：《东京梦华录》卷7《驾回仪卫》，北京：中华书局，1985年点校本，第151页。

② [宋]陆游：《渭南文集》卷42《天彭牡丹谱》，《陆游集》(第5册)，北京：中华书局，1976年点校本，第2398页。

③ [宋]陆游：《渭南文集》卷42《天彭牡丹谱》，《陆游集》(第5册)，北京：中华书局，1976年点校本，第2398页。

④ [宋]苏轼：《格物粗谈》卷4《花草》，北京：中华书局，1985年点校本，第6-9页。

⑤ [宋]周密：《武林旧事》卷3《都人避暑》，北京：中华书局，1991年点校本，第52页。

⑥ 北碚区文物管理所：《北碚澄江苦塘沟宋代墓群抢救清理简报》，《重庆历史与文化》2014年第2期。

宋墓和安丙墓中则多为盛开的牡丹。

菊花在墓葬石刻中也有出现，菊花又称为长寿花，日饮菊花水可以祛疾长寿。《太平广记》中记载："荆州菊潭，其源傍，芳菊被涯澳，其滋液极甘。深谷中有三十余家，不得穿井，仰饮此水，上寿二三百，中寿百余，其七十八十，犹以为夭，菊能轻身益气，令人久寿，有征。"①菊花的形象姿态各异，泸县青龙镇一号墓后壁龛左侧格眼内内刻一含苞待放的菊花一朵，而在墓室左右两壁后部的门左侧则刻有一盛开的菊花。②在泸县宋墓和安丙墓等墓葬中菊花造型均有出现。

墓葬中较为常见的植物石刻图像还有莲花。莲花作为佛教的名物，象征着佛国净土世界。除此之外，民众也赋予了其丰富的吉祥寓意。莲花出淤泥而不染，代表清新、圣洁，和精英阶层所倡导的君子风范相吻合，是高雅人士的象征符号。莲花在墓葬中雕刻的位置不一，墓顶、龛顶、墓壁、内柱、藻井顶、墓门等均刻有莲花图案，是墓主人追求高雅清净世俗生活的象征。

除了较为常见的牡丹、菊花、莲花等花卉图像外，瓜果图案在墓葬中也较为常见，有荔枝、石榴、枇杷、葡萄等。瓜果为藤蔓植物所结，有绵延不绝、硕果累累、瓜籽众多的特性，在中国文化中一直有子孙绵延不断、家族兴旺的象征。自古以来，瓜果象征多子多福、家族兴旺、长寿永生。如石榴作为吉祥物，是多子多孙、多福多寿的象征。古人称石榴为"千房同膜。千子如一"。早在汉魏六朝时期，石榴已成为祝吉生子的吉祥瓜果。荔枝，巴蜀是荔枝的主要的产地之一，当时在川东、川南地区荔枝已经开始专业种植。其中，戎州一带，"僰童之富，多以荔枝为业，园植万株，树收一百五十斛"③。荔枝历来也为南国佳果，《本草纲目》云："荔枝冬夏常青，其实大如鸡卵，亮朱肉白，核黄黑色，似半熟莲子，精者核如鸡舌香，甘美多汁，极益人也。"④而荔枝又因谐音"利子""伶俐"，自古以来被视为吉祥之果，是墓葬装饰题材较为常见的传统吉祥图案。这些都是人们对美好生活愿望的简单表达，简单而质朴，由此组成的吉祥图案及富贵词语，约定俗成地流传下来，并随着时代的改变不断地推陈出新。墓主人将这些吉祥植物带入墓葬中，将阴暗的墓葬营造出一种家庭生活气息和市井气息的祥和氛围，

---

① ［宋］李昉：《太平广记》卷414《饮菊潭水》，北京：中华书局，1961年点校本，第3377页。

② 四川省文物考古研究所等：《泸县宋墓》，北京：文物出版社，2004年。

③ ［明］曹学佺：《蜀中广记》卷62《方物记第四》，文渊阁四库全书本。

④ ［明］李时珍：《本草纲目》果部卷31《荔枝》，北京：人民卫生出版社，1978年，第1817页。

丰富了墓主人在阴间的世俗生活,同时将人们追求富贵长寿的美好愿望移植到墓葬中。

二、动物类吉祥图像

动物类吉祥图像是指墓葬中以各种形式出现的具有吉祥含义的动物,如墓葬中出现的鹿、鹤、狮子、孔雀等具有吉祥含义的动物。鹿、鹤在墓葬中出现的频率最高,尤以鹿的形象居多。有“人物执鹿图”“鹿衔瑞草图”“奔跑状的鹿”“鹿头、幼鹿”等。前文道教信仰中已经论述过鹿鹤作为道教的坐骑和象征符号代表的是墓主人渴望长寿升仙的愿望。而在道教思想尚未普及之前,鹿鹤在古人心目中便是长寿和永生的象征。而鹿又与谐音“禄”极为相似,于是在古代又为禄位的代称,在墓葬中也多有升迁的吉祥寓意。《后汉书·郑弘传》注曰:“弘消息鲧赋,政不繁苛。行春天旱,随军致雨。白鹿方道,侠毂而行。弘怪问主薄黄国曰:‘鹿为吉为凶?’国拜贺曰:‘闻三公车幡画作鹿,明府必为宰相’”[①]可见,白鹿随驾,主人升迁,说明鹿有表示升迁的寓意。墓葬中众多与鹿相关的石刻题材除了反映墓主人渴望长生飞仙外也暗含了墓主人希望得到重用、升迁的吉祥寓意。

狮子的形象在墓葬中也多有出现,泸县宋墓、华蓥安丙墓等墓葬中均有雕刻。狮子为百兽之王,人们推崇狮子,并认为狮子是神灵,有护法神兽的功能。《尔雅》中记载,狮子又称狻麑,食虎豹。在《宋书·宗慤传》曰:“吾闻狮子威服百兽,乃制其形,与象相御,象果惊奔,众因克散,遂克林邑。”[②]随着佛教的传入,狮子被佛教推崇为高贵灵验、驱邪避恶的神兽。在中国古代狮子被赋予了各种各样的造型,并与其他图案结合,象征着高贵和吉祥。最常见的形象是狮子戏球图。绣球在中国古代被视为吉祥喜庆的象征,通常是用丝织品仿绣球花制作的一个圆球。狮子滚戏球图案的来源,在《汉书·礼乐志》中记载,汉代民间流行“狮舞”,两人合伴一狮,中间一人持彩球逗之,上下翻腾跳跃。[③]这一形象在建筑以及各种器物上均有雕刻,寓意吉祥喜庆、祛疾祈福。泸县宋墓和华蓥安丙墓中还雕刻有孔雀、凤凰、羊等。羊,“羊者,祥也”,因“羊”同“祥”谐音,所以经

① [刘宋]范晔:《后汉书》卷33《郑弘传》,北京:中华书局,1965年点校本,第1156页。
② [梁]沈约:《宋书》卷76《宗慤传》,北京:中华书局,1974年点校本,第1971-1972页。
③ [汉]班固:《汉书》卷22《礼乐志》,北京:中华书局,1962年点校本,第1075页。

常用羊来表示“吉祥如意”。中国古代以“羊”为“祥”之说盛行，羊成为古代吉祥的象征物。凤凰的含义同样如此，凤凰在人们的习惯意识中也是美好之物，象征着美丽、仁爱，是人们喜闻乐见的吉祥纹饰。这些吉祥动物图案的出现反映了墓主人渴望阴间生活喜庆欢乐、祈福免灾的愿望。

三、文字类吉祥符号

中国传统吉祥图案还有一种表现形式，即将吉祥的文字直接雕刻于建筑、器物或者石刻上，常表现吉祥的刻字有“福”“寿”“富”“贵”等。在巴蜀宋墓中，这种直接表现墓主人渴望长生、福寿、吉祥的刻字也有很多。如重庆沙坪坝井口宋墓中一号墓，左壁有一幅求仙长生的石刻，墓的藻井顶上有“延长”“福寿”的刻字。[①]洪都祠石室墓龛楣阴刻“登仙”二字。[②]胡家院子石室墓中柱间横梁中部楷书“福海”二字。四川三台县永明镇杨凳寺宋墓，“浮雕一副对联，左联：‘寿如福海’，右联：‘富贵荣华’，龛口浮雕‘寿如山’‘福如海’刻字。”[③]刻有“寿堂、千秋、寿域、福寿”的石刻数量也较为丰富，重庆江津钢改厂石室墓，“墓中刻有‘寿山、福海、安乐、清闲’八字”[④]。南川花坟山墓葬，侧壁龛刻有“福、海、寿、荣、华、富、贵”等字样。[⑤]这些刻于墓壁上的文字图案直接表达了墓主人对美好生活的向往，寄托了墓主人追求阴间世俗生活的繁华富贵和幸福永恒的愿望。

文字的存在是文明的载体。古人认为黄金和玉都是不朽不坏的，于是会随葬金银玉器使死者长生不老，“服金者寿如金，服玉者寿如玉。”后来由于金玉的特殊性，随处可得的石头便成为人们眼中不朽的象征。古人将不死的希望寄托在自然事物的变化、变形上，一旦事物的形态发生变化，或由此物变成彼物，生命也就随之更新，从而达到永恒。而石头坚久永恒的特征使人们相信与不朽的事物接触或接近，便能得到不朽的生命。将寄托墓主人美好愿望的吉祥文字永久地雕刻于阴间墓壁上，古人渴望的永恒生活也就得到了延续。

① 重庆市博物馆历史组：《重庆井口宋墓清理简报》，《文物》1961年第11期。

② 王励，罗仕杰：《合川市近年发现宋代墓葬述略》，《重庆历史与文化》2004年第1期。

③ 王玉：《四川安岳老鸹山南宋墓清理简报》，《考古与文物》2009年第1期。

④ 重庆市文化局等：《重庆文物总目》，重庆：西南师范大学出版社，1996年，第226页。

⑤ 重庆市第三次文物普查领导小组办公室：《重庆文物总目录续编》，重庆：西南师范大学出版社，2008年，第255页。

第五章

宋代巴蜀地区墓葬石刻盛行的原因

从目前发掘的考古资料来看，长方形带雕刻的石室墓葬在宋代巴蜀地区非常流行，构成了巴蜀地区主要的墓葬形式。前文中叙述并分析了巴蜀地区丰富的墓葬石刻题材及其背后的文化指向，那么作为墓主人追求永恒世俗生活的载体——墓葬石刻，在巴蜀地区大量兴起是多种因素综合的结果，主要包括地理环境、文化传统、经济发展、工匠入川，以及丧葬习俗五个方面的影响，这五个方面的影响分别为巴蜀宋墓石刻的盛行提供了自然基础、历史基础、经济基础、技术基础和文化基础。本章即是对宋代巴蜀地区墓葬石刻盛行的原因做较为系统的分析。

第一节 独特的地理环境提供了自然基础

巴蜀地区是一个区域文化地理概念，其基础是四川盆地。四川盆地在地理上具有一些显著特征：地形的封闭性、内部的区域性以及多山的地理环境。总体来看，产生在以四川盆地为中心的巴蜀文化具有一定的独特的文化属性。反映在宋代巴蜀地区的墓葬方面，即带有雕刻的石室墓葬成为巴蜀地区显著区别于其他文化区的墓葬特征。独特的地理环境为巴蜀宋墓石刻的盛行提供了自然基础。

首先，四川盆地是一个相对封闭的地理单元，“其地四塞，山川重阻”[①]之类的记载古今习见。引袁庭栋先生《巴蜀文化志》中对四川盆地地理环境的介绍：“四川盆地是一个四周高峻、中间低陷的典型盆地，东边有巫山，南边有大娄山、大凉山，而又紧邻云贵高原，西边有龙门山、邛崃山，再西就是横断山脉，北边有米仓山、大巴山。”[②]四周中山和高山相间环绕的地理特点决定了巴蜀文化独特的地域特点，以及地理上相对封闭的显著特征。李白所言：“蜀道难，难于上青天”是巴蜀地区地理封闭性最真实的写照。而这种大的封闭性的地理特点必然

① [唐]魏徵等：《隋书》卷29《地理志二十四》，北京：中华书局，1973年点校本，第830页。
② 袁庭栋：《巴蜀文化志》，成都：巴蜀书社，2009年，第256页。

会影响到巴蜀内部的墓葬文化属性。

其次，四川盆地主体内部又可以划分为几个区域：成都平原，地势平坦开阔，土地肥沃，土壤细腻，多以河流冲击物形成的潮土为主，适合烧制砖块，因此这里的墓葬结构多以长方形券顶砖室墓为主，亦有少量的石室墓葬；川中丘陵地区和川东平行峡谷地带面积广大，地形多以连绵起伏的丘陵和众多低矮的山地为主。相较于成都平原平坦的地形来讲，这里地形起伏，砂石岩层较多，石料资源丰富，石材取材方便。于是生活在这里的人民直接利用山上丰富的巨石资源加工为建墓原材料，依山而建，累石为墓，使得长方形的石室墓葬成为丘陵、山地地带较为流行的墓葬形式。可见，巴蜀人民在墓葬形制的选择上，大体遵循了盆地内部地形的多样性。

最后，多山的地理环境使得墓葬中用石材的特征非常突出，即墓葬石刻作为一种壁面装饰在巴蜀地区广为流行。四川盆地整体被群山环绕，内部地形又多丘陵多山地，在依山而建的石室墓葬中，丰富的山石资源成为了巴蜀人民装饰墓葬建筑的原材料。岷江流域一带山石遍地、碎石较多，取材富而易。史载："蜀地惟成都附近俱平畴沃野，余多山谷硗瘠，遇水冲塞膏腴转为砂石"[①]"蜀多石，峡以东江流小河亦然。"[②]山中石质多以青石和砂石为主，石面本身具有石质的肌理，纹理细密坚实且坚硬适度，容易实现精雕细琢。相较于北方中原地区流行的砖雕壁画墓来讲，巴蜀石阴地湿的气候条件不适合雕刻壁画，因此多山的地理优势及石头作为一种特殊的材质，易取易琢的天然优势使得墓葬石刻作为一种壁面装饰在巴蜀地区广泛流行。

综上所述，四川盆地地形的封闭性、内部区域的多样性以及多山的环境使宋代巴蜀地区的墓葬整体上形成了显著区别于其他文化区的墓葬特征，即带有雕刻的石室墓葬在巴蜀地区广为盛行。独特的地理环境为巴蜀宋墓石刻的盛行提供了自然基础。

---

① [清]赵尔巽：《清史稿》卷380《戴三锡传》，北京：中华书局，1977年点校本，第2611页。

② [清]丁宝桢：《四川盐法志》卷15《转运十·水利》，清光绪刻本。

第二节　山石崇拜的文化传统提供了历史基础

墓葬石刻的存在大多是以石室墓为依托的，而石室墓的存在是以山石为依托的，因此巴蜀地区墓葬石刻盛行的历史渊源最早可追溯到巴蜀人民对山石的崇拜。

（一）巴蜀人民对山的崇拜

巴蜀人民对山的崇拜由来已久，前贤对此已有大量研究。[①]具体可从两方面的史料进行深证。

首先，从文献记载来看，古巴蜀人对山有极强的崇拜，山在他们心目中是接近天的地方，而“天”的观念在人们眼中并不是虚幻模糊的，它指的是神山，并尤以昆仑神山最具代表。关于昆仑山即岷山的观点，蒙文通先生早在20世纪60年代便已提出。[②]《山海经·海内西经》载：“海内昆仑之虚，在西北，帝之下都。昆仑之虚，方八百里，高万仞……面有九门，门有开明兽守之，百神之所在。”[③]袁珂先生认为：“山之天梯，首曰昆仑。”[④]在《淮南子·地形篇》中记载：“（昆仑虚）上有木禾，其修五寻珠树、玉树、旋树、不死树在其西。”[⑤]昆仑山为帝之下都，百神之所在，又有不死神树、神药且位于天地的正中，这些完全符合古人对天的想象和期望。高大险峻的昆仑山承载着人们对天国景象的期盼和向往。在巴蜀地区，一直也有魂归岷山之说。《太平寰宇记》卷73《蜀王本纪》载：“李冰以秦时为蜀守，谓汶山（岷山）为天彭阙，号曰天彭门，云亡者悉过其中，鬼神精灵数

---

① 关于巴蜀对山的崇拜，蒙文通先生在其著作《巴蜀古史论述》一文中提及巴蜀魂魄归天彭门，而这种魂归天门之说主要流行于岷山之域，而岷山号曰天彭山、黄剑华《古蜀的辉煌》一文中“神山祭祀与天门观念”论及三星堆遗址，并揭示了巴蜀崇拜的神山或灵山、徐中舒《论巴蜀文化》，以及童恩正《古代的巴蜀》两文中对巴蜀山、石历史崇拜均有论及。

② 蒙文通：《略论〈山海经〉的写作年代及其产生地域》，《巴蜀古史论述》，成都：四川人民出版社，1981年，第161-162页。

③ 袁珂：《山海经校注》卷6《海内西经》，成都：巴蜀书社，1992年，第344页。

④ 袁珂：《山海经校注》卷13《海内经》，成都：巴蜀书社，1992年，第511页。

⑤ ［汉］刘安编、高诱注：《淮南子》卷4《地形训》，上海：上海古籍出版社，1989年，第40页。

见”。[①]人们崇拜山，进而祭祀山神之风一直延续。《太平御览》卷888引《蜀王本纪》云：(鱼凫)“王猎至湔山，便仙去，今庙祀于湔。”[②]《华阳国志·蜀志》同样有记载：“鱼凫王田于湔山，忽得仙道，蜀人思之，为立祀。”又云：蜀王“杜宇禅位于开明，帝升西山隐焉”[③]，鱼凫王在湔山忽得仙道，杜宇王升西山隐焉，蜀人为之立祀祭之。而祭山的习俗一直延续到了后世。秦灭蜀后，蜀王被降为蜀侯，蜀侯仍坚持祭祀大山。《华阳国志· 蜀志》载：(周)“赧王十四年(公元前301年)，蜀侯恽祭山川”。[④]可见古巴蜀人对山的崇拜。

其次，从考古材料来看，四川广汉三星堆祭祀坑中发现了大量牙璋、边璋、象牙等祭山的礼器。《典瑞》载：“璋邸射，以祀山川，以造赠宾客。……牙璋以起军旅，以治兵守。”[⑤]又《考工记·玉人》载：“璋邸射素功，以祀山川，以致稍饩。”[⑥]其中，在编号为K2的一块玉璋上“刻有八幅祭山图，每组的两幅祭山图均用带状云雷纹相隔，上幅图中的祭司作站立状，两山之间有一祭台，台上插立枝状物——疑为树枝；下幅图中的祭司作跪坐状，两山之间有一象牙，两山外侧各插立一牙璋。根据玉璋图案上的内容，人们称之为‘祭祀图’”[⑦]。将象牙两组倒插排开，模仿山的形象进行祭祀就是对山神的崇拜。再者，从整体上看三星堆发掘的两个祭祀坑的器物和方位，“从两坑形式来看，其主方向正对西北方之九顶山(昆仑)，杜宇王从巴蜀人民心目中的昆仑神山而来，以敌人之遗物即象征鱼凫王朝的神偶、社树、神器均被打破和焚烧来祭祀山神，以感谢其助力，从心理上降服余众”[⑧]。同样表明山在人们心中已物化为神的地位。综上，三星堆遗址中发掘的众多纹饰上的祭山场景和大量祭山礼器的存在，真实反映和再现了古巴蜀人对山的崇拜。

---

① [宋]乐史：《太平寰宇记》卷73《剑南西道二·汉州》，北京：中华书局，2007年点校本，第1494页。

② [宋]李昉：《太平御览》卷888《妖异部四·变化下》，北京：中华书局，1960年点校本，第3944页。

③ [晋]常璩：《华阳国志》卷3《蜀志》，北京：中华书局，1985年点校本，第27-28页。

④ [晋]常璩：《华阳国志》卷3《蜀志》，北京：中华书局，1985年点校本，第30页。

⑤ 十三经注疏编纂委员会：《十三经注疏·周礼注疏》卷22《春宫·宗伯·典瑞》，北京：北京大学出版社，1999年，第538-539页。

⑥ 十三经注疏编纂委员会：《十三经注疏·周礼注疏》卷41《冬宫考工记下·玉人》，北京：北京大学出版社，1999年，第1128页。

⑦ 四川省文物考古研究所：《三星堆祭祀坑》，北京：文物出版社，1999年，第358页。

⑧ 张文：《巴蜀古王考》，载于《南方民族史论集 邓子琴先生逝世二十周年纪念文集》，重庆：西南师范大学出版社，2005年。

（二）巴蜀对石的崇拜

古巴蜀人对山的崇拜物化为具体的形式即对石的崇拜，有山必有石。对石的崇拜可从以下三方面进行论证。

首先，是文献材料，史载诸神及蜀王居岷山石室中。《汉书·地理志》载："金城郡临羌西北至塞外，有王母石室、仙道、盐池。"[①]又如《水经注·河水》载："东径西王母石室、石斧"[②]，这说明西王母是居住在石室中的。章樵注《蜀都赋》引《先蜀记》云："蚕丛始居岷山石室中。"[③]扬雄《扬子云集》引《蜀王本纪》云："禹本汶山郡广柔县人也，生于石纽。"[④]《华阳国志·蜀志》载："周失纲纪，蜀先称王。有蜀侯蚕丛其目纵，始称王。死作石棺石椁，国人从之。故俗以石棺椁为纵目人冢也。"[⑤]从西王母到古蜀王皆居石室中，可见巴蜀对石的崇拜。

其次，从考古实物材料看，历代用石制造棺椁的现象屡见不鲜。东汉以来，巴蜀地区发掘的崖墓即是石崇拜的象征。时人认为人死后是归于崖畔的，于是将死者的灵柩置于悬崖峭壁和岩壁洞穴中。根据第三次全国不可移动文物普查结果可知，四川省内仅汉代的崖墓就有三千多处。[⑥]大量存在依托于山的崖墓以及悬棺墓正是古巴蜀人石崇拜的具体体现。

最后，从民族志的材料来看，《后汉书·南蛮西南夷列传》载："冉駹夷者，武帝所开，元鼎六年以为汶山郡……从皆依山居止，累石为室，高者十余丈为邛笼。"[⑦]而冉駹所在，就是今天的岷江一带。唐李延寿《北史》中载："嘉良夷，即其东部。所居种性自相率领，土俗与附国同……俗好复仇，故垒石为巢，以避其患。"[⑧]附国和嘉良夷，地理位置即在今天的雅砻江和大渡河峡谷一带。至宋《舆地纪胜·茂州》记载："其村皆垒石为巢以居，如浮图数重"[⑨]，而茂州本为冉駹之国。《太平寰宇记》中同样有记载："石室，冉駹夷人所造者，十余丈，山岩之间往

---

① [汉]班固：《汉书》卷28下《地理志第八下》，北京：中华书局，1962年点校本，第1611页。

② [北魏]郦道元：《水经注》卷2《河水》，北京：商务印书馆，1933年，第32页。

③ [宋]章樵注：《古文苑》卷4《蜀都赋》，四部丛刊本，第103页。

④ [汉]扬雄：《扬子云集》卷6《元后诔·蜀王本纪》，文渊阁四库全书本。

⑤ [晋]常璩：《华阳国志》卷3《蜀志》，北京：中华书局，1985年点校本，第27页。

⑥ 四川省文物管理局：《四川省不可移动文物目录》，根据第三次全国文物普查结果汇编。

⑦ [刘宋]范晔：《后汉书》卷86《南蛮西南夷列传》，北京：中华书局，1965年点校本，第2857-2858页。

⑧ [唐]李延寿：《北史》卷96《列传八十四·附国》，北京：中华书局，1974年点校本，第3193页。

⑨ [宋]王象之：《舆地纪胜》卷149《茂州》，北京：中华书局，1992年点校本，第4012页。

往有之。"①可见西南岷江一带石室墓仍在流行。今天嘉绒藏族地区石碉建筑也是历史上石崇拜的体现。再者,生活在今天四川地区的西羌人至今仍有白石崇拜的宗教信仰,在羌族人看来,"白石乃诸神的象征"②。

因此,巴蜀地区石刻墓的广泛流行与古巴蜀人民山石崇拜的信仰密不可分。石是山的代表,石头坚刚而万古不变的特性,给人们提供了广阔的想象天地。于是石头在中国人的观念中成为某种具有特别意味的象征符号,而且在原始信仰(开始主要是自然崇拜,进而是祖先崇拜)中渐而被赋予灵性,从而成为人们普遍关注的材料。③山石崇拜的文化传统为巴蜀地区墓葬石刻的盛行提供了历史基础。

第三节　经济的发展提供了物质基础

巴蜀地区墓葬石刻的发展,除了得天独厚的自然地理条件以及山石崇拜的历史传统外,经济的发展也是不可缺少的一个因素。作为地下部分的墓室,生者为死者建造华丽精美的墓室,墓室内一切仿生前的建筑石刻是巴蜀地区城市经济繁荣的表现。农业、手工业以及商业的繁荣为巴蜀墓葬石刻的盛行提供了物质基础。

五代十国时期,川地地理优势独特,北有秦岭,东据三峡,这些天然的屏障再加上小农经济自给自足的特点,使得巴蜀地区很容易形成"自保型"④的割据势力。后北宋平定巴蜀,太祖采取与民休息、减税的政策,使得这里所受的破坏较少。唯北宋太宗淳化四年(993年)爆发的王小波、李顺起义导致巴蜀地区遭受比较严重的创伤,但为时较短,后经济逐步恢复。直到宋蒙战争爆发之前,巴

① [宋]乐史:《太平寰宇记》卷78《剑南道七》,北京:中华书局,2007年点校本,第1472、1475页。
② 王康、李鉴踪等:《神秘的白石崇拜》,成都:四川民族出版社,1992年,第28页。
③ 马昌仪:《石与石神》,北京:学苑出版社,1994年,第10页。
④ 戴显群:《唐五代社会政治史研究》,哈尔滨:黑龙江人民出版社,2008年,第220页。

蜀环境一直相对稳定，经济繁荣，时称“蜀中无大乱”。天圣二年（1024年）已有“时承平岁久”[①]之说。这就为人们构建自己的精神家园提供了持久安定的社会条件。

宋代巴蜀经济的繁荣首先体现在农业方面。这一时期巴蜀地区的农业，无论是在水利灌溉技术、耕作技术还是粮食的种植方面，较前代相比都有了很大的发展。《宋史·地理志》载：“川峡四路，地峡而腴，民勤耕作，无寸土之圹，岁三、四收”。[②]土地开发方面尤以梯田的开发最为重要，这一耕作技术的发明使得巴蜀境内丘陵和山区的土地得到进一步开垦利用，大量农作物的种植使得巴蜀成为宋代重要的粮食基地。南宋时期四川负担川峡驻军军粮150万石左右，占全国军粮总数的三分之一。[③]农业的发展，带来了人口的迅速增加。两宋时期，四川人口均占宋朝人口的百分之二十以上，是19世纪初期以前四川历史上人口最多的一个时期。[④]据袁震《宋代户口》一文统计，成都府路和梓州路平均每平方公里为五十八人和三十九人，是宋代人口密度最高的地区。[⑤]以至于宋时巴蜀地区已经出现了“蜀民岁增，旷土尽辟”[⑥]的紧张局面。

农业的发展带动了人口劳动力的增长，人口的增长使得耕地面积不足，而耕地面积的不足又使得大量无地或少地的农民开始涌入城市和工商业领域，使得这一时期巴蜀地区手工业和商业大振。川峡四路丝织业发展兴盛，史载：“地植宜柘，茧丝织文纤丽者穷于天下。”[⑦]无论布匹、丝绸、和蜀锦的生产都超过了前代的发展水平。仁宗朝管理政策的调整以及后来卓筒井的发明，使得宋代巴蜀的盐业发展兴盛。“凡四川二十州，四千九百余井，岁产盐约六千余万斤。”[⑧]相较于《宋史·食货志》中统计：“北宋初四川有盐井632井，年产盐16169000斤”[⑨]

① [宋]李焘：《续资治通鉴长编》卷120，“天圣二年正月甲午条”，北京：中华书局，1985年点校本，第2348页。

② [元]脱脱：《宋史》卷89《地理志五》，北京：中华书局，1977年点校本，第2230页。

③ 陈世松：《四川简史》，成都：四川省社会科学院出版社，1986年，第138页。

④ 陈世松、贾大泉：《四川通史》第4册，成都：四川大学出版社，1994年，第173页。

⑤ 袁震：《宋代户口》，《历史研究》1957年第3期。

⑥ [宋]李焘：《续资治通鉴长编》卷168，“皇祐二年六月载丁度奏疏条”，北京：中华书局，1956年点校本，第4048页。

⑦ [元]脱脱等：《宋史》卷89《地理志五》，北京：中华书局，1977年点校本，第2230页。

⑧ [宋]李心传：《建炎以来朝野杂记》，甲集卷14《蜀盐》，北京：中华书局，2000年点校本，第299页。

⑨ [元]脱脱等：《宋史》卷183《食货下五》，北京：中华书局，1977年点校本，第4471页。

来讲，盐井数比宋初增长约7倍，盐产量较宋初增长3.7倍。商品经济日趋繁荣带来的是商税收入的不断增长。贾大泉在其著作《四川通史》中考证《宋会要·食货》卷16，统计："熙宁十年全国商税共804万贯，川峡四路商税166万贯，占全国商税的20%"[①]。可以看出这一时期川峡四路已成为全国商业发达的地区之一。著名文学家陈子昂说："国家富有巴蜀，是天府之藏，自陇右及河西诸州，军国所资，邮驿所给，商旅莫不皆取于蜀，又京都府库，岁月珍贡，尚在其外，此诚蜀国之珍府。"[②]北宋时期，益州即蜀中便与扬州并称"扬一益二"，一直到南宋时期，蜀中仍是"繁盛与京师同"[③]。此外，农村场镇集市也得到了较大的发展，兴起了一大批新兴的商业贸易城市，如梓州、利州、泸州、合州等。

雄厚的经济基础为巴蜀石刻墓的建造提供了强大的物质保障。墓葬石刻建造耗费巨大，包括购买墓地、修建墓葬以及治丧埋葬等方面。民间认为墓地的风水关乎子孙及后代的福祸，非此时此地不可葬也。于是出现了如文人李廌，"家素贫，三世未葬"[④]的情况。修建墓葬、埋葬亲人同样耗费巨大。李觏言："死者人之终也，不可以不厚也，于是为之衣衾棺椁，衰麻哭踊，以奉死丧。"[⑤]如北宋后期，仁寿县君蔺氏在开封"倾其篚，为钱二十万"，倾尽家财200贯埋葬了公、婆以及丈夫供备库副使木某。[⑥]绍熙五年（1194年），洪迈的从侄孙洪侣之妇彭氏，产后病危，家中预为置棺，"且预漆饰，凡为钱百千"[⑦]。雄厚的经济发展是丧葬耗费巨大的物质基础。再者，从发掘的墓葬考古材料来看，宋代巴蜀地区的墓葬主题思想为用图像展现生前身后事，但从汉代发现的巴蜀墓葬中，可以看出由于石刻雕刻难度较高，以及画像石、画像砖面积狭小，方寸之间不适合刻画大型题材，只有一些零星的如四神、车马出行图的题材，偶有庄园图、田野图等大型题材，表明在汉时巴蜀地区人们便有这种需求，希望把现实生活中复杂的内容表现在墓葬中。显然到宋时，人们的这一精神需求在经济的快速发展下得到满足。北宋中期墓葬石刻作为一种壁面装饰开始在巴蜀地区出现并不断

① 陈世松、贾大泉：《四川通史》第4册，成都：四川大学出版社，1994年，第225页。
② [清]董浩：《全唐文》卷211《上蜀川军事》，北京：中华书局，1983年点校本，第2133页。
③ [宋]周密：《癸辛杂识》续集卷上《成都恶事》，北京：中华书局，1988年点校本，第141页。
④ [元]脱脱等：《宋史》卷444《李廌传》，北京：中华书局，1977年点校本，第13117页。
⑤ [宋]李觏：《李觏集》卷2《礼论第一》，北京：中华书局，1981年点校本，第6页。
⑥ [宋]李昭玘：《乐净集》卷29《仁寿县君蔺氏墓志铭》，文渊阁四库全书本。
⑦ [宋]洪迈：《夷坚志·支乙志》卷3《彭妇棺》，北京：中华书局，1981年点校本，第819页。

发展。从平民墓葬到品官墓葬,内部的装饰建筑都在逐步地完善和丰富。墓葬石刻作为一种实用性的地下壁面装饰,在社会需求的推动下迅速发展,雄厚的经济基础是巴蜀地区墓葬石刻艺术发展兴盛的物质保证。

第四节 优秀工匠入川提供了技术基础

从巴蜀地区发掘的墓葬石刻材料来看,这些石刻题材既保持了巴蜀自身文化发展的独特性,又明显受到了来自中原北方地区砖雕壁画墓中壁画题材的影响。这一墓葬雕刻文化之间的交融与当时受到社会背景因素影响进入巴蜀地区的优秀工匠密不可分,中原地区优秀工匠的进入为巴蜀石刻墓的建造提供了技术基础。

唐朝末年,安史之乱爆发,唐王朝由盛而衰直至灭亡。继而兴起的五代十国分裂割据,黄河流域战乱不断、民不聊生,由此形成了第二次北民南移的历史浪潮。而此时的巴蜀社会环境稳定、经济发达,战争破坏较轻,又远离朝廷的政治中心,于是成为了中原地区人口避难的好地方。时人想法大都为"天下将有变,而蜀为最安处,又多佳山水,吾将避地焉。"①唐末五代时期,中原许多画家流亡四川,史称"唐二帝播越,及诸侯作镇之秋,是时画艺之杰者,游从而来,故其标格摸楷,无处不有",致使"益都多名画,富视他郡"②。郭若虚《图画见闻志》卷二记载:"唐末的著名画家有27位,其中川籍画家7人,流寓四川的画家12人,总计19人,占总数的百分之七十。"③此时,以成都为中心的四川地区,画家云集。唐朝玄、僖二宗"蜀自唐二帝西幸,当时随驾以画待召者皆奇工"④。四川地区出现了"蜀虽僻远,而画手独多于四方"⑤的盛况。杜甫、岑参、卢楞加、赵公祐

① [清]傅增湘:《宋代蜀文辑存》卷10《石工部扬休墓志铭》,北京:北京图书馆出版社,2005年,第557页。
② [宋]黄休复:《益州名画录》卷首《益州名画录序》,成都:四川人民出版社,1982年,第1页。
③ [宋]郭若虚:《图画见闻志》卷2《纪艺上》统计,北京:中华书局,1985年点校本。
④ [明]杨慎:《全蜀艺文志》卷41《彭州张氏画记》,北京:线装书局,2003年点校本,第1250页。
⑤ [宋]邓椿:《画继》卷9《杂说论远》,北京:人民美术出版社,1964年,第118页。

都是这一时期进入川地的。仅画家入蜀者就如此之众,那么其他名不见经传的文人骚客和平民百姓迁入四川的,更是不计其数了。两宋之际到南宋初期,金朝灭亡辽朝,随即向北宋发动大的进攻,大量北方人口再次南迁入蜀。靖康之难使得黄河流域的士大夫及平民百姓纷纷携家南逃,宋高宗在南方建立南宋政权后,更将北方迁民南迁运动推向高潮。几次大的人口浪潮,使得不少高僧、画家和能工巧匠跟随入川,扩大了巴蜀地区的绘画雕刻队伍,为巴蜀地区石窟造像以及石刻等艺术的蓬勃发展提供了人才保证和技术基础。

宋时巴蜀墓葬石刻的盛行受到了大足地上石刻的影响,而大足石刻的繁荣与来自中原颍川的镌匠和安岳的文氏家族、大足的伏氏家族都有着密切的关系。大足石刻作为我国晚期石窟艺术的代表,始凿于唐高宗永徽元年(650年),盛于公元9世纪末至13世纪中叶,大致为两宋时期,后逐渐衰退。宋代的大足时称昌州,是四川东部的政治军事和文化中心,北方战乱的影响,南迁的能工巧匠为大足石刻做出了重要的贡献。从石窟雕刻题记中可知,建于南宋绍兴十二至十六年(1142—1146年),我国宋代石窟代表之作转轮经藏窟即由来自中原颍川(河南许昌)镌匠胥安所刻。除了来自北方地区的工匠高手,建造大足石刻的匠人主要是来自安岳的文氏家族和大足的伏氏家族,这两大世袭家族为大足石刻建造做出了重要贡献。据考证,大足石刻镌刻题记中所记文氏匠师共达17人,从北宋元丰至南宋绍兴年间有文昌、文惟简、文惟一等文氏工匠,至少祖孙七代历时两百年为大足石刻献艺。[①]还有本地的伏氏家族,至少祖孙三代六人,而伏氏家族是否是大足的土著家族还有待考证。这些家族世代传袭石刻匠艺,自然在修筑地面石刻的同时将这一思想传承到地下石刻。从考古材料来看,川东大足地区最早出现墓葬石刻壁面装饰,也证实大足石刻对地下墓葬的影响。川地石室墓葬和大足石刻传统结合在一起,并接受中原北方文化的渗透,使得带有雕刻的石室墓葬在宋代的巴蜀地区大量流行。因此,将巴蜀地区石刻墓的繁荣发展置于大的移民浪潮背景下,离不开中原地区优秀工匠的进入。

① 余晓芳:《略论大足石刻的镌刻工匠》,《祖国》2017年第6期。

第五节　独特的丧葬习俗提供了文化基础

丧葬文化是中国传统文化的重要组成部分，中国历来重视对死者的丧葬事务，“事死如事生”的丧葬观念一直是中国社会的传统思想。宋代巴蜀地区墓葬石刻的盛行一方面与巴蜀好奢的消费习俗有关，另一方面也与巴蜀地区丧葬习俗的世俗化密不可分。

宋代巴蜀地区存在奢侈之风，《宋史·地理志五》载：“川峡四路……所获多为遨游之费，踏青、药事之集尤盛焉，动至连月，好音乐，少愁苦，尚奢靡，性轻扬，喜虚称。”[①]宋人梁周翰甚至说：“五方之俗，擅于繁侈，西南为域中之冠也。”[②]可见巴蜀奢侈之风的盛行。程民生先生在其著作《宋代地域文化》一书中提道：“具体说是讲究排场。追求浮华，在饮食、住宅、游乐等方面投入过多的，有时是不必要的财力和精力，只看重眼前的面子和口腹、感官的享受，不计长远，超前消费。”[③]蜀俗奢侈这一消费习俗体现在丧葬方面便是厚葬之风的盛行。宋代皇帝提倡“梓宫遵遗诰务从俭约，凡修营百费，并从内库，毋侵有司经常之费。”[④]大臣“诸葬不得以石为棺椁及石室，其棺椁皆不得雕镂彩画、施方精槛，棺内不得藏金宝珠玉。”[⑤]尽管朝廷官方有明令禁止，但民间社会厚葬之风依旧盛行。墓葬外大肆兴办佛事，烧纸钱、念经、设斋、做佛事等活动深入人心，民众甚至以丧事的隆重与否作为判定是否忠孝的标准。“举天下凡为丧葬，一归之浮屠氏，不饭其徒，不诵其书，举天下诟笑之，以为不孝。”[⑥]墓葬内则是雕镂刻画，这些带有雕刻的石室墓的墓主人大多并非具有品级的朝廷官吏，往往只是具有相当财力的地方豪绅，他们不大喜用可记载彰显其“显赫家世”的墓志，而是将满腔热情和充足财富尽情挥洒在墓葬的奢华装饰上。丰富精美的石刻图案是墓主人生前财富及地位的象征。生前所拥有的及渴望拥有的都在墓葬中以石刻的方式

① [元]脱脱等：《宋史》卷89《地理志》，北京：中华书局，1977年点校本，第2230页。
② [宋]张咏：《张乖崖集》卷8《益州重修公署系》，北京：中华书局，2000年点校本，第80页。
③ 程民生：《宋代地域文化》，开封：河南大学出版社，1997年，第12页。
④ [元]脱脱等：《宋史》卷122《礼志二十五》，北京：中华书局，1977年点校本，第2862页。
⑤ [元]脱脱等：《宋史》卷124《礼志二十七》，引《礼院历册》，北京：中华书局，1977年点校本，第2909页。
⑥ [宋]郑獬：《礼法》，收录于吕祖谦编：《宋文鉴》卷103，北京：中华书局，1992年点校本，第1424页。

呈现出来,是人们治丧行为隆重的体现。

另一方面,宋代巴蜀地区丧葬习俗世俗化趋势明显。从东汉开始发掘的巴蜀墓葬中,大量陶猪、谷仓以及楼、厨房等充满生活气息的随葬品的出现以及画像砖上表现墓主人生前吃喝玩乐的场景反映了汉时人们的丧葬思想已经开始具有了浓厚的生活气息。宋时儒释道三教思想合流,但究其根源可以发现三教的整合在墓葬中的功能依旧是表达墓主人对永生信仰的追求。这一时期人们的丧葬活动所追求的核心是现世的永恒,渴望将现实的世俗欢乐搬移到墓葬中。世俗生活的场景成为墓葬装饰的主流。生动的世俗生活取代了早期浓郁的神仙氛围,人们对遥远天国的神往和描绘已经较多地转化为具体而形象的地下家园。而石头由于坚实持久的自然特性和"永恒"的概念进入人们的视野。仿木结构的建筑及石刻之风便趁势兴起,并代替随葬品成为人们灵魂观念不死的产物。较之随葬品单一无法全部复原地上场景的特点,仿木结构的石室墓作为微缩的人间社会的翻版不仅满足了生者的自我安慰和心灵平衡,更是为死者营造了一种温馨理想的冥间生活。因此,宋代巴蜀地区人们尚奢的习俗以及丧葬习俗的世俗化趋势使得墓葬石刻作为一种墓葬壁面装饰在巴蜀地区大肆流行,为巴蜀宋墓石刻的盛行提供了文化基础。

如上所述,宋代巴蜀地区墓葬石刻的盛行是多种因素综合的结果。巴蜀地形的封闭性、内部区域的多样性以及多山石的地理环境为巴蜀宋墓石刻的盛行提供了自然基础;巴蜀对山的崇拜由来已久,而山物化为具体的形式则是石,山石崇拜的文化传统为巴蜀宋墓石刻的盛行提供了历史基础;经济的发展是石刻墓大量盛行的物质基础;人口迁移的历史大背景下,优秀工匠入川为巴蜀宋墓石刻的建造提供了技术基础;巴蜀好奢的消费习俗以及葬俗的世俗化为巴蜀宋墓石刻的盛行提供了文化基础。这五个方面的影响共同促成了宋代巴蜀地区墓葬石刻的盛行。

总 结

宋代巴蜀地区石室墓石刻由于其配置和各自展现的功能,从而在地下构建出一个特殊的象征性的礼仪空间。笔者根据所收集到的石刻材料,发现,虽然宋墓中的石刻各有不同,但共同有一个特点——石刻的礼仪功能并非没有焦点,而是紧紧围绕着墓主人为中心来建构的,并且墓室各部分石刻题材并非单独发挥作用,而是有其文化内涵之间的关联性,进而组成了一个以墓主人位置为中心的,具有丰富象征意义和功能的地下礼仪空间。笔者在分别考察这些墓葬石刻题材及其功能的基础上,认为,依据宋代巴蜀地区石室墓石刻其所具有的文化功能,可以将这一特殊的地下象征性礼仪空间划分为三层既相互独立又相互混淆的内容:为死者提供如生前一般的幸福而安宁的地下家园、一个永恒祭祀和供养死者的地下礼仪空间,以及通过极富宗教意味的石刻题材的装饰,使墓主人恍如置身仙境与佛国的神圣的宗教空间。

一、幸福的地下家园

> 不由穴口,只于洞中行。可数十里,其中幽暗若漆,但蛇之光烛四壁,时见绘画古丈夫,咸有冠带。最后触一石门,门有金兽啮环,洞然明朗。蛇低首不进,而卸下炜,炜将谓已达人世矣。入户,但见一室,空阔可百余步。穴之四壁,皆镌为房室。当中有锦绣帏帐数间,垂金泥紫,更饰以珠翠,炫晃如明星之连缀。帐前有金炉,炉上有蛟龙、鸾凤、龟蛇、鸾雀,皆张口喷出香烟,芬芳蓊郁。旁有小池,砌以金壁,贮以水银,凫鹭之类,皆琢以琼瑶而泛之。四壁有床,咸饰以犀象,上有琴瑟、笙篁、鼗、柷敔,不可胜记。炜细视,手泽尚新。炜乃恍然,莫测是何洞府也。[①]

《太平广记》卷34的这一则唐代故事中,记录了一位名叫崔炜的士人意外落入洞穴之中,无意间闯入一位帝王墓室,并见到了墓室中的壮观景象,到他回到人间,才知道这是南越国王赵佗的墓室。从这则故事中,我们可以看到,古人制作的墓室常常是死者死前在现实生活的居所。至少到了唐宋时代,人们观念中的墓室应该还是如同现实中居室的模样。就宋代巴蜀地区的墓葬石刻材料

① [宋]李昉等:《太平广记》卷34《崔炜》,北京:中华书局,1961年,第217-218页。

而言，也反映出这一造墓观念并未改变。

（一）地下宅室的构建

仿木结构建筑是反映得最为直接的。仿木结构是晚唐至元代的一种流行的墓葬建筑形式，尤其盛行于辽宋金时代。所谓的仿木结构，简单地说，就是按照现实的建造木结构房屋的样式来营造墓葬。当然，限于时间和人力物力，墓室中的仿木结构一般都用彩绘壁画、砖雕石刻等艺术形式来替代。如宣化辽墓10号墓墓门上施有砖雕门楼，门楼正面作拱券、门额、立颊、横枋、斗拱和檐脊等，望之俨然富贵人家的豪华宅第。[①]关于宋金墓葬中仿木结构建筑的研究，已有相当成果。[②]但总而言之，学术界对宋金仿木结构建筑的观点基本一致，即通过在墓葬中绘制、雕砌仿木建筑构件，将墓室打造成一个仿现实木建筑的微缩空间，并且借此还原墓主人的宅居生活。

考察宋代巴蜀地区的石刻墓葬，基本都有仿木建筑的石刻出现。但由于石刻工艺艰难复杂，巴蜀地区宋代石室墓中的仿木建筑出现了巨大的分化。有的墓葬较为简单，基本没有如斗拱、藻井等复杂结构，但也会在墓葬中雕刻一些仿木结构门、窗、台等，以此表明地下宅室的身份。如邻水县合流镇后坝南宋墓中，墓壁由条石构成，基本为素面，但后壁龛侧依然施有一开启的隔窗门。类似的情况还有乐山城西出土的四座宋墓，侧壁素面无纹，但后壁都雕刻有仿木结构供台、启门图和屋脊。[③]再如眉山虞公著夫妇合葬墓，两个墓室的左右侧壁基本未施有仿木建筑雕刻，而是在墓室后龛施有仿木斗拱和立柱。[④]

仿木建筑石刻较为繁复的宋墓，当以华蓥安丙家族墓最为代表。以安丙本

---

① 李清泉：《宣化辽墓》，北京：文物出版社，2008年，第126页。

② 如韩小囡《墓与塔——宋墓中仿木建筑雕饰的来源》一文将晚唐至宋代墓葬中的仿木建筑雕饰与隋唐时期的仿木砖塔进行对比，推断宋墓中流行的仿木建筑雕饰最早应是受到地上仿木砖塔建筑装饰的影响；郑以墨《缩微的空间——五代、宋墓葬中仿木建构件的比例与观看视角》，发现五代、宋墓葬的仿木建筑构件是对地上木建筑的等比例缩小，从而形成一个缩微的建筑空间，并且在墓葬中预设了特定的观看方位，其中变现出的观看规律恰与地上木建筑的观看方式相吻合，进一步说明了工匠在设计仿木建筑砖雕时与地上木建筑的设计原则基本一致；裴志昂《试论晚唐至元代仿木构墓葬的宗教意义》一文中考察了晚唐至元代的仿木结构合葬墓，认为这些合葬墓通过调和及超越佛、道、儒、民间宗教、风水方术之间的矛盾与差异，在维系家族延续性的共同愿望下，融合各种宗教与方术内容，以此保证祖先亡灵得到慰藉，保佑子嗣繁荣永续不断。

③ 乐山市文管所：《乐山宋墓清理简报》，《考古与文物》1993年第6期。

④ 四川省文物管理委员会：《虞公著夫妇合葬墓》，《考古学报》1985年第3期。

人墓室M2为例，墓室由台基、甬道、前室、过道、中室、过道、后室及棺台等部分构成，其中：台基分上下两个部分，上部为须弥座式，且上枭、上枋、束腰、下枭和下枋结构完全，符合宋代官方建筑专书《营造法式》的设计要求。[①]甬道顶部置有横梁；前室下部为须弥座结构，左右侧壁各一，束腰内施有壶门，壶门内刻有两幅花卉图案。上部对称雕有仿木结构斗拱，下位一素枋，素枋上雕有斗拱三朵，斗拱上托枋，枋上承半圆形横梁，横梁上又承墓顶券拱；前、中室间过道，由左右侧壁及顶部横梁构成，两侧侧壁顶部为仿木结构月梁。横梁底部向内为斗拱图案，顶部上及外侧为仿木结构屋顶图案，屋面雕有筒瓦，檐口有瓦当、滴水，左右檐角略上翘。檐口下的横梁外侧雕有斗拱五朵；中室顶部为券拱。下部为须弥座式结构。形制与前室的须弥座结构相同。上部则雕有仿木结构斗拱。中、后室过道顶部为仿木结构月梁；后室两侧壁顶部皆为仿木结构屋顶，重檐式屋顶，屋面施有筒瓦、瓦当及滴水。后室顶部施有一藻井，呈钝角三角形。后室后壁则雕成面阔三间的仿木结构建筑，而安丙正端坐其间，如同在人间时候模样。[②]整个墓室雕栏画栋，被仿木建筑石刻雕琢得宛如一间人间的居室。

但由于营造石质墓葬太过艰难，客观上限制了墓葬及其中石刻的规模，这造成了仿木建筑石刻明显是经过缩小比例的处理，使整个墓室空间变得狭小。狭窄的墓葬空间使造墓者不能将地上的宅居完全照搬下来，而是会采用一些具有象征意味的仿木门窗、启门图来制造想象的空间，这些石刻题材通常出现在墓室的左、右和后壁中，如泸县青龙镇宋墓中，一号墓的三壁龛内均刻有三幅启门图，二号墓的左右两壁分别刻仿木门窗，这都在试图暗示我们，在门后似乎有更广阔的空间。[③]出土于大足区龙神湾的南宋墓中，埋葬着王若及其妻徐氏，在朝奉郎、权知石泉军王若的墓室中，左、右两壁的启门图中，门前均为手持骨朵的男侍，后壁亦为二男侍拱立于帷幔两端；而妻子徐氏的墓室中，左、右壁的启门图中，从门中出来的则为手持镜子等寝室之物的女侍，表明，与男室不同的是，女室启门图之后的是更为私密的女性闺房。[④]

① 梁思成注：《营造法式注释》，北京：生活·读书·新知三联书店，2013年，第59页。

② 华蓥市文物管理所等：《华蓥安丙墓》，北京：文物出版社，2008年，第42-51页。

③ 四川省文物考古研究所等：《泸县宋墓》，北京：文物出版社，2004年，第17、31、44页。

④ 大足石刻研究院：《重庆市大足区龙神湾南宋王若夫妇墓发掘简报》，《四川文物》2015年第4期。

（二）地下宅室的空间范围

古代中国人的思维方式是直接用物象来标记空间，四神图像的方位含义便是这一特点的最好体现。青龙、白虎、朱雀、玄武这四个动物，分别代表东、西、南、北四方。四神代表的是东西南北四个方位，而这四个方位在理论上又是无限延长的。也就是说，四神的安置，象征着墓室向四个方位无限扩展，整个墓室就是一个无限扩展，如浩瀚宇宙般广阔的空间。在宋代巴蜀地区墓葬中出土大量的买地券中，都有一段描述墓葬界限的句子，几成格式：就此向神灵（通常有皇天后母、社稷主、十二时辰神等）买得墓田一所，其界"东至青龙，西至白虎，南连朱雀，北极玄武"[①]。这所谓的四至几乎是没有地理边界的，即死者所居住的死后世界不再只是一个狭小的墓室，而是无边无际的空间。更为重要的是，四神图像作为一种宇宙的象征，在墓室四周绘制四神图像，四神的方位恰好烘托出死者的中心地位，即，人死后依旧占据着宇宙的中心。

（三）地下宅居的幸福生活

地下的宅居生活也并非单调乏陈，而是丰富多彩的。在考古发掘的巴蜀宋墓石刻中，较多存在的则是充满世俗化、生活化气息的日常家居题材。较为常见的有车马出行图、庖厨图、各种植物花卉图、侍奉图、备宴图、乐舞百戏、桌椅屏风等。比较具有代表性的有发掘于川南地区的资中赵雄墓，赵雄墓内雕刻有宏大的出行场面，包括仪仗、前后护卫、幕僚、侍从等；东壁雕刻出行仪仗图、差役图、丞相骑马图、抬货图、车马图；西壁同样为出行场面图；墓室后壁正中刻有墓主夫妇及侍从，左右两侧刻有伎乐图。[②]这些人物都面向墓门，仿佛正要整队出发，扈从赵雄的灵魂离开墓室，去巡游外方。纵观这支庞大的队伍，其人员并不显得混乱，而是整齐有序的队伍。如果将之还原为现实中的出行队伍，就足见其颇有章法：手持八卦和二十八宿的旗手平均分列出行队伍两侧；手持十二生肖旗帜的旗手和负责鼓吹的人员走在队伍前列，负责开道引路；紧接着是一队卫队，共两组，都是九人四马，手持兵器、仪仗，其中东侧卫队持"旌节"牌，西侧卫队持"旌旗在近，低声下路"牌；其后为二杂役，均肩扛长棍，前卦一长方牌行走。其后是位于这幅出行图像的中心位置的丞相骑马队伍，丞相也就是墓主

---

① 鲁西奇：《中国古代买地券研究》，厦门：厦门大学出版社，2014年，第447页。

② 杨祖垲：《资中宋右丞相赵雄墓纪实》，《四川文物》1995年第6期。

人赵雄，正骑着高头大马，由两组七人卫队扈拥者，缓步向前行进；其次是由五个仆役一个卫士组成抬货队伍；其后一对队伍由一组车马和一组抬坐轿队伍组成，坐轿后二骑士手执书"卫国公""少师"标志旗帜；最后，四位骑马幕僚和一侍从走在队伍的末端。整个场面井然有序，总计人数共144(除赵雄外)人，规模庞大，在巴蜀地区石刻墓葬中亦属少有。而这幅图像的精到之处就在于突出了墓主人、丞相赵雄的中心位置。换句话说，这幅图就是围绕着赵雄展开的，前有导，后有从，在地下世界，作为"卫国公""少师"的他，也要向阴间的鬼神展现其显耀的身份地位。赵雄生前官居极品，地位显贵，死后，灵魂进入地下幽冥世界，其出行的仪仗队伍也必定需要与之身份相匹配。虽然，其扈从者远远低于在赵雄在人间时所享有的级别，但墓葬作为一个仿照现实生活的微缩空间，其出行的阵势已是足够惊人了。

再如广元河西乡宋墓中，墓壁上刻有侍奉图、侍宴图，后龛侍宴图内刻有桌子，桌子上有壶、瓜果和食盒等日常生活用具，墓主人仿佛仍在家中过着幸福、安乐的生活。广元杜光世夫妇合葬墓和彭山虞公著夫妇合葬墓同样刻有出行图、备宴图，以及侍女忙碌备宴的场景。出土于大足龙水镇明光村磨儿坡的两座宋墓中(M1、M2)，左后两壁分别刻出戏曲表演和观者，观者沉浸于戏曲当中，有人甚至吹起了口哨，而在墓室后壁，同样是壁龛上部的牌楼上，墓主人夫妇正面带微笑，神情安详地注视这一场景。[①]广元罗家桥宋墓中亦出现了大曲表演的场景。[②]更为重要的是，戏曲表演在古人看来是祭祀时娱神的项目，广元罗家桥宋墓和大足龙水磨儿坡宋墓中戏曲表演图像的配置，共同组成了墓葬中娱乐和祭祀死者的礼仪性虚拟空间，成为死者在地下享受如人间一般永久生活的象征。

二、永恒的祭祀场所

一段出自金代山西人段楫为自己营造墓穴所写的墓志铭："予自悟年暮，永夜不无，预修此穴，以备收柩之所。楫生巨宋政和八年戊戌岁，至大金大定二十

① 重庆大足石刻艺术博物馆:《重庆大足龙水镇明光村磨儿坡宋墓清理简报》，《四川文物》2002年第5期。

② 李成渝、林青、马彦:《四川省广元县罗家桥一二号墓伎乐石雕的研究》，《音乐探索·四川音乐学院学报》1985年第1期；另见廖奔:《广元南宋墓杂剧、大曲石刻考》，《文物》1986年第12期。

一年辛丑，六十四载矣……故修此穴以为后代子孙祭祀之所。”[①]虽然这段文字不属于巴蜀地区的墓葬，但段楫还是将当时墓葬的用途传达来出来，就是“以为后代子孙祭祀之所”。据巫鸿、李清泉等先生的研究，中古时代中国墓葬美术的一个变化是祖先崇拜的场所从位于城内的贵族世袭宗庙转移到位于城外的个人或核心家庭的坟墓。[②]即墓葬在历史演进中逐渐兼备地上祠堂、宗庙“祭”的功能和地下墓葬“藏”的功能。通过对宋代巴蜀地区典型石室墓葬中石刻内容的梳理和分析，我们发现，这些墓葬石刻所营造的另一种象征性空间，就是一个专门为死者设计的祭祀空间。这个空间就是将宋人祭祀祖先的家庙、影堂移植到地下，其作用就是为了在阴间为死者提供一个永恒存在的祭祀仪式。

（一）地下家庙、影堂

实际上，文人家庭修建家庙的仪礼要在11世纪程颐提出其评论时才初步成型，并得到同时代的司马光的认同之后，才开始为士人广泛地建造和运用。在这之前，建立宗庙、家庙是天子、诸侯和高官的特权。《礼记·王制》强调：“天子七庙，诸侯五庙，大夫三庙，士一庙，庶人祭于寝。”到唐代，依旧只允许三品以上的官员才能建立家庙。唐宋之际，官方家庙制度的缺陷、大多数官僚立庙、传续的艰难和少数权臣立庙僭滥的状况决定了士大夫将祭祀场所转向了影堂。

所谓“影堂”，是以绘影图形为祭祀对象的简易祭祀祖考的形式，即“图像厅”，这个概念源自中古时期的佛教大厅，厅里供奉着佛教神灵或僧侣的标志性肖像。[③]由于受到佛教寺院影堂制度的影响，北宋以降，世俗社会中从皇室贵族到士庶人家，为先人修建影堂的风气十分流行。前文提到，宋代，由于只有高级官员才配使用家庙，[④]为满足士人与非士人祭祖的需求，程颐、司马光等士大夫

---

① 田建文、李永敏：《马村砖雕墓与段氏刻铭砖》，《文物世界》2005年第1期。

② 参见巫鸿：《黄泉下的美术——宏观中国古代墓葬》（北京：生活·读书·新知三联书店，2010年）、《中国古代艺术与建筑中的“纪念碑性”》（上海：上海人民出版社，2009年）；李清泉：《墓主像与唐宋墓葬风气之变——以五代十国时期的考古发现为中心》（《美术学报》2014年第4期）等文。

③ 洪知希：《“恒在”中的葬仪——宋元时期中原墓葬的仪礼时间》，载巫鸿、郑岩等主编：《古代墓葬美术研究》（第三辑），长沙：湖南美术出版社，2015年，第203页。

④ 宋代统治者对品官创立家庙有十分详细和严格的规定，如皇祐二年（1050年）仁宗下诏“官正一品、平章事以上立四庙；枢密使、知枢密院事、参知政事、枢密副使、同知枢密院、签书院事以上，见任同宣徽使、尚书、节度使、东宫少保以上，皆立三庙；余官祭于寝。”载曾枣庄、刘琳主编：《全宋文》卷596，第14册，成都：巴蜀书社，1991年，第559页。

知识阶层就将佛教中影堂移植过来，充当子孙祭祀祖先的家庙的角色。程颐就曾说道，非士人家庭甚至也可以（被允许）修建自己的影堂，“庶人祭于寝……如富家及士置一影堂亦可”①。司马光不仅认为在殡礼的那天，应当“役者举柩，诣影堂前；祝以箱奉魂帛在前；执事者奉奠及倚卓次之，铭旌次之，柩次之。”②而且在《司马氏书仪》中添加了《影堂杂仪》的内容，详细规定了进入影堂祭祀祖先的步骤。③就连排佛的司马光在《书仪》都认为影堂是祭祀祖先的场所，可见当时，影堂应被许多士人所接受并广泛运用。南宋牟巘《陵阳集》卷15《题赵主簿遗像》记录了当时普通士人普遍设置影堂肖像的风俗：“事亲以承颜为先，其殁也，事之如生，既为木主，象其中身以祭焉……后世之俗，生则绘其象，谓之传神；殁则香火奉之，谓之影堂。礼生非古，然方其彷徨四顾，思亲欲见而不得，忽瞻之在前，衣冠容貌宛如平生，则心目之间，感发深矣。像亦不为徒设也。”④

在巴蜀地区宋代石室墓葬的后壁龛内，我们经常可以看到“寿堂”“庆堂”等题刻，如广元昭化县曲回乡的宋墓后有壁龛，龛额刻“庆堂”两篆字。⑤华蓥永兴镇驾挡丘宋墓M1内龛后壁正中剔地起突莲花幢牌位，牌位中竖书阴刻“□□□寿堂”五字（图2-46）；M5后壁龛正中亦剔地起突莲花牌位，阴刻“张中兴寿堂”五字（图2-47）；⑥达县九岭乡宋墓，后部正中的壁龛为“王堂”，内壁浮雕主人牌位；⑦重庆大足韩家坡石室墓群后壁有“口陈寺堂”四字；⑧达州万源庙垭乡南宋端平元年（1234年）墓后壁龛下方阴刻石桌并写道：“太岁甲午，端平元年，创立寿堂，福寿具悼”⑨，重庆江津白鹞沟石室墓群墓口两侧左侧刻“程氏百岁寿堂”，右耳室刻有“大宋庆元辛酉赵梦得寿堂”⑩，等等。

所谓的“庆堂”“寿堂”都是影堂的名称，如北宋著名诗人梅尧臣作于至和二

① ［宋］程颢，［宋］程颐著：《河南程氏遗书》卷22上，北京：中华书局，1981年，第286页。
② ［宋］司马光：《司马氏书仪》卷7《朝祖》，北京：中华书局，1985年，第83页。
③ ［宋］司马光：《司马氏书仪》卷10《影堂杂仪》，北京：中华书局，1985年，第120页。
④ ［宋末元初］牟巘：《题赵主簿遗像》，载李修生编：《全元文》卷237，南京：江苏古籍出版社，1998年，第602页。
⑤ 沈仲常、陈建中：《四川昭化县曲回乡的宋墓石刻》，《考古》1957年第12期。
⑥ 四川省文物考古研究所、广安市文物管理所、华蓥市文物管理所：《华蓥市永兴镇驾挡丘宋墓群发掘简报》，《四川文物》2009年第1期。
⑦ 张明扬：《达县九岭乡宋代墓葬》，《四川文物》2000年第4期。
⑧ 重庆市文化局等：《重庆文物总目》，重庆：西南师范大学出版社，1996年，第180页。
⑨ 马幸辛：《川东北历代古墓葬的调查研究》，《四川文物》2001年第2期。
⑩ 重庆市文化局等：《重庆文物总目》，重庆：西南师范大学出版社，1996年，第226页。

年(1055年)的《双羊山会庆堂记》就记载了他安放先君、先叔画像的影堂,名之曰“会庆”;[①]又如北宋吕陶记载,其同乡秘书监程某的先世影堂,名字叫作“善庆”;[②]再如刘挚(1030—1098年)所作的《潭州湘阴县万氏积庆堂》(原注:堂在茔旁,以岁时祀享),曰:“庆自前人积,堂因孝子成。惟时传有后,于此事如生。乔木风烟老,佳城气象明,谢庭兰玉盛,知不负家声。”[③]其堂号云“积庆”;直到宋末元初眉山人家铉翁(约1213—1297年)亦以“积庆”名其友人之影堂。[④]从这些文字中我们可以看出,所谓庆堂就是绘制有祖先肖像的影堂,且大都在坟墓旁边,以备子孙“岁时祀享”。而所谓的“善庆”“积庆”“会庆”等字眼都是影堂的名称。那么,在墓葬后壁龛中题刻的庆堂、寿堂就应该是子孙在地下为祖先设置的影堂。

同时,地下祠堂为子孙提供祭祀供养的时间是永恒的。如大足龙水明光村磨儿坡宋墓M1左门柱石内侧竖刻三行字,从外至内第一行为“千秋”二字,第二行为“庚辰绍兴三十年孟冬念九日记”,末行为“百岁”二字;M3墓中也有“千秋百岁”的题刻。[⑤]彭山虞公著夫妇合葬墓东墓室腰坑前用铜钱摆成“千年万岁”四字。[⑥]重庆大足城西公社李氏安人墓头壁龛内雕有帷幔,内设靠背座椅,左右壁龛内刻搬开双扇门,左门上部刻花瓣、花朵、卷草等花组,题写“寿齐山岳福寿松椿”八字。[⑦]重庆江津白鹞沟石室墓群墓口两侧左侧刻“程氏百岁寿堂”,[⑧]等等。“千秋”“百岁”“千秋万岁”和“寿齐山岳,福寿春椿”等字展示了子孙希望通过这些祝福,达到“永为供养”的目的。正如山西稷山马村7号墓所出的《段楫预修墓记》中所云:“修此穴以为后代子孙祭祀之所”,[⑨]修筑墓室,以求“千秋万

① [宋]梅尧臣:《双羊山会庆堂记》,载曾枣庄、刘琳编:《全宋文》卷593,成都:巴蜀书社,1991年,第522页。

② [宋]吕陶:《眉州酸泉寺善庆堂记》,载曾枣庄、刘琳编:《全宋文》卷1610,第424页。

③ [宋]刘挚:《潭州湘阴县万氏积庆堂》,载黄仁生、罗建伦编:《唐宋人寓湘诗文集》,长沙:岳麓书社,2013年,第1056页。

④ [宋末元初]家铉翁:《积庆堂记》,载李修生编:《全元文》卷410,南京:江苏古籍出版社,1998年,第810页。

⑤ 重庆大足石刻艺术博物馆:《重庆大足龙水镇明光村磨儿坡宋墓清理简报》,《四川文物》2002年第5期。

⑥ 四川省文物管理委员会:《虞公著夫妇合葬墓》,《考古学报》1985年第3期。

⑦ 陈明光:《大足城西宋墓三座清理简报》,《重庆历史与文化》2013年第1期。

⑧ 重庆市文化局等:《重庆文物总目》,重庆:西南师范大学出版社,1996年,第226页。

⑨ 田建文、李永敏:《马村砖雕墓与段氏刻铭砖》,《文物世界》2005年第1期。

岁”永享供养，既是祖先的期待，也是子孙应尽的义务。

（二）从“祭祀空间”向“供养空间”的转变

相关研究证明，大约在“安史之乱”前后，丧葬习俗开始发生了从“重葬”到“重祭”的转变，主要表现在地下随葬种类与数量的大幅度减少和地上的丧葬礼仪活动的日益繁复与铺张。[①]这一变化也导致了地下祭祀意味的风气越来越明显。一个最为显著的现象就是几乎销声匿迹的墓主人像，从五代开始频繁出现。洪知希和李清泉先生都注意到这一现象，他们先后著文，认为佛教关于影堂的供养观念深刻地影响了这一时期的地下祭祀模式，即墓主人像从传统儒家的祭祀仪礼开始向佛教的供养仪礼转变。[②]本节试图在此基础上，运用两位前辈学者的理论范式，对巴蜀地区的墓主人肖像石刻做进一步探讨。

一方面，墓葬中影堂的设置使墓主人肖像在宋代逐渐开始流行并走向兴盛。上文就列举了近14例刻有墓主人肖像的石刻，我们都能发现佛教的影子，比如华蓥安丙家族墓M2后壁的安丙像，安丙端坐中央，两旁的侍女皆作菩萨打扮，李清泉教授就曾指出，安丙像与左右龛侧男女仆从之间的布列关系，就宛如出自佛窟造像中常见的“一铺七尊”式组合。[③]也就是说，通过佛教化的装饰，安丙及其仆从就宛如佛国中的菩萨，而墓穴就是佛国，安丙就在此享受永恒的快乐。出土于广元杜光世夫妇合葬墓西室的一浮雕石刻，在其后壁就刻画了一位手持佛珠的墓主人像，就可以看出其虔诚的神态正与僧人类似。而同样是在该墓的右壁上，为我们还原了一场祭祀场景。图中，一男子正朝着象征死者的灵魂的灵位牌，手捧香作祭拜状，而死者正坐在树下，翘足享受着自己子孙的祭拜。[④]

另一方面，在佛教的影响下，墓中的祭供方式也出现了转变。首先是祭供的食物发生了变化，儒家的祭祀观念中，是讲究牺牲的，所谓太牢为牛猪羊、少

---

① 齐东方：《唐代的丧葬习俗与礼仪制度》，《考古学报》2006年第1期。

② 参阅洪知希：《“恒在”中的葬仪：宋元时期中原墓葬的仪礼空间》，在巫鸿、郑岩主编《古代墓葬美术研究（第三辑）》，长沙：湖南美术出版社，2015年，第196-226页；李清泉《佛教改变了什么——来着五代宋辽金墓葬美术的观察》，载巫鸿、郑岩主编《古代墓葬美术研究（第四辑）》，长沙：湖南美术出版社，2017年，第242-270页。

③ 李清泉：《佛教改变了什么——来自五代宋辽金墓葬美术的观察》，《古代墓葬美术研究》，长沙：湖南美术出版社，2017年，第264页。

④ 四川省博物馆、广元县文管所：《四川广元石刻宋墓清理简报》，《文物》1982年第6期。

牢为猪羊，等而下之则是其他飞禽走兽、毛羽动物，因而古人又将祭祀称作“血食”。司马光在《书仪》中仍然坚持这一祭祀传统，“时蔬、时果各五品，脍（今红生）、炙（今炙肉）、羹（今炒肉）、肴（今骨头）、轩（今白肉）、脯（今干脯）、醢（今肉酱）”等等十五品以祭祀先祖。[①]然而在巴蜀地区的宋代墓葬中，这一现象却消失得无影无踪。在表示祭祀的供桌前，我们往往看到更多的是瓜果、茶点之类的素食，如广元杜光世墓、广元072医院宋嘉泰四年（1204年）石室墓西（左）室、泸县石桥镇新屋嘴村一号墓（2001SQM1：21）、泸县石桥镇新屋嘴村二号墓（2001SQM2：18）后壁的供桌上，我们看到的都是瓜果、馒头一类的素食。

受到佛教“盂兰盆供”仪礼的影响，香花和香炉也成为供养墓主的主角。据《荆楚岁时记》记载，早在南朝梁时代，民众就已经有在七月十五日这一天，用“幡花歌鼓果实”做功德，“奉盂兰盆供养”行孝的风俗。[②]至宋代，每到中元节前夕，开封城“市井买冥器靴鞋、幞头帽子、金犀假带、五彩衣服。以纸糊架子盘游出卖……要闹处亦卖果食、种生、花果之类，及印卖《尊胜日连经》”[③]。到南宋，行在临安府内的百姓“例用新米、新酱、冥衣、时果、彩段、面棋，以面粉制作的棋子状食品。而茹素者几十八九，屠门为之罢市焉”[④]。可见香花确实是作为供养亡者灵魂的祭品。合川观山墓群宋代石室墓M1、M6后壁龛中交椅背后的莲花和牡丹图案。[⑤]乐山井研县金井坪宋墓M2、M3的墓室侧壁上，皆雕刻有瓶装花卉。[⑥]华蓥安丙墓M2墓室后壁安丙像前的两侧各有一龛，龛中即有摆放在几案上的盆栽莲花图样，M3、M5的后壁之中还专门在后壁砌成一个三重套叠式的大龛，内装饰着夸张的盆栽鲜花，而在M4的大龛中的香炉和龛上的由二位飞天托举的灵牌位也同样由莲花构成[⑦]，以示永世供养。

受佛教观念的影响，地下墓室中的祭祀出现了由“血食”到“清供”“斋供”的转变，如同华蓥安丙墓中的情况，5座墓的两侧壁的中层与后龛基座上的壶门位

---

① [宋]司马光：《司马氏书仪》卷10《祭》，北京：中华书局，1985年，第114–115页。

② [南朝梁]宗懔著，姜彦稚辑校：《荆楚岁时记》，长沙：岳麓书社，1986年，第46页。

③ [宋]孟元老撰，邓之诚注：《东京梦华录注》卷8，北京：中华书局，1982年，第211页。

④ [宋]周密：《武林旧事》卷3，北京：中华书局，1991年，第53页。

⑤ 马幸辛：《川东北历代古墓葬的调查研究》，《四川文物》2001年第2期。

⑥ 四川省文物考古研究院、井研县文物管理所：《四川井研县金井坪宋代墓地发掘简报》，《四川文物》2012年第1期。

⑦ 华蓥市文物管理所等编：《华蓥安丙墓》，北京：文物出版社，2008年，第107页。

置几乎全部都是花果图案，有石榴、银杏、荷花、香瓜、桃子、枇杷、菊花、牡丹等等，简直就是花果的世界。广元杜光世夫妇合葬墓东室西壁的一幅侍奉图，描绘了三位侍者排队侍立，捧酒壶、果品等物以奉主人的形象。[①]就是这些清供，明显地说明了当时佛教影响下，巴蜀地区的石刻墓葬呈现出由“祭祀空间”转向“供养空间”的特征。

综上所述，宋人通过修筑墓室并将之装饰为人间家庙、影堂的样子，就是要在地下营造一个永恒的祭祀和供养逝者场所。不难想象的是，一旦墓室关闭，子孙再不能进入墓中，而那些雕刻着祭祀墓主人的图像会代替子孙，千秋万祀，永为供养。

三、神圣的宗教空间

死者逝世后究竟去向何处？他到底打算居住在哪一个界域？是幽暗孤寂的地下黄泉，还是长生不老的仙境？巫鸿认为，将地下墓室转化为一个具有象征空间的一种方式是以不同的图像程序将墓葬转化为仙境或天堂，以追求更为永恒的生命。在汉代，东王公和西王母，以及其他中国传统文化中的仙人成为这类想象空间的主角。东汉以后，随着道教的兴起和佛教的传入，为墓葬带来了表现仙境或天堂的新的图像符号。例如，南北朝以来很多墓葬中都饰有莲花，反映了希望死者灵魂往生西方净土世界的佛教信仰。对于道教徒来说，他们更倾向于选择白鹤而非莲花来表现永生的境界。因为白鹤在道教经典中象征着长生和得道升仙，将其绘制在墓门或墓门顶即可以把一座黑暗的墓葬转化为超越俗世的洞天福地。[②]由于在对死亡的安顿和死后世界的去向方面，道教与佛教有着比传统儒家所谓“未知生，焉知死”这种对死后世界避而不谈的态度有着更强大的说服力，故而也成为墓葬装饰中的主要角色。

宋代的宗教信仰较为复杂，其既是道教和佛教盛行的时代，又是巫教和民间秘密宗教泛滥的时代。丧葬活动中充斥着佛、道甚至是巫术的色彩，虽然统治者出于维护传统儒家礼制的目的屡次加以禁止，但民众鲜有遵行，甚至是下

---

① 四川省博物馆、广元县文管所：《四川广元石刻宋墓清理简报》，《文物》1982年第6期；盛伟：《四川广元宋墓石刻》，《文物》1986年第12期。

② ［美］巫鸿：《时空中的美术——巫鸿中国美术史文编二集》，梅玫、肖铁、施杰，等译，北京：生活·读书·新知三联书店，2016年，第169–170页。

达禁止命令的统治阶层自身也并不遵从，而是与民间一道在丧葬活动中加入宗教信仰的因素。体现在墓葬之中就是运用佛、道两家甚至其他信仰的象征性符号，将黑暗的地下世界转化为仙界或者是天堂——而不是阴狱或地狱；将生命引导向希望和永恒——而不是死亡。出土于甘肃庆阳镇原县的一座北宋宣和五年（1123年）彩绘墓的墓志砖上就以“极乐之宫”“蓬莱之洞”来称呼他们的墓室，[①]而通过对宋代巴蜀地区墓葬石刻的审视，我们可以看出，宋代巴蜀地区墓葬石刻的第三个象征性空间就是极富宗教意味上神圣空间。

（一）道教仙境

在道教中，神仙居住的地方，称为仙境。《庄子》中即有对仙人、仙境的描绘。战国时期，先民们心目中的仙界在昆仑山，战国晚期到秦代，燕齐方士又增加了蓬莱三岛为仙境。汉代的仙境说受到纬书的影响，形成了神话、宗教为基础的神秘舆图说，出现了“十洲三岛”的说法。魏晋至唐，经上清道的进一步发展，遂形成完整的“三十六洞天”“七十二福地”之说，并且，洞天福地开始代指道教传说中的地上仙境。唐末杜光庭在《洞天福地岳渎名山记》将道教洞天福地的各种传说总结在一起，分为八类：岳渎众山、中国五岳、十大洞天、五镇海渎、三十六靖庐、三十六洞天、七十二福地、灵化二十。[②]张广保先生《唐以前道教洞天福地思想研究》说：“所谓洞天福地主要是指大天之内的道教神圣空间。它所涵括的地域有洞天、福地、靖治、水府、神山、海岛等。具体来说就是十大洞天、三十六小洞天、七十二福地、十八水府、二十四治、三十六靖庐以及十洲三岛。”[③]即整个地上世界，具有“洞天福地”效果的神圣空间都属于道教“洞天福地”的范畴。

道教仙境的情境也常常出现在历代先民的墓穴之中，表达他们对灵魂长生不死、登天成仙的渴望与追求。在山东、河南、山西、四川等地发现汉代墓葬中，就有大量以西王母为题材的升仙图，反映了汉人崇拜西王母、祈求灵魂升仙的思想。到了宋代，道教仙境的场景继续出现在宋人的墓葬之中，且主要的呈现方式就是洞天福地，所谓洞天福地不仅有仙人仙居的海岛名山，也包括了隐匿于海岛名山，乃至天界的楼台宫观。目前发现的宋代巴蜀地区石刻墓葬中对道

① 许俊臣：《甘肃镇原县出土北宋浮雕画砖》，《考古与文物》1983年第6期。

② [唐]杜光庭撰，[日]小柳司气太编：《洞天福地岳渎名山记》，南京：江苏古籍出版社，2000年。

③ 张广保：《唐以前道教洞天福地思想研究——从生态学视角》，载郭武主编：《“道教教义与现代社会”国际学术研讨会论文集》，上海：上海古籍出版社，第289-290页。

教仙境最直观地展现的是位于彭山县的南宋虞公著夫妇合葬墓中的蓬莱山图。在其东西墓室后壁的龛内皆雕刻有蓬莱仙境图案。东室的蓬莱山系高浮雕，图下部分刻有波涛翻滚的海潮，上刻蓬莱仙山，蓬莱山下有通向山顶的石阶小径迂回而上，半山间刻有镂空亭。亭的对面山间刻有灵芝仙草，山顶为茂密丛林，林中筑一洞室，室门顶上刻有“蓬莱”二字，山麓栖息一仙鹤，山下有一身作长服的长须长者，面朝登山小路，作登山状。西室的蓬莱山图系浅浮雕，虽受潮剥蚀严重，但隐约可见山麓间有仙鹤和母鹿、小鹿，上山的道路亦为石阶小径，崇山峻岭中亦有亭阁建筑。[①]从东室的蓬莱山图中，可以看到一位长服的长者，站立于山脚的海岸边，正沿着登山小径，向写有“蓬莱”的山顶洞室走去。蓬莱山的传说源自战国秦汉时期方士们关于“三神山”的传说。《史记·封禅书》中就记载，渤海中有蓬莱、方丈、瀛洲三座仙山，“诸仙人及不死之药皆在焉”，齐威王、齐宣王、燕昭王、秦始皇先后派人前往仙山访求神仙与长生不死之药，但都是有去无回。[②]唐宋时期，蓬莱山属于道教十洲三岛的体系，在《洞天福地岳渎名山记》中，杜光庭列出了以昆仑山为中心的十洲、三岛、五岳诸山，其中，“蓬莱山在东海中，高一千里”。[③]宋代，蓬莱山依旧是宋人心目中的神仙居所，《夷坚志》中记载有妙靖炼师婺州金华人陈琼玉，少年时与兄游四明海中，“兄乘舟，而妙靖行水上。阅数日，衣裳不濡。既还，语人曰：‘我水中遇婺女星君，相导往蓬莱，始知元是第十三洞主。’遂省悟。从此绝食，便能诗词，及知人间祸福”，到八九十岁依然容颜不衰，可见，她在蓬莱山上已学得养生驻颜之术。[④]建昌南城人饶廷直曾吟到：“他年有约愿追随，共看蓬莱水清浅”，死后“载其柩还乡，舁者觉甚轻，然无敢发验者，或疑其尸解仙去云”。[⑤]我们可以大胆地猜测，此人正是墓主人虞公著，在他埋入墓葬起，就通过这幅蓬莱图，进入了早已为他设置好的蓬莱仙境，前往那个充满灵芝仙草，寓意长生不死、永享仙境极乐的世界。

除此之外，宋人通过各种鲜花异草、奇珍异兽，也将墓室空间营造成道教世界中的福地洞天。在巴蜀地区的宋代石室墓葬中，此类动物和植物类石刻造型十分常见。其中，动物类造型有四神、白鹤、孔雀、鹿、马、狮子、驯象图、双象朝

① 四川省文物管理委员会：《虞公著夫妇合葬墓》，《考古学报》1985年第3期。

② [汉]司马迁：《史记》卷28《封禅书》，北京：中华书局，1959年，第1385页。

③ [唐]杜光庭撰，[日]小柳司气太编：《洞天福地岳渎名山记》，南京：江苏古籍出版社，2000年。

④ [宋]洪迈撰：《夷坚甲志》卷14《胡宏休东山》，北京：中华书局，2006年，第2版，第122–123页。

⑤ [宋]洪迈撰：《夷坚丁志》卷18《饶廷直》，北京：中华书局，2006年，第2版，第685–686页。

阳、驯熊图、鲤鱼戏珠等,奇花异卉则包括牡丹、荷花、菊花、水仙、忍冬、蔓草、荔枝和枇杷等。通过这些奇花异草、珍禽异兽,将冷冷清清的地下墓穴营造成充满生气的福地洞天,在此中翱翔天宇的鹤、凤、龙等动物,以及衔来灵草仙药的瑞鹿,将墓主的灵魂引向梦中的"蓬莱之洞",实现长生不死和得道升仙的愿望。

(二)佛国净土

除道教之外,宋代的巴蜀地区亦是佛教的兴盛之地。据杨倩描先生的统计,宋真宗天禧五年(1021年)全国共有和尚397615人,尼姑61239人,而川陕四路的僧尼就有56221人,占全国僧尼总人数的12.25%。[①]成都是巴蜀地区佛教的中心,北宋中期,僧人约有1万余人,[②]城内大圣慈寺是由九十六座寺庙构成的佛教大寺院群,"阁殿塔厅堂房廊,无虑八千五百二十四间",以至于宋孝宗时期的王质发出"寺无袤于大慈"的感叹。[③]苏轼在《水陆法像赞(并引)》中提到,水陆道场自梁武帝后,"后生莫知,随世增广。若使一二而悉数,虽至千万而靡周",而蜀人却能保存古法,"所设像置,犹有典刑",可见蜀人一直盛行佛事,才能够保留古制。[④]巴蜀地区的安岳石刻、大足石刻均是著名的佛教造像石窟,是佛教艺术史和中国艺术史上的瑰宝。而考古材料中亦可发现佛教在巴蜀地区的流行,比如成都地区有火葬墓的发现。[⑤]而在以本土道教文化为核心的买地券中也发现有佛教信徒的身形,如四川蒲江县出土的北宋乾兴元年(1022年)何□地券有"女弟子生居尘境,长在阎浮"之语、[⑥]北宋熙宁五年(1072年)王□湜夫妇的两块买地券均有"不入轮回之道"之语,[⑦]都表明了墓主人的佛教信仰身份。总而言之,佛教的流行必然会对宋代巴蜀地区的墓葬风格及墓葬美术产生潜移

---

① 杨倩描:《南宋宗教史》,北京:人民出版社,2008年,第71页。

② [宋]苏轼著,孔凡礼点校:《苏轼文集》卷15《宝月大师塔铭》,北京:中华书局,1986年,第467页。

③ [宋]王质:《雪山集》卷5《西征丛记序》,文渊阁四库全书本。

④ [宋]苏轼著,孔凡礼点校:《苏轼文集》卷22《水陆法像赞(并引)》,北京:中华书局,1986年,第631页。

⑤ 如出土于成都市西郊金鱼村的南宋砖室火葬墓,参见成都市文物考古工作队:《四川成都市西郊金鱼村南宋火葬砖室墓》,《考古》1997年第10期。

⑥ 录文出自四川乾兴元年(1022年)何□地券,龙腾:《蒲江县宋墓出土文物》,《成都文物》1997年第2期。

⑦ 录文出自四川熙宁五年(1072年)史氏地券,陈显双、廖启清:《四川蒲江县五星镇宋墓清理记》,《考古与文物》1986年第3期。

默化的影响。[①]

上文中提到，在宋代巴蜀地区石室墓葬中，佛教所带来的巨大影响中的一个特征，就是墓葬的礼仪空间由“祭祀空间”向“供养空间”转变，墓葬的装饰趋于佛国化，通过上文列举巴蜀地区出土的宋代墓葬中包含佛教因素的石刻，可以发现宋人对去往净土世界的期待和追求。除此之外，这种特征在巴蜀地区宋墓中，还表现为以对西方极乐世界的向往与期待为主题的石刻被频繁使用，力图将墓室变化为佛教世界中的极乐之地。其中，莲花最能代表佛国净土，如1944年于南溪李庄镇发现南宋乾道年间的石室墓，墓室顶部藻井中刻莲花图案，硕大如盘，似向日葵[②]，除此之外，墓室顶部藻井处雕刻有莲花图案的有青川县竹园金子山乡宋墓[③]、安岳老鸹山南宋墓M1、M2[④]，荣昌县沙坝子宋墓[⑤]，彭山虞公著夫妻合葬墓[⑥]等。另外，北碚澄江苦塘沟宋代墓群M1墓室顶部藻井内，刻有双鱼戏莲花图案，应是莲花图案的变形。[⑦]宋代巴蜀地区的石室墓正是通过在墓室的顶端雕刻莲花图像，将此岸世界的墓室转化为彼岸的佛国净土。正如刻在同重庆南川区张子硕墓后壁上的一段文字：“南无西方极乐世界，大慈大悲”一样，[⑧]墓主人正身处极乐世界，永享着无穷的安宁和快乐。另一方面，在佛教经典中，化生童子代表佛国极乐净土，如《佛说阿弥陀佛经》中将极乐世界描绘成“无有刀兵、无有女婢、无有欺屈、无有饥馑，无有王官，即是无量寿佛为国王，观音势至为宰相，药上药王作梅录，化生童子是百姓”的理想世界。[⑨]华蓥安丙家族墓M1须弥台式台基束腰中出现的化生童子，与位于其上方的莲花图案，共同营造出欢快圣洁的佛国景象。

---

① 李清泉在《佛教改变了什么——来着五代宋辽金墓葬美术的观察》（载巫鸿、郑岩主编《古代墓葬美术研究（第四辑）》，长沙：湖南美术出版社，2017年，第242-270页）提出宋金时代墓葬的一个变化就是墓室装饰。

② 王世襄：《四川南溪李庄宋墓》，《中国营造学社汇刊》1944年第7卷第1期，第127～137页。

③ 青川县文管所、四川省文物考古研究所：《青川县竹园金子山乡宋墓清理简报》，《四川文物》2001年第2期。

④ 四川省安岳县文物局博物馆：《四川安岳县老鸹山南宋墓清理简报》，《考古与文物》2009年第1期。

⑤ 四川省博物馆、荣昌县文化馆：《四川荣昌县沙坝子宋墓》，《文物》1984年第7期。

⑥ 四川省文物管理委员会：《虞公著夫妇合葬墓》，《考古学报》1985年第3期。

⑦ 北碚区文物管理所：《北碚澄江苦塘沟宋代墓群抢救清理简报》，《重庆历史与文化》2014年第2期。

⑧ 重庆市第三次文物普查领导小组办公室：《重庆文物总目录续编》，重庆：西南师范大学出版社，2008年，第256页。

⑨ 敦煌变文：《佛说阿弥陀经讲经文》后《化生童子赞》。

但我们不能忽视的是，营造墓葬中神圣宗教空间的内容——包括反映佛教观念、道教观念以及其他民间信仰的石刻往往是杂糅地汇聚在一起的。如同重庆北碚澄江苦塘沟宋代墓群M3的左壁上篆书刻有道教镇墓题材的《天帝告》文，而右壁则楷书刻佛教经典《楞严咒》[①]一般，佛道两教观念和谐共存，共同为墓主人服务，从这一角度，也可以看出宋代中国人的实用主义精神。

① 北碚区文物管理所：《北碚澄江苦塘沟宋代墓群抢救清理简报》，《重庆历史与文化》2014年第2期。

宋代巴蜀地区墓葬石刻艺术造型分布一览表

序号	墓名	年代	墓葬结构			壁面装饰					随葬品	资料来源
			墓室	墓顶	仿木构建筑构件	墓门两侧	左壁	右壁	后壁	墓顶内		
1	成都平原：渠县渠南乡宋墓	北宋景德年间（1004—1007年）	长方形单室石室墓。长2.10米、宽1.45米、高1.20米。券顶		侧龛3						武士俑4、文吏俑4、仕女俑1、牵马武士俑1。钱币58枚：开元通宝41、乾元重宝1、唐国通宝1、太平通宝1、淳化元宝3、至道元宝2、咸平元宝7、景德元宝2	王建炜：《渠县渠南乡宋墓出土文物》，《四川文物》1990年第1期
2	宋太庙斋郎解瑜石室墓	北宋嘉祐五年庚子岁（1060年）	长方形前后双室。总长7.20米，宽3.00米，高2.70米。盝顶		不详	不详	前室侧壁各有仿木石柱10根，柱上置斗。前室侧壁各有仿木石柱10根，柱上置斗。后室后壁有“妇人启门”等雕饰			不详	出有墓志铭一块，宽0.60米，高1.00米，厚0.11米，竖行楷书22行530字，有“嘉佑庚子岁十二月二十四日葬于大足等”	《重庆文物总目》，西南师范大学出版社，1996年，第179页

续表

序号	墓名	年代	墓葬结构			壁面装饰					随葬品	资料来源
			墓室	墓顶	仿木构建筑构件	墓门两侧	左壁	右壁	后壁	墓顶内		
3	成都平原：彭山正华村宋墓(左室)	北宋熙宁元年(1068年)	双层;墓顶为券顶		侧龛11、后龛1						将军俑、陶猪伏听俑、双头蛇身俑、陶鸡、陶狗等。女主人俑、文官俑。陶屋、金发钗和铜发簪、陶罐、陶杯、瓷碗等。买地券、陶龟	刘志岩:《四川彭山正华村宋墓发掘取得重要收获》,《四川文物》2008年第4期
4	成都平原：彭山正华村宋墓(右室)	北宋熙宁元年(1068年)	双层;墓顶为券顶		侧龛11、后龛1						武士俑、陶牛、将军俑、伏听俑、陶鸡、文官俑、男童俑、女童俑、陶罐、瓷碗	刘志岩:《四川彭山正华村宋墓发掘取得重要收获》,《四川文物》2008年第4期
5	成都平原：新津县邓双乡北宋石室墓	北宋元丰四年(1081年)	梯形并列双室石室墓,东墓室长3.74、宽1.50~1.66米、高2.10米								武士俑2、地精立俑1、匍匐俑1、伏听俑1、仰观俑1、人首蛇身俑1、鸡俑1、神怪鸟1、狗1、镇墓兽1件。文官俑10、文吏俑3、"武"立俑1、女立俑1、老人女俑1、男侍俑2、坐俑1、牵马俑1、陶	《新津县邓双乡北宋石室墓发掘简报》,《成都考古发现》(2002),科学出版社,2004年,第384页

续表

序号	墓名	年代	墓葬结构			壁面装饰					随葬品	资料来源
			墓室	墓顶	仿木构建筑构件	墓门两侧	左壁	右壁	后壁	墓顶内		
											模型四合院落1件。瓷器6件，邛窑四耳罐5件、碗1件	
6	狮子崖石室墓	北宋元丰九年（1086年）	长方形石室墓。墓顶不详		不详	不详	墓壁上刻卷草纹等雕饰			不详	不详	《重庆文物总目》，西南师范大学出版社，1996年，第162页
7	成都平原：邛崃县北宋墓	政和三年（1113年）	长方形单室石室墓，长3.90米、宽1.15米、高1.82米。墓顶为券顶		侧龛3						牛头人身俑1、抱刀俑1。陶鼓1。瓷器：省油灯1、罐1、小壶1、小罐3。铜器：铜镜1、铜钱2枚	邛崃县文物管理所：《邛崃县北宋墓清理简报》《四川文物》1985年第3期
8	雅安对岩宋墓	北宋宣和五年（1123年）	单室石室墓，长2.00米、宽1.50米、高1.60米。墓顶为券顶								陶俑若干。墓碑1、瓷枕1、钱币若干、陶鼓1、铜镜1	赵彤：《雅安对岩宋墓》《四川文物》1998年第1期
9	宋状元苏易简墓	北宋前期	双室石室墓，长7.00米、宽5.00米、高2.00米									《绵阳市志》，四川人民出版社，2007年，第1875页
10	宋状元苏易简太夫人墓	北宋前期										同上

续表

序号	墓名	年代	墓葬结构		仿木构建筑构件	墓门两侧	壁面装饰				随葬品	资料来源
			墓室	墓顶			左壁	右壁	后壁	墓顶内		
11	蒲江东北公社宋墓	北宋后期	长方形单室石室墓								M1出7件，M2出9件。其中有瓷器11，木器1，银器2，石买地券2	《四川蒲江县发现两座宋墓》《考古与文物》1986年第5期
12	简阳氮肥厂宋墓	北宋末年									陶俑3、“崇宁通宝”钱币172枚	《四川简阳县发现一座宋墓》，《考古》1988年第12期
13	资中宋代石室墓	北宋	长方形并列双室石室墓								西墓室武士俑1、拱手正立俑1、举手俑3、举手执物俑1、女卧拜俑1、陶瓷器18、铜镜1、铜钱13：至道元宝、皇宋通宝、元祐通宝、熙宁通宝、元丰通宝、绍圣通宝、圣宋元宝。铁钱3、石刻1件。东墓室：陶瓶1、瓷碗4、铜镜1、石刻1。西墓室：陶罐1、陶俑12	孙晓明：《资中发现宋代石室墓》《四川文物》1992年第1期

续表

序号	墓名	年代	墓葬结构			壁面装饰					随葬品	资料来源
			墓室	墓顶	仿木构建筑构件	墓门两侧	左壁	右壁	后壁	墓顶内		
14	忠县崖脚墓地BM13	五代至北宋	长方形石室墓，全长3.10米、宽1.20、深0.70~1.00米		不详	不详	不详			不详	随葬品瓷器位于头端生土台上，钱币位于墓主身体附近。有瓷碟2、青白瓷盏1、青白瓷碗2、四系罐1、执壶2、罐1、铜钱"开元通宝"1、铁钱1	《忠县崖脚墓地发掘报告》，重庆市文物局等编《重庆库区考古报告集·1998卷》，科学出版社，2003年，第724–730页
15	忠县崖脚墓地BM	北宋早期	长方形石室墓。墓顶为平顶		不详	不详	不详			不详	墓底散布大量铜钱和铁钱。可辨认的有5种钱币，共29枚。分别是：开元通宝6、乾元重宝1、宋元通宝20、天平通宝1、五金1	《忠县崖脚墓地发掘报告》，重庆市文物局等编《重庆库区考古报告集·1998卷》，科学出版社，2003年，第724–730页
16	华蓥阳和乡宋墓	北宋	长方形竖穴单室石室墓。		不详	不详	不详			不详	有陶俑、陶马、陶狗、瓷碗、瓷碟、瓷罐等。墓内出土完好器物5件：铜器：龟钮八卦镜1件、菱花镜1件；陶器：猪首人身说	袁明森等：《记华蓥市阳和乡宋墓出土文物》，《四川文物》1996年第1期

续表

序号	墓名	年代	墓葬结构			壁面装饰					随葬品	资料来源
			墓室	墓顶	仿木构建筑构件	墓门两侧	左壁	右壁	后壁	墓顶内		
											唱俑1件、陶狗1件;瓷器:带盖小瓷罐1件	
17	南充韩家坟宋墓M1	北宋	双室石室墓,墓室长2.24米,左室宽1.02米,右室宽0.82米,墓室高1.97米。墓顶为平顶		不详	不详	左室后壁龛宽0.58米、高0.62米;右室后壁龛宽0.48米、高0.64米			不详		四川省文物考古研究所等:《南充市嘉陵区木老乡韩家坟宋墓清理简报》,《四川文物》2004年第2期
18	南充韩家坟宋墓M2	北宋	双室石室墓,墓室长2.44米,左室宽0.94米,墓室高1.50米。墓顶为平顶								陶器4件:盏托1、带流小执壶1、灯碟2;钱币:崇宁重宝8、铁钱3	同上
19	川南:井研县北宋黄念四郎墓	北宋	仿木结构石室墓		左右两侧下为方柱、上为斗拱形结构,柱八	墓内两侧门柱上各有浮雕武士	左、右壁不详。墓室后神台边缘立面为海水朝阳图,神台上有三个小台阶,壁上为仙童指路雕刻			不详	买地券1、钱币20余枚("景德通宝"、"祥符通宝")、铁钉30余颗、陶片若干。还发现狗牙、牛骨	曾清华:《井研县北宋黄念四郎墓清理简讯》,《四川文物》2002年第1期
20	成都平原:新津北宋石室墓	北宋			侧龛8,后龛2						武士俑2、匍伏俑2、蛇身双人首俑1、猪头人身俑1、偏颈跪拜俑1、陶鸡2、陶狗1、侍俑	郑卫:《新津县发现宋代石室墓》,《成都文物》1989年第3期

续表

序号	墓名	年代	墓葬结构			壁面装饰					随葬品	资料来源
			墓室	墓顶	仿木构建筑构件	墓门两侧	左壁	右壁	后壁	墓顶内		
											16、坐俑1、四合院式陶房1、长颈四耳罐3、鹰头1件	
21	绵竹广济乡祈祥村	南宋高宗时期（1127—1162年）									铜人2、铜方炉1、铜镜1	《绵竹县志》，四川科学技术出版社，1992年，第637页
22	金堂县宋代石室墓	南宋绍兴年间（1131—1162年）	长方形单室石室墓，长3.30、宽1.58~1.72米、高1.48~1.54米。5侧龛、1后龛								俑总数7、双耳罐1、陶猪圈1、陶鸡圈1	陈德良：《四川金堂县的宋代石室墓》，《考古》1957年第6期
23	南川张子硕墓	南宋绍兴二十五年（1155年）	长方形并列双室石室墓。墓顶为覆斗顶		不详	不详	左右壁不详。后壁龛镌几何纹图案和斗拱。其中一墓室左柱刻一幡，幡题“南无西方极乐世界，大慈大悲”			不详	出土金碗、钗、手镯、玉带钩等，影青瓷和定窑瓷粉盒、盘等，另有铜镜1件。还出土南宋绍兴二十五年（1155年）长方形带盖的墓志1方，上刻“宋武功大夫永康府君张公墓志”	《中国文物地图集·重庆分册》下，文物出版社，2010年，第219页

续表

序号	墓名	年代	墓葬结构			壁面装饰					随葬品	资料来源
			墓室	墓顶	仿木构建筑构件	墓门两侧	左壁	右壁	后壁	墓顶内		
24	邻水县后坝南宋石室墓	南宋绍兴二十六年（1156年）	券顶石室墓，墓室长3.82米、残高2.94米		不详	墓门侧壁有一力士图案，门楣一块，在中部用剔地起突方法刻有一狮头图案，狮额正中刻有一个“王”字	左侧壁由5块完整长条石用榫卯结构镶嵌而成。自上而下第5层长条石中部以压地隐起方法刻有三个等大的横向排列的菱形图案。居中菱形图案主题为异体云纹，两侧图案主题为相同的飞鹤图，均展翅向后龛方向飞翔，上层刻有相同的插瓶连弧形卷草纹。右侧壁上层刻有相同的插瓶连弧形卷草纹。后龛龛头一为半圆弧形，右侧刻有构筑墓葬的确切纪年，图案主题为高浮雕的龙形：龙头后仰，双目瞪视前方，张嘴吐信，颈部弯曲与上弓的龙脊相靠，龙尾向上屈伸，尾端回收卷曲，右前肢上伸			不详	白釉瓷碗2、壶1、砚1、铁环4件	四川省文物考古研究所等：《邻水县合流镇后坝南宋墓清理简报》，《四川文物》，2003年第3期

续表

序号	墓名	年代	墓葬结构			壁面装饰					随葬品	资料来源
			墓室	墓顶	仿木构建筑构件	墓门两侧	左壁	右壁	后壁	墓顶内		
							前抓、左前肢有力蹬地、左后肢前迈、三趾张开，右后肢后蹬。在龙头前方竖向写有三行十七字：大宋绍兴丙子二十六年十一月建此寿堂。龛头外侧以弧形云纹包围主题图案及题字					
25	重庆大足龙水镇明光村磨儿坡宋墓M1	南宋庚辰绍兴三十年（1160年）	长方形平顶单室石室墓，墓室长3.36米、宽1.74米、高2.01米。墓顶为平顶			墓门处立有内、外柱石，其中内柱高1.85米、宽0.47米、厚0.40米，其0.48米~1.30米之间段倒楞，1.30~1.70米处雕一斗	左壁龛高0.78米、宽0.60米、深0.13米，壁龛正壁上同列二重斗。中部又套一小龛，高0.28米、宽0.60米、深0.14米，小龛上额为普柏枋，其下端饰刻雀提。左壁小龛正壁为紧闭的六格双扇门，格内饰刻花草，并浮雕一铁锁。上两格形制为0.20×0.20米，中两格为0.09×0.20米，下两格为			墓室抬梁石凿为弓形，在正面刻一弧形花草图案。后顶盖横梁呈一梯形，上边宽0.71米、下边1.00米、高0.39米，其正面与	墓室内发现一散存半身人像，粗坯，高20、肩宽12厘米。该像双手胸前相交笼于袖内。	重庆大足石刻艺术博物馆：《重庆大足龙水镇明光村磨儿坡宋墓清理简报》，《四川文物》2002年第5期

续表

序号	墓名	年代	墓葬结构			壁面装饰					随葬品	资料来源
			墓室	墓顶	仿木构建筑构件	墓门两侧	左壁	右壁	后壁	墓顶内		
						形，并在左门柱内侧竖刻三行字，从外至内第一行为“千秋”二字，第二行为“庚辰绍兴三十年孟冬念九日记”，末行为“百岁”二字。墓门柱上置一横梁石，正面为弓形，饰刻二云纹	0.13×0.20米。右壁龛高0.78米、宽0.60米、深0.13米，壁龛正壁上同列二重斗。中部又套一小龛，高0.28米、宽0.60米、深0.14米，小龛上额为普柏枋，其下端饰刻雀提。右壁小龛正中刻一门，门帘卷至顶，门中立一女童，高0.35米、肩宽0.07米、厚0.02米，头挽双髻身着大袖衣服，内穿裙，双手胸前抱一物。后壁头龛上有一牌楼高1.40、宽0.90米，牌楼前由两八楞柱支撑，后置于头龛顶部，牌楼顶为歇山式，其下有斗、普拍枋、柱等仿木建筑构件。牌楼正面边栏内倚伏二人			下面连刻一棱形花草图案，在图案上部饰刻三段相连的弧形线条		

续表

序号	墓名	年代	墓葬结构			壁面装饰					随葬品	资料来源
			墓室	墓顶	仿木构建筑构件	墓门两侧	左壁	右壁	后壁	墓顶内		
						龙头雀提，背面为梯形，同下面连刻一棱形大叶花草图案，在棱形图案上正面，饰刻相连的三段弧形形条	像，左男右女，几近圆雕，胸部以下皆被边栏遮隐，二像作观望状，男像头戴软巾，身着大袖袍服，左手臂扶倚于边栏外，女像头顶挽髻，双手笼于袖内倚伏一边栏上。牌楼下置两根八棱柱，柱础为俯跃式狮，二狮扭头相向，左狮毛伸直、右狮毛卷曲，狮项下均有一铃铛。狮长0.33米、高0.20米，狮背为圆柱础，础围饰莲瓣纹，础中凿方心。头龛为一方形，高0.57米、宽0.64米、深0.12米，龛额两端饰刻雀提。龛正壁正中刻一浅龛高0.30米、宽0.28米、深0.20米，其内刻有一屏风，屏风中上部刻有大叶					

续表

序号	墓名	年代	墓葬结构			壁面装饰					随葬品	资料来源
			墓室	墓顶	仿木构建筑构件	墓门两侧	左壁	右壁	后壁	墓顶内		
							花草图，下部正中刻有一靠椅高0.20米、宽0.12米，椅上有长方形布帛搭盖。浅龛外侧左右各立一高浮雕女像高0.38米、肩宽0.08米、头长0.08米，均头顶挽髻，身穿开领长服，两手拢袖于胸前，外搭饰带(帛、巾)垂直足前					
26	重庆大足龙水镇明光村磨儿坡宋墓M2	南宋庚辰绍兴三十年(1160年)	长方形平顶单室石室墓，墓室长3.47米、宽2.08米、高2.13米。墓顶为平顶			墓外门柱石高1.90米，宽0.43米，厚0.39米，内门柱石高1.60米，厚0.43米，在左内柱石内侧面竖刻两行楷体字，同M1题记内容相同	左右壁龛各高1.27米、宽1.38米、深0.27米。龛正壁左右各立两六棱柱，柱顶端都雕一斗，中部又套一小龛高0.69米、宽0.56米、深0.13米。小龛上额为一普拍枋，其上正中刻有一斗，其下两端刻二雀替；小龛正壁为一紧闭的方格(六格)雕花门，有门环，每格内均					《重庆大足龙水镇明光村磨儿坡宋墓清理简报》，《四川文物》2002年第5期

续表

序号	墓名	年代	墓葬结构			壁面装饰					随葬品	资料来源
			墓室	墓顶	仿木构建筑构件	墓门两侧	左壁	右壁	后壁	墓顶内		
							刻有花草图案。两侧壁龛前均有一牌楼，高1.60米、宽1.34米，牌楼无顶，后置于壁龛顶部，由两八棱柱支撑，柱高1.06米、每面宽0.05米，两柱间距0.70米。柱础为扁圆鼓形，其下有一圆雕人像，一腿跪地，一腿蹲立，双手掌向上于头侧托举柱础，人像上身赤裸，下穿短裤，手腕戴钏，一飘带由人像颈部过腹至地。柱础与人像通高0.18米、宽0.16米、厚0.16米。牌楼上边栏两端各立六棱柱。边栏内刻有圆雕人像。右面牌楼内有五像，皆身着圆领大袖袍服。由内至外序：一像鼓乐师方脸型头戴					

续表

序号	墓名	年代	墓葬结构			壁面装饰					随葬品	资料来源
			墓室	墓顶	仿木构建筑构件	墓门两侧	左壁	右壁	后壁	墓顶内		
							官帽,右肋挟持手鼓,带挂在颈上手拍鼓面;二像头戴官帽,双手握六页拍板,亦作张合之状。三像头戴软巾,双手横握笛在吹奏,四像头戴官帽,双手竖握筚篥,亦在吹奏。五像头戴官帽,身右侧置一鼓,两手各持一鼓槌,左手槌击鼓面,右手持槌上举。此五像肩连肩,胸以下隐入边栏内,高 0.15 米、肩宽 0.12 米、头长 0.08 米。从两侧牌楼上的人物形象看,右牌楼五像持不同乐器的演奏,每个乐师演出的情形聚精会神、十分逼真。博得对面(左)上观者如痴如迷,尤其是令第三像在乐师们演奏					

续表

序号	墓名	年代	墓葬结构			壁面装饰					随葬品	资料来源
			墓室	墓顶	仿木构建筑构件	墓门两侧	左壁	右壁	后壁	墓顶内		
							高潮时，吹口哨作喝彩状。古代匠师们摄取了乐师演奏中最典型的乐人形象，确有“此时无声胜有声”的感召力。古匠师以大刀阔斧的手法，让每个乐师、乐器展现得栩栩如生。左面牌楼有四像，由内至外序：一像老妪，身着交领袍服，左手臂下垂，右手拄杖于右肩侧，杖上端齐头顶，似乎在凝神倾听奏乐。二像为女像，正襟端坐，头梳瓜瓣形、挽高髻于头顶，两臂下垂，身着开领袍服，一派贵妇气质，表情十分专注，似乎陶醉在音乐节奏中。三像头戴官帽，倚伏于边栏上，身着圆领大袖袍服，左手					

续表

序号	墓名	年代	墓葬结构			壁面装饰					随葬品	资料来源
			墓室	墓顶	仿木构建筑构件	墓门两侧	左壁	右壁	后壁	墓顶内		
							握右大袖，右肘伏戏楼栏上，袖掉栏外，右手拇指与食指置于口中，作吹哨之状，高兴至极、样子十分滑稽，其手腕戴钏；四像头戴官帽，身着圆领袍服，左手于左胸前握朝笏，右手臂下垂，端坐肃目。此四像相距0.12米，所展示的胸以上高0.13米、肩宽0.11米、头长0.07米，四像为欣赏对面演奏的观众，此组造像惟妙惟肖的刻划了人物各自特征、年龄及其观看演奏所反映的心理活动，可以说淋漓尽致。后壁头龛前亦有一牌楼，高1.70米、宽1.33米。牌楼顶为庑殿式，牌楼后置于头龛之上。前有两八					

续表

序号	墓名	年代	墓葬结构			壁面装饰					随葬品	资料来源
			墓室	墓顶	仿木构建筑构件	墓门两侧	左壁	右壁	后壁	墓顶内		
							棱柱支撑，柱高0.64米、每面宽0.05米、直径0.11米，二柱间距0.64米，柱础为一狮，项下均有一铃铛，二狮扭头向外作护龛状。狮长0.30米、高0.18米。牌楼上正面边沿有一飞来椅，其上坐有二圆雕人像，扭身向外作观望状，倚靠在飞来椅上，均身着圆领服，左为男像头戴软巾，右为女像，头顶挽髻，二像坐身高0.18米、头长0.07米、相距0.30米。牌楼下为头龛，高0.83米至0.92米、深0.33米。龛左右壁各刻一六楞门柱，柱顶端刻一斗，龛正壁又刻一小龛，高0.45米、宽0.50米、深0.08米，					

续表

序号	墓名	年代	墓葬结构			壁面装饰					随葬品	资料来源
			墓室	墓顶	仿木构建筑构件	墓门两侧	左壁	右壁	后壁	墓顶内		
							小龛顶上刻一列斗,龛额为普拍枋,其上正中刻一斗,下两端刻雀替。小龛正中刻有一屏风,高0.30米、宽0.30米、厚0.04米,屏风正中刻一靠背椅,高0.20米、宽0.13米					
27	重庆大足龙水镇明光村磨儿坡宋墓M3	南宋庚辰绍兴三十年(1160年)	不详		不详	不详	左、右壁情况不详。后壁头龛高0.96米、宽1.20米、深0.13米,头龛正壁中央又套刻一小龛,高宽各0.64、深0.11米。小龛正壁刻一屏风高0.64米、宽0.54米,屏风内高浮雕二像;左像为一女童,头挽双髻,身着开领广袖服,双手捧物立于右像身前,像高0.33米、肩宽0.09米、头长0.08米。右像为老妪,斜坐于靠背椅上,头挽髻,身着				在墓外废石堆找到该墓题记(残石),竖刻两行楷体字,从左至右"庚辰绍兴三十年孟冬……""千秋百岁"。墓室内发现一散存半身人像,为一女性,高0.25米、肩宽0.12米,双手胸前相交笼于袖内,像头右侧有页岩疤痕难清除	《重庆大足龙水镇明光村磨儿坡宋墓清理简报》,《四川文物》2002年,第5期

续表

序号	墓名	年代	墓葬结构			壁面装饰					随葬品	资料来源
			墓室	墓顶	仿木构建筑构件	墓门两侧	左壁	右壁	后壁	墓顶内		
							开领袍服，两手拢袖置于腹间，外搭一肩带（巾）垂足前，双足置踏凳上，坐像高0.38米、肩宽0.10米、头长0.11米，椅高0.29米，踏凳高0.09米、宽0.06米，似展示老妪或贵妇休闲、优裕之尊者状。二像上方刻有棱形，对角长0.14米、宽0.08米，棱外框线刻长方形高0.15米、宽0.09米，棱形框内浮雕繁花一朵。头龛前有一牌楼宽1.40米、高1.75米，牌楼后置于头龛上，前原有两八棱柱支撑。其柱础是双狮，长0.33米、高0.18米。牌楼顶为歇山式。边栏内圆雕有四人像，二纹扇。右第一像，					

续表

序号	墓名	年代	墓葬结构			壁面装饰					随葬品	资料来源
			墓室	墓顶	仿木构建筑构件	墓门两侧	左壁	右壁	后壁	墓顶内		
							向左前倾身体头戴软巾，身着交领大袖袍服，双手相交笼于袖内，倚伏在边栏上，目光俯视。第二像为一男童，头有一小撮头发，身着交领服，双手胸前捧一绣球置于栏上。第三像为一女童，头挽双髻，身着开领服，右手握一绣花盘，其下缠飘带，似乎在绣花。第四像为女像，头顶挽髻，发丝垂肩，身着开领服。四像胸以下皆隐边栏内。牌楼顶上置有一墓顶盖石，刻有一双线棱形图，对角宽0.90米、高0.45米，棱中刻圆圈径0.32米，圈内又刻一“月”字，字径0.08×0.16米，在圆圈两侧刻有卷云纹					

续表

序号	墓名	年代	墓葬结构			壁面装饰					随葬品	资料来源
			墓室	墓顶	仿木构建筑构件	墓门两侧	左壁	右壁	后壁	墓顶内		
29	荣昌沙坝子宋墓	南宋淳熙十二年(1185年)	长方形单室墓。总长5.14米、宽2.78米、高3.85米。墓顶前部作菱形藻井,后部作三角形藻井		有八角形立柱	不详	左壁龛浮雕装饰有龙、虎、流云、花卉、卷草、灵芝、异兽等图案。右壁龛浮雕装饰有龙、虎、流云、花卉、卷草、灵芝、异兽等图案。后壁有仿木结构壁龛1个,有人物图像等			墓顶前部藻井中部条石刻龙凤。后部藻井内刻变体莲花		四川省博物馆、荣昌县文化馆:《四川荣昌县沙坝子宋墓》,《文物》1984年第7期
30	川南:泸县奇峰镇M2	南宋淳熙十三年(1186年)	长方形单室仿木结构石室墓,墓室长2.92米、宽1.25米、高2.58米。墓顶为盝顶		在墓室左右两壁的前后壁柱之间镶砌仿木机构构件	两侧门柱内侧剔地起突高浮雕武士各一	在墓室左右两壁的前后壁柱之间镶砌仿木机构构件,构筑壁龛,龛内安置仿木机构门窗,左右壁龛内刻牡丹。后龛内刻屏风、座椅、女侍			不详		《泸县宋墓》,文物出版社,2004年
31	重庆合川黄家湾宋墓	南宋绍熙庚戌(1190年)	1座墓,长方形石室墓,长4.00米,宽1.60米,高2.70米			墓门镌有阴刻武士像,门额有朱雀,	左右两侧壁隐起的方柱形成壁龛,龛内刻有青龙、白虎,柱上施斗拱。左右两侧壁隐起的方柱形成壁龛,龛内刻有青龙、白虎,柱上施斗拱。后壁龛楣施歇山式屋顶,檐下施二朵斗拱。龛内			墓顶横梁上饰玄武、凤和缠枝花纹等雕饰	出土宋代彭县窑白瓷碗3件,广元窑香炉和瓶	《中国文物地图集·重庆分册》下,文物出版社,2010年,第161页

续表

序号	墓名	年代	墓葬结构			壁面装饰					随葬品	资料来源
			墓室	墓顶	仿木构建筑构件	墓门两侧	左壁	右壁	后壁	墓顶内		
							镌刻“藏室”二字，题款“皇宋绍熙庚戌季秋”					
32	川南：资中宋右丞相赵雄墓	绍兴四年（1193年）	长方形石室墓，长3.83米、宽1.78米、高3.01米，天井进深约1.50米。墓顶为藻井		不详	不详	墓内雕刻有朱雀、武士、十二生肖旗士图、八卦、二十八宿图、玄武图、乐伎、出行等图案			不详	不详	杨祖垲：《资中宋右丞相赵雄墓记实》，《四川文物》1995年第6期
33	白鹞沟石室墓群	南宋嘉泰元年（1201年）	2座仿木结构双室石室墓		不详	墓室口刻有仿木结构房檐斗拱，左刻“程氏百岁寿堂”，右刻“大宋庆元辛西”	左耳室双扇格子门上刻牛尾锁，阑额刻花卉，用浅浮雕八棱柱，柱上承栌斗，刻有“龟鹤”“寿山”字样；右耳室刻有“大宋庆元辛西赵梦得寿堂”			不详	不详	《重庆文物总目》，西南师范大学出版社，1996年，第226页
34	高洞子石室墓	南宋开禧年间（1205—1207年）	单室石室墓		墓室为穹窿顶弧形八边形仿木结构，1号墓墓室内用八柱，柱头上均有斗拱构件	不详	1号墓墓室内用八柱，柱头上均有斗拱构件，3号柱上刻有“大宋开禧春造记匠”；墓壁上开七龛，龛刻有牡丹、莲花、仕女、鹿、白鹤、半启门等装饰			不详	不详	《重庆文物总目》，西南师范大学出版社，1996年，第241页

续表

序号	墓名	年代	墓葬结构			壁面装饰					随葬品	资料来源
			墓室	墓顶	仿木构建筑构件	墓门两侧	左壁	右壁	后壁	墓顶内		
36	成都平原：彭山嘉定十年石室墓	南宋嘉定十年(1217年)									浅腹釉陶碗1件，纪年砖2块	帅希彭等：《彭山发现宋代纪年砖》，《四川文物》1991年第3期
37	华蓥南宋安丙家族墓M2	南宋嘉定十七年（1224年）	前中后三室券顶石室墓，墓室长6.78米、宽2.68米、高(从墓顶券下至棺台)4.56米。墓顶为券顶				后壁有龛。墓室内雕刻大量人物、动物、花卉及仿木结构建筑图案，均施彩绘。图案内容包括武士、青龙、白虎、朱雀、玄武、文吏、孔雀、仿木机构建筑、人物、安丙坐像、飞禽、戏鹿图、戏狮图、驯象图、驯熊图等。				灰陶筒瓦、板瓦以及少量瓷器、陶俑残片。建筑构件。墓内随葬：出土陶俑106件：陶文吏俑18、武士俑11、男侍俑31、女侍俑3、胡俑14、女乐舞俑12、女舞蹈俑1、三身女俑1、生肖俑7、四神俑4；陶器17件：陶器盖8、盘状器1、筒形器2、假山5、笙1；瓷器24件：瓷碗16、盏1、碟2、壶1、罐1、鸟头1、花瓶1、瓶1；铜器3件：铜壶形器1、烛台1、猴形	《华蓥安丙墓》，文物出版社，2008年，第38–84页

续表

序号	墓名	年代	墓葬结构			壁面装饰					随葬品	资料来源
			墓室	墓顶	仿木构建筑构件	墓门两侧	左壁	右壁	后壁	墓顶内		
											锁1;玉器10件:玉坠饰1、钩饰2、夹饰1、围棋子6;钱币44枚:金币1;铜钱43;水银750克;墓志1	
38	华蓥南宋安丙家族墓M5	南宋嘉定十七年(1224年)	长方形单室券顶石室墓		不详	不详	后壁有龛。墓室内雕刻大量人物、动物、花卉及仿木结构建筑图案,均施彩绘。图案内容有力士、青龙、白虎、云纹、仿木结构建筑、玄武、帷幔、花果、花瓶、人物等			不详	在护坎和拜台遗迹中出土遗物以及灰陶筒瓦、板瓦为主,有少量瓷器残片。陶俑70件:陶文吏俑15、武士俑5、男侍俑31~42、女侍俑13、伏羲俑1、女娲俑1、四神俑4;瓷器2:瓷罐1、? 耳壶1;金币1;银币1;铜币49,“正隆元宝”等;铁钱4串	《华蓥安丙墓》,文物出版社,2008年,第125-141页
39	仁寿古佛乡宋代石室墓(东室)	南宋宝庆元年(1225年)前后	仿木结构双室合葬石室墓,长4.00米、宽1.60米、高2.52米。对称“三角形”				男墓室后壁正中浮雕一男性官员像。人像下为五级“天梯”,左右对称“天鹿”				武士俑4、匍伏俑1、狗俑1、鸡俑1、文吏俑29。四系罐2、买地券幢1、	莫洪贤:《仁寿古佛乡宋墓清理简报》,《四川文物》1992年第5期

续表

序号	墓名	年代	墓葬结构			壁面装饰					随葬品	资料来源
			墓室	墓顶	仿木构建筑构件	墓门两侧	左壁	右壁	后壁	墓顶内		
			石藻井顶								买地券柱础座1、铁钱1、瓷碗2	
40	仁寿古佛乡宋代石室墓（西室）	南宋宝庆元年（1225年）	长方形并列双室石室墓，长3.80米、宽1.66米、高2.84米。墓顶为对称“三角形”石藻井顶，侧龛6				东壁口处两边有对称浅浮雕瓶插花图案，后壁棺台雕刻云纹。后壁正中浅浮雕一妇人像，人像下为四级天梯，右边为花瓶插花卉，左边为一侍女像				同上	同上
41	简阳南宋端平三年纪年墓	南宋端平三年（1236年）	单室石室墓								陶缸1、有盖陶罐2、水盂2、买地券1	方建国：《简阳县发现南宋纪年墓》，《四川文物》1987年第3期
42	堰塘南宋墓	南宋宝祐元年（1253年）	长方形平顶石室墓。长5.00米、宽1.88米、高2.00米。墓顶为平顶		不详	不详	门额上题刻“大宋宝祐元年正月二十日”			不详	不详	《重庆文物总目录续编》，西南师范大学出版社，2008年，第256页
43	华蓥南宋安丙家族墓M1	南宋咸淳元年（1265年），墓葬修建于1222年	前中后三室券顶石室墓，墓室长6.63米、宽2.62米、高（从墓顶券拱下至棺台上）4.60米		不详	不详	后壁有龛。墓室内雕刻大量人物、动物、花卉及仿木结构建筑图案，均施彩。绘图案内容有青龙、白虎、朱雀、玄武、花卉、仿木结构、孔雀、武士、伎乐、人物等			不详	拜台上：灰陶筒瓦、板瓦、瓷器及陶俑残片。台基上及排水沟内有建筑构件。墓内：陶俑36件：文吏俑10、武士俑2、	《华蓥安丙墓》，文物出版社，2008年，第8–38页。

续表

序号	墓名	年代	墓葬结构			壁面装饰					随葬品	资料来源
			墓室	墓顶	仿木构建筑构件	墓门两侧	左壁	右壁	后壁	墓顶内		
											男侍俑16、女侍俑1、戏说俑3、四神俑4;铜器2件:铜壶形器1、铜饼1;铁器1:斧1	
44	重庆璧山七孔坡崖墓群	南宋嘉熙元年丁酉(1237年)	墓门作单层门楣,均长方形弧顶单室墓				有1墓后壁有“嘉熙丁酉元年(1237年)五月兵事造”题记					《中国文物地图集·重庆分册》下,文物出版社,2010年,第325页
45	重庆南川堰塘宋墓	南宋宝祐元年(1253年)	长方形平顶石室墓,室长5.00米,宽1.88米,高2.00米			门额上有“太岁宝祐元年正月二十日”题记						《中国文物地图集·重庆分册》下,文物出版社,2010年,第219页
46	华蓥南宋安丙家族墓M4	南宋咸淳元年(1265年)	单室券顶石室墓		不详	不详	后壁有龛。墓室内雕刻有大量人物、花回归图案,其上均遍施彩绘。图案内容有武士、伎乐、花卉、男侍、香炉等				拜台和护坎遗迹的遗物以灰陶筒瓦、板瓦为主,另有少量瓷器残。墓室中出陶俑57件:陶文吏俑14、武士俑2、男侍俑27、女侍俑4、击鼓女俑1、庖厨俑2、戏说俑5、四神	《华蓥安丙墓》,文物出版社,2008年,第96–124页

续表

序号	墓名	年代	墓葬结构			壁面装饰					随葬品	资料来源
			墓室	墓顶	仿木构建筑构件	墓门两侧	左壁	右壁	后壁	墓顶内		
											俑4;陶器3件:陶罐3,瓷器2件:瓷碗2;金器1件:金碗1;银器1件:银碗1;铁器2件:铁环2;铜器1件:铜镜1;玉器1件:玉石1;金币20:有“宝庆元宝”“金玉满堂”“加官进禄”“子孙荣贵”“万事大吉”等;银币97,均出自腰坑,有“绍定元宝”“金玉满堂”“子孙满堂”“子孙富贵”“万事大吉”“子孙吉庆”“长命富贵”“永远大吉”“永远吉庆”“太平通宝”“满堂吉庆”等四字吉文以及“贰”“三”“五”“百”“吉”“利”“银”等	

续表

序号	墓名	年代	墓葬结构			壁面装饰					随葬品	资料来源
			墓室	墓顶	仿木构建筑构件	墓门两侧	左壁	右壁	后壁	墓顶内		
											一字文；铜币113，均出自腰坑内，均为大钱，正文为“嘉定元宝”，背文为“折十”二字	
47	岳池代家坟古墓群M1	南宋	单室券顶石室墓，墓室长2.35米、宽1.22米、高1.95米。墓顶为券顶		不详	不详	壁龛			不详	玳瑁釉、青瓷碗各1件，铜镜，玳瑁釉双耳罐1件	《岳池代家坟古墓群发掘简报》，《四川文物》2003年第2期
48	岳池后山古墓群南宋墓	南宋	长方形石室墓M1墓底残长1.90米、宽1.50米、深0.50米。M2～M4墓室各长2.50米、宽0.09米、高1.20米		不详	不详	不详			不详	M1出土影青釉陶罐1、青瓷碗2件	刘敏等：《岳池后山古墓群清理简报》，《四川文物》1994年第5期
49	岳池代家坟古墓群M2	南宋	单室券顶石室墓，墓室长2.60米，宽1.20米，高2.00米。墓顶为券顶		不详	不详	施高浮雕石刻。有四神、伎乐等图案			不详	青瓷壶1件	《岳池代家坟古墓群发掘简报》，《四川文物》2003年第2期
50	华蓥南宋安丙家族墓M3	南宋	单室券顶石室墓，墓室长4.20米、宽2.15米、高（从墓顶券拱下至棺台上）2.72米。墓顶为券顶		不详	不详	壁有龛。墓室内雕刻有大量人物、花卉图案，其上均遍施彩绘。图案内容有伎乐图、青龙、白虎、侍者、侍女、花卉等			不详	拜台和护坎遗迹的遗物以灰陶筒瓦、板瓦为主，另有少量瓷器残片	《华蓥安丙墓》，文物出版社，2008年，第88～96页

续表

序号	墓名	年代	墓葬结构			壁面装饰					随葬品	资料来源
			墓室	墓顶	仿木构建筑构件	墓门两侧	左壁	右壁	后壁	墓顶内		
51	华蓥永兴镇驾挡丘宋墓M1	南宋	长方形券顶单室石室墓,墓室长2.42米、宽1.22米、残高1.54米。墓顶为券顶		不详		左、右两壁墓室壁上部有侧龛,下部有素面须弥座 后壁为后龛里面。后龛为三重龛,龛基为须弥座,束腰内雕壶门,门内剔地起突一枝花卉图案;内龛后壁正中剔地起突莲花幢牌位,牌位中竖书阴刻"□□□寿堂"五字					《华蓥市永兴镇驾挡丘宋墓群发掘简报》,《四川文物》2009年第1期
52	华蓥永兴镇驾挡丘宋墓M2	南宋	长方形券顶单室石室墓		不详	不详	后龛为三重龛			不详	后龛龛台出1件灰陶盏	同上
53	华蓥永兴镇驾挡丘宋墓M3	南宋	长方形券顶单室石室墓,墓室残长0.77米、宽0.84米、残高1.10米		不详	不详	后龛为三重龛			不详	碗1件、碟1件、执壶1件	同上
54	华蓥永兴镇驾挡丘宋墓M4	南宋	长方形券顶单室石室墓,墓室残长0.46米、宽0.92米、残高0.92米		不详	不详	后龛为两重龛			不详	不详	同上

续表

序号	墓名	年代	墓葬结构			壁面装饰					随葬品	资料来源
			墓室	墓顶	仿木构建筑构件	墓门两侧	左壁	右壁	后壁	墓顶内		
55	华蓥永兴镇驾挡丘宋墓M5	南宋	长方形券顶单室石室墓，墓室长2.50米、宽1.18米、高1.81米		不详	不详	后壁为后龛立面。后龛为三重龛，龛基为须弥座，束腰内雕壶门，门内剔地起突莲花图案。连接外龛和中龛的坡面上有牡丹花图案。内龛后壁正中剔地起突莲花幢牌位，牌位中竖书阴刻“张中兴寿堂”五字					同上
56	井口石室墓	南宋	双室并列石室墓，两墓室建造完全相同，墓室东西长3.60米，南北宽1.28米。四重藻井		仿木结构装饰，有柱、梁、斗拱、藻井等	不详	后壁各有向外凸的龛，其平面呈凸字形，外刊由两根抹角方柱组成，柱上雕栌斗，上复墓顶盖石。龛壁上各刻双扇关着的菱花槅扇，槅扇的绦环板上刻团花两朵，裙板上刻如意云纹，石刻内容有四灵、兽首、孝悌故事			1号墓藻井盖石上刻阳文“延长”二字，2号墓刻阳文“福寿”二字	有咸平、崇宁、政和等钱币和影青瓷盘、黑釉瓷罐、鳝鱼皮釉瓷碗等	《重庆井口宋墓清理简报》，《文物》1961年第11期

续表

序号	墓名	年代	墓葬结构			壁面装饰					随葬品	资料来源
			墓室	墓顶	仿木构建筑构件	墓门两侧	左壁	右壁	后壁	墓顶内		
57	沙丘石室墓	南宋	长方形石室墓		不详	不详	左、右壁不详。后壁后龛有须弥座的莲花台，台上浅刻一花盘，盘中托一茶杯，有一壶茶向杯内倾水；台下浅刻一束莲花，叶、蕾栩栩如生。左室后龛有浅刻一石桌，桌上垂吊一方巾，巾上有葵花图案和几何纹饰，桌上中部置一浅浮雕鼎，鼎口有炊烟缭绕，鼎两侧各有一花瓶，瓶内各插一束花卉			不详	共出土随葬品11件，计有瓷碗2、瓷碟1、铁刀1、陶筒瓦3、陶罐2、陶钵2	《中国考古学年鉴2003》，文物出版社，2004年，第205～306页
58	安岳老鸹山宋墓M1	南宋嘉泰二年（1202年）	长方形坑石砌墓，长约4.20米、宽3.20米、残高约2.20米。四方形藻井顶		后壁龛两侧各有1根仿木结构方形檐柱、上置栌斗		后壁正中是盝顶式门、门楣两端有浮雕花卉。门内雕有菱格纹样的屏风。屏风前刻有1把靠椅，靠椅两侧各有1个身着长袍的男子立像			藻井四壁分别刻有凤凰、牡丹、鹿、人物、雄狮等浅浮雕图案	19件灰陶俑、2件陶罐，另有1件湖州铜镜和方石墓志。湖州镜出土前被放在墓顶的高浮雕莲花花心中、墓志置于墓室中部，其余随葬品在墓内的分布位置不详	王玉《四川安岳老鸹山南宋墓清理简报》，《考古与文物》2009年1期

续表

序号	墓名	年代	墓葬结构			壁面装饰					随葬品	资料来源
			墓室	墓顶	仿木构建筑构件	墓门两侧	左壁	右壁	后壁	墓顶内		
59	安岳老鸹山宋墓M2	南宋	竖穴土坑石室墓，长4.40米、宽约2.90米。四方形藻井				后壁龛两侧各有1根抹角方柱，上置栌斗。栌斗上的栱与象头形雀替相融合，在雀替或栱的上方有1只象眼，上面分两层置8只散斗。在雀替之间有浅浮雕形式的折枝花装饰。龛内门楣上有阴刻楷书“范阳夫人寿域”6字。门内悬幔帐，帐内有男女各1人			中部有1朵浅浮雕莲花，壶门内有浅浮雕龟鹤莲叶图、二人舞狮图、牡丹花卉等浮雕图案。	陶俑62	同上
60	安岳老鸹山宋墓M3	南宋	长方形单室墓，长3.40米、宽2.20米。墓顶残									同上
61	绵阳杨家乡南宋墓	南宋	平顶单室石室墓，长3.50米、宽1.60米、高0.72米。墓顶为平顶				朴素无纹，仅后壁阴刻一正圆，涂白色染料，估计是金乌				武士俑6、匍伏俑1、两头俑1、人首蛇身俑1、生肖俑2（猴1、猪1）、青龙2、白虎1、玄武1、辟邪2、鸡2、、文俑14、侍俑6、女俑3、执盒俑1、执箕俑1、灶1、温	何志国：《四川绵阳杨家宋墓》，《考古与文物》1988年第1期

续表

序号	墓名	年代	墓葬结构			壁面装饰					随葬品	资料来源
			墓室	墓顶	仿木构建筑构件	墓门两侧	左壁	右壁	后壁	墓顶内		
											酒灶1、磨1、异形器1、铜镜1、铜罐1	
62	成都平原：乐山两宋石室墓4座	南宋	长方形券顶石室墓。墓顶为券顶				侧龛各1、后龛1。墓室内石刻图像，均为浮雕，凿在墓后壁龛，破坏程度不同，但雕刻风格一致				陶俑19、铜镜2、瓷粉盒1件，其余皆为灰陶，以及陶残件和残铁器若干	乐山市文管所：《乐山宋墓清理简报》，《考古与文物》1993年第6期
63	达川白岩村宋墓M1	宋	长方形单室石室墓，墓室长2.40米、宽0.95米、高0.83米		藻井式顶	不详	有龛，壁龛长0.48米，宽0.45米，深0.11米，为仕女启门图案，周围有花草雕刻			不详	随葬碗3、执壶1	马幸辛等：《达川市发现宋代墓葬》，《四川文物》1999年第1期
64	达川白岩村宋墓M2	宋	石室墓		不详	不详	正中壁龛为仿木结构建筑双扇门和仕女启门画像石雕				瓷碗残件	同上
65	达县九岭乡宋墓	宋	长方形石室墓，墓室长2.35米、宽0.94米、高1.27米。墓顶为藻井穹窿式顶		不详	门框左边的石柱上刻1朱雀	左壁为青龙，右壁为白虎。后部正中的壁龛为“王堂”，内壁浮雕主人牌位。龛外右侧还有阴刻独占鳌头画像石				古钱币12枚，其中崇宁通宝6枚，崇宁重宝6枚。青石抄手砚1方，锈蚀严重的铸铁残刀1柄，铁锥1把。壁龛上有随葬碗2个	张明扬：《达县九岭乡宋代墓葬》，《四川文物》2000年第4期

续表

序号	墓名	年代	墓葬结构			壁面装饰					随葬品	资料来源
			墓室	墓顶	仿木构建筑构件	墓门两侧	左壁	右壁	后壁	墓顶内		
66	大足石室墓18座	宋	不详		斗拱：一斗三升	武士	左壁为花草浮雕。有些墓用线条刻着人像和怪兽(鸡头人身、狗头人身、猫头鹰等)。右壁为花草浮雕。两个石柱形成一门，柱座是个小狮子。后壁刻有“寿堂”			花草浮雕		蒋美华、邓之金：《四川大足县继续发现带精美雕刻的宋墓》，《文物参考资料》1955年第8期
67	合川白鹿山宋代石室墓	宋	石室墓		不详	不详	不详			不详	不详	《中国考古学年鉴2000》，文物出版社，2002年，第242页
68	江津人高山石室墓	宋	双室石室墓，2座4穴		不详	第二座墓墓门两侧有持斧武士像	洞口刻“凿泉阴宅”，洞内刻有鸟兽图像，第二穴刻有武士坐像，壁上刻有石龙、石门及一些兵卒			不详	不详	《江津县志》，四川科学技术出版社，1995年，第720页
69	重庆巴南梅景城石室墓	宋	双室石室墓，墓外形呈椭圆形。长7.00米、宽4.30米、高2.45米。左室内空长4.55米、宽1.95米、高1.80米。墓顶为前后藻井		柱间有藻枋，枋下架雀替，枋上施斗拱	不详	墓壁共有四龛，头龛为仿木结构雕刻，龛前置四级普通踏道，台基上有两根六棱柱，下置狮形柱础，柱后有半开门，刻一人侍候门旁			藻井顶盖石浮雕莲花图案	不详	《重庆文物总目》，西南师范大学出版社，1996年，第22页

续表

序号	墓名	年代	墓葬结构			壁面装饰					随葬品	资料来源
			墓室	墓顶	仿木构建筑构件	墓门两侧	左壁	右壁	后壁	墓顶内		
70	重庆巴南水池坡石室墓	宋	3座，双室石室墓。墓外形呈椭圆形。1号墓左室内空长3.30米、宽1.30米、高2.00米。墓顶为藻井		不详	不详	左壁为浅浮雕龙图案。右壁为浅浮雕龙图案。浅浮雕龟、鹤等图案			不详	不详	同上
71	重庆巴南新市墓群	南宋	4座，石室墓								出土黑釉瓷碗、杯、双耳罐、碟等黑瓷器。	《中国文物地图集·重庆分册》下，文物出版社，2010年，第68页
72	重庆綦江熊家屋基石室墓群	宋	25座，双室石室墓。墓外形呈椭圆形。2号墓室长2.48米、单室内宽0.88米、高1.88米。墓顶为藻井		不详	不详	左壁为有龛，雕刻花草图案。右壁为有龛，雕刻花草图案。后壁有头龛，雕刻花草图案			不详	有影青瓷刻花碗3件、陶灯盏2件、陶罐1件。	《重庆文物总目》，西南师范大学出版社，1996年，第52页
73	重庆綦江高家祠堂石室墓群	宋	8座，仿木结构双室石室墓。墓外形呈椭圆形。坐南朝北。1号墓墓室长2.00米，宽1.02米、高1.50米。墓顶为藻井		仿木结构	不详	左壁有龛，刻有花草图案。右壁有龛，刻有花草图案。后壁有龛，刻有花草图案			不详	不详	同上

续表

序号	墓名	年代	墓葬结构			壁面装饰					随葬品	资料来源
			墓室	墓顶	仿木构建筑构件	墓门两侧	左壁	右壁	后壁	墓顶内		
74	重庆綦江母猪井石室墓群	宋	2座，双室石室墓。墓外形呈椭圆形。坐东向西。1号墓右墓室长2.30米、宽0.77米、高1.00米。墓顶为藻井		不详	不详	左壁有龛，刻有花草图案。右壁有龛，刻有花草图案。后壁有龛，刻有花草图案			不详	不详	《重庆文物总目》，西南师范大学出版社，1996年，第53页
75	重庆綦江卫生镇石室墓群	宋	7座，双室石室墓。墓外形呈椭圆形		仿木结构雕刻	不详	左壁有龛，浅浮雕。右壁有龛，浅浮雕。后壁头龛上有高浮雕房架、檐下施斗拱等图案			不详	不详	同上
76	重庆綦江长杆烟石室墓群	宋	4座，双室石室墓。墓外形呈椭圆形。1号墓长3.00米、宽4.00米。墓顶为藻井		不详	不详	左壁有龛。右壁有龛。后壁有龛，有浮雕门面、人物等			不详	不详	同上
77	重庆綦江上岚垭石室墓群	宋	4座，双室石室墓。墓外形呈椭圆形。2号墓左墓室长2.10米、宽0.90米、高1.60米。墓顶为藻井		不详	不详	左壁侧龛宽0.70米、高0.50米。右壁侧龛宽0.70米、高0.50米。后龛宽0.50米、高0.50米，内有浮雕莲花图案			不详	不详	同上

续表

序号	墓名	年代	墓葬结构			壁面装饰					随葬品	资料来源
			墓室	墓顶	仿木构建筑构件	墓门两侧	左壁	右壁	后壁	墓顶内		
78	重庆綦江大塝石室墓群	宋	2座，双室石室墓。墓外形呈椭圆形。1号墓长2.30米，左墓室宽1.00米、高1.20米。墓顶为藻井		不详	不详	后龛刻有高浮雕花草等图案			不详	不详	《重庆文物总目》，西南师范大学出版社，1996年，第54页
79	重庆綦江八字石室墓	宋	双室石室墓。墓外形呈椭圆形。墓室宽1.40米，高1.70米		墓门有仿木结构雕刻、斗拱等	不详	不详			不详	不详	《重庆文物总目》，西南师范大学出版社，1996年，第70页
80	重庆綦江老马洞石室墓	宋	双室石室墓。墓外形呈椭圆形。墓顶为藻井顶		仿木结构，双开门	不详	左壁刻有花草图案。右壁刻有花草图案。后壁有龛，下置莲花座			不详	不详	同上
81	重庆綦江水井湾宋墓	宋	1座夫妇合葬墓，长方形并列石室墓，其中1室长2.80米，宽1.30米，高1.60米。墓顶为藻井顶				左右两侧壁有菱格窗。墓室后壁有半开门、莲花、花草等浮雕图案			藻井顶上饰以莲花、莲叶	出土有影青瓷碗、涂山窑黑瓷茶盏、白瓷钵、半成品刻花瓷瓶	《中国文物地图集·重庆分册》下，文物出版社，2010年，第230页
82	重庆綦江周家湾墓群	宋	3座墓，长方形石室墓，其中1座长2.43米，宽1.42米，高0.98米，藻井顶。墓顶为藻井顶				左右两侧壁是鱼形图案。后壁刻有仿木建筑，重檐歇山顶，四柱三间					《中国文物地图集·重庆分册》下，文物出版社，2010年，第230页

续表

序号	墓名	年代	墓葬结构			壁面装饰					随葬品	资料来源
			墓室	墓顶	仿木构建筑构件	墓门两侧	左壁	右壁	后壁	墓顶内		
83	重庆綦江巴岩墓群	宋	25座墓，长方形石室墓。其中1座墓长2.48米，宽0.88米，高1.88米。墓顶为藻井顶		侧壁凿有方柱	不详	侧壁凿有方柱，周壁各龛均有花卉浮雕图案				出土有宋代刻花瓷碗、陶灯、罐等	《中国文物地图集·重庆分册》下，文物出版社，2010年，第230页
84	重庆綦江官田宋墓	宋	1座墓，长方形石室墓。墓长2.70米，宽1.30米，高1.00米。墓顶为藻井顶上施宝盖		后壁龛内施仿木建筑浮雕，单檐歇山顶，施斗拱		两侧壁凿有方柱，龛内是人、马、仙鹤、花卉、双象朝阳等浮雕图案。后壁龛内施仿木建筑浮雕，单檐歇山顶，施斗拱					《中国文物地图集·重庆分册》下文物出版社，2010年，第230–231页
85	重庆綦江百子店宋墓	宋	1座长方形石室墓，长2.85米，宽1.52米，高2.15米。墓顶为藻井顶		后壁龛内雕有重檐歇山顶房屋建筑，檐下施斗拱		侧壁龛内刻有花草、武士及文字，即“功名如同松，福寿……”后壁龛内雕有重檐歇山顶房屋建筑，檐下施斗拱，屋内有男女侍者各1人			藻井顶饰以二龙戏珠	不详	《中国文物地图集·重庆分册》下，文物出版社2010年，第231页
86	重庆綦江黄泥堡墓群	宋	5座墓，长方形石室墓。其中1座长2.50米，宽0.85米，高1.90米。墓顶为藻井顶				侧壁龛有对称的人物、梅瓶等浮雕图案。后壁刻有仿木结构，石方柱上均饰以梅瓶					《中国文物地图集·重庆分册》下，文物出版社，2010年，第231页

续表

序号	墓名	年代	墓葬结构			壁面装饰					随葬品	资料来源
			墓室	墓顶	仿木构建筑构件	墓门两侧	左壁	右壁	后壁	墓顶内		
87	舍利塔墓群	宋	4座，上为舍利塔，下为正方形墓室		不详	不详	塔基座为须弥座，边缘饰有莲花			不详	不详	《重庆文物总目》，西南师范大学出版社，1996年，第80页
88	重庆合川响堂屋基石室墓	宋	仿木结构石室墓。后室门宽1.35米、高1.56米，室内宽1.35米、长1.20米、高1.70米。墓顶为八边形藻井		不详	不详	左壁存一龛，内刻仿木椅各一，龛楣雕单檐九脊屋顶，檐下施斗拱两朵，用二柱；龛外左右分刻一高0.50米的侍女，头残，手捧一物。右壁存一龛，内刻仿木椅各一，龛楣雕单檐九脊屋顶，檐下施斗拱两朵，用二柱；龛外左右分刻一高0.50米的侍女，头残，手捧一物。后壁不详			藻井内雕玩耍、运动图案若干	不详	《重庆文物总目》，西南师范大学出版社，1996年，第102页
89	重庆合川小屋基石室墓群	宋	石室墓4座。其中，1号墓残存，余三墓尚佳。1号墓为石室仿木结构，墓口宽1.50米、高1.50米；墓室平顶，长3.40米、宽1.60米、高1.60米		不详	不详	后壁存1龛，龛侧雕仿木柱及斗拱等图案			不详	不详	《重庆文物总目》，西南师范大学出版社，1996年，第102页

续表

序号	墓名	年代	墓葬结构			壁面装饰					随葬品	资料来源
			墓室	墓顶	仿木构建筑构件	墓门两侧	左壁	右壁	后壁	墓顶内		
90	重庆合川七树宋墓	宋	长方形石室墓1座两侧壁有8幅花卉等浮雕图案				左右两侧壁有8幅花卉等浮雕图案。后壁雕有仿木结构的斗拱二朵					《中国文物地图集·重庆分册》下,文物出版社2010年,第162页
91	重庆合川河埝村石室墓	宋	共2座。其中,2号墓平顶,墓室长2.82米、宽2.13米、高1.20米。墓顶雕藻井				左右二壁及后壁设龛,后壁龛为歇山顶,檐下雕梭形柱,柱端存斗拱					《重庆文物总目》,西南师范大学出版社,1996年,第102页
92	重庆合川九道拐墓群	宋	共10座石室墓,占地面积约1200平方米。已清理长方形平顶石室墓				壁上刻有卷草纹等图案					《中国文物地图集·重庆分册》下,文物出版社,2010年,第161页
93	重庆合川响铃石室墓	宋	共2座石室墓。均为长方形石室墓,墓向南。1号墓,平顶,长4. 50米、宽1.60米、高1.70米;2号墓形制同1号墓。两墓间存一拱形通道,长1.57米,宽0.63米				M1两侧壁设龛,壁面加刻鹿及卷草图案。M2两壁刻人物、山水、亭阁、马等图案。M1后壁凿龛,龛壁刻石椅,龛顶外刻“春庆寿堂”四字			墓顶凿卷草和藻井,井内刻一圆形石镜		《重庆文物总目》,西南师范大学出版社,1996年,第103页

续表

序号	墓名	年代	墓葬结构		仿木构建筑构件	壁面装饰					随葬品	资料来源
			墓室	墓顶		墓门两侧	左壁	右壁	后壁	墓顶内		
94	重庆合川新屋村石室墓	宋	共2座石室墓。皆为仿木石室墓。其中，2号墓墓门高1.52米、宽1.62米；墓室为平顶，长3.00米、宽1.80米、高2.00米				M2左右两壁设龛，龛内阴刻花鸟图案，龛外侧壁刻镇墓武士及青龙、白虎图案。M2后壁亦存一龛，龛上仿木九脊顶屋檐，檐下施斗拱，龛内刻花卉，两侧阴刻侍女和一长方形石桌			M2墓顶刻成藻井状，井内刻莲花、飞鸟、飞天等图案共八幅	墓内出有宋代影青瓷碗1件、广元窑花瓶2件及白瓷碗1件。	《重庆文物总目》，西南师范大学出版社，1996年，第103页
95	重庆合川双江村石室墓	宋	共1座石室墓，墓向西。石质仿木结构。墓门高1.58米、宽1.56米，墓室长2.80米、高1.80米、宽1.70米				墓室内左右壁面浮雕武士像及侍女像，像后各开一龛。墓底壁上亦存一龛，龛顶刻九脊顶房面，檐下施斗拱二朵，栱下支柱。后壁不详			墓顶凿有藻井，井内存玄武图案	不详	《重庆文物总目》，西南师范大学出版社，1996年，第104页
96	重庆合川花谷帽墓群	宋	共2座长方形石室墓			不详	侧壁龛内雕刻花鸟、武士、青龙、白虎等图案。后壁龛上浮雕歇山式屋顶，檐下施斗拱，后壁龛内阴刻侍女、案桌等			墓顶阴刻荷叶、鸟和飞天等内容	出土宋代影青瓷碗、白瓷碗、广元窑瓷瓶。	《中国文物地图集·重庆分册》下，文物出版社，2010年，第161页

续表

序号	墓名	年代	墓葬结构			壁面装饰					随葬品	资料来源
			墓室	墓顶	仿木构建筑构件	墓门两侧	左壁	右壁	后壁	墓顶内		
97	重庆合川穿店村石室墓	宋	仿木结构石室墓。墓室长4.00米、宽1.60米、高2.70米			墓门两侧壁阴刻镇墓武士各一人，门额内的上方刻朱雀	墓室两壁石柱上缠刻青龙、白虎，柱顶刻仿木斗拱各一朵。墓室平顶，横梁刻玄武、缠枝花草、凤凰等图案。后壁开一龛，龛顶为九脊顶，檐下施斗拱两朵，龛内刻花纹，龛中刻“藏室”二篆字，龛上题款“皇宋绍熙庚戌 季秋”				墓内出有彭县窑白瓷碗3件，广元窑陶香炉1件，花瓶1件	《重庆文物总目》，西南师范大学出版社，1996年，第104页
98	重庆合川康佳村石室墓群	宋	共石室墓4座。2号墓属宋代石室墓，墓门宽1.60米、高1.50米；墓室平顶，长3.70米、宽1.60米、高1.80米。墓顶为藻井		仿木斗拱	不详	左右及后三壁皆存龛，并存仿木斗拱			不详	不详	《重庆文物总目》，西南师范大学出版社，1996年，第104页
99	重庆合川二郎宋墓	宋	长方形石室墓1座				室内顶部和壁上有花草等浮雕图案				出土宋代青瓷碗、白瓷盘1件	《中国文物地图集·重庆分册下》，文物出版社，2010年，第161页

续表

序号	墓名	年代	墓葬结构			壁面装饰					随葬品	资料来源
			墓室	墓顶	仿木构建筑构件	墓门两侧	左壁	右壁	后壁	墓顶内		
100	重庆铜梁青杠坡崖墓群	宋	共6座石室墓。均为单室墓。6号墓已扰乱，门宽0.89米、高1.05米；门楣上方刻有浅浮雕卷草图案；墓室长1.60米、宽0.98米、高1.05米				室内周壁雕有仿木结构的斗拱、方柱、房屋建筑及卷草纹、奔鹿等浮雕内容。墓室两侧壁面存仿木方柱各一根；墓底有一龛，龛高0.38米、宽0.35米，龛内浮雕奔鹿1只，龛侧刻仿木石柱各一，柱端卷刹，柱上承斗拱					《重庆文物总目》，西南师范大学出版社，1996年，第136页
101	重庆铜梁石坝坡石室墓	宋	单室墓1座，双层门楣，外层高1.75米、宽1.65米、厚0.10米；内层高1.40米、宽1.40米、厚0.22米。墓室长2.70米、宽1.85米、高1.67米		顶雕有仿木歇山式屋样，四柱三间		正壁一龛，宽1.20米、高1.00米、厚0.24米，龛侧及顶雕有仿木歇山式屋样，四柱三间			弧形顶，顶上刻圆形七星图		《重庆文物总目》，西南师范大学出版社，1996年，第136页
102	重庆铜梁金铃宋墓		1座长方形平顶石室墓				墓壁有钱纹、仕女、动物、半开门等图案的雕饰					

续表

序号	墓名	年代	墓葬结构			壁面装饰					随葬品	资料来源
			墓室	墓顶	仿木构建筑构件	墓门两侧	左壁	右壁	后壁	墓顶内		
103	重庆铜梁白果树石室墓	宋	共2座石室墓。其中，1号墓为单室，檐口高1.75米、宽1.25米；内高1.60米、宽1.17米。墓室长方形平顶。2号墓形制略同		M1龛顶存仿木悬山式屋面.，檐下承斗拱4朵	两侧壁进门第一块石面上，阳线雕一武将，戎装打扮：身著铠甲，头戴战盔，手执利斧。其后石板上阴刻一龙头凤尾兽，对衬排列	墓室底部可见一高0.50米、宽0.60米、深0.10米的壁龛，龛内雕有牡丹花卉，龛周雕卷草，龛顶存仿木悬山式屋面.，檐下承斗拱4朵					《重庆文物总目》，西南师范大学出版社，1996年，第136页
104	重庆璧山马滩河石室墓	宋	长方形石室墓		室内壁上雕有仿木结构斗拱两朵		后壁龛有花卉等雕饰					《重庆文物总目》，西南师范大学出版社，1996年，第161页
105	重庆璧山曾家崖坡石室墓群	宋	共3座。均为长方形石质单室墓，即石板砌成			M1门宽1.00米，高1.30米	M1两侧壁有莲花、牡丹、半开门、斗拱等雕饰					《中国文物地图集·重庆分册》下，文物出版社，2010年，第325页

续表

序号	墓名	年代	墓葬结构			壁面装饰					随葬品	资料来源
			墓室	墓顶	仿木构建筑构件	墓门两侧	左壁	右壁	后壁	墓顶内		
106	重庆璧山罗家坡石室墓群	宋	均为长方形单室石室墓。其中,8号墓为长方形单室宋墓,与9号墓相近并排		墓内均有仿木结构的门柱等雕饰							《重庆文物总目》,西南师范大学出版社,1996年,第162页
107	重庆璧山狮子岩石室墓	宋	长方形双室墓,石板砌成。两扇石墓门封住墓口				墓壁上镌刻卷草纹浅浮雕图案及阴刻“元丰九年”题记					《中国文物地图集·重庆分册》下,北京:文物出版社,2010年,第325页
108	重庆大足古坟坡石室墓群	宋	共13座。为石构长方形单室墓。其中,1号墓室长2.70米,1.30米,高1.40米				M1两侧壁有仿木石柱、斗拱、“妇人启门”假直、棂窗等雕饰			M1后壁龛楣上有仿木弓形额枋,上置五斗		《重庆文物总目》,西南师范大学出版社,1996年,第177页
109	重庆大足张家坡石室墓	宋	2座,坐西向东。均石构长方形双室墓,分前、后二室。其中,1号墓室长2.50米,宽1.00米,高1.50米				M1两侧壁各有仿木石柱四根和“妇人启门”雕饰。			M1后壁龛内有二男侍及细颈球腹瓶,花卉等雕饰		《重庆文物总目》,西南师范大学出版社,1996年,第178页

续表

序号	墓名	年代	墓葬结构			壁面装饰					随葬品	资料来源
			墓室	墓顶	仿木构建筑构件	墓门两侧	左壁	右壁	后壁	墓顶内		
110	重庆大足大土村石室墓	宋	夫妇合葬墓1座，石构长方形双室墓，两室不相通。其中，1号墓室长3.48米，宽1.90米，高2.50米				两侧壁有仿木石柱、妇人启门、青龙、白虎、朱雀等雕饰。后壁有二柱、栌斗、枋和二个侍者等雕饰				宋代青釉陶罐、碗、灯、带流罐等。	《中国文物地图集·重庆分册》下，文物出版社，2010年，第283页
111	重庆大足翠屏村石室墓	宋	1座，石构长方形多室墓，分前、中、后三室；中室长2.40米、宽2.10米、高1.80米；后室长1.20米、宽1.60米、高1.00米				中室左右壁和门楣上有仿木结构的门，枋、雀替、柱、花卉及儿童戏耍等雕刻。后室两侧壁上有仿木石柱，柱上置斗拱。后壁龛有“妇人启门”等雕饰					《重庆文物总目》，西南师范大学出版社，1996年，第178页
112	重庆大足惜字阁石室墓群	宋	共5座，长方形单室石室墓。2号墓门宽1.20米，高1.10米；墓室长3.30米，高2.00米，宽1.60米				M2两侧壁有八根仿木石柱，上置栌斗；后壁及右侧壁均有“妇人启门”、狮等雕饰					《重庆文物总目》，西南师范大学出版社，1996年，第178页
113	重庆大足长石坝石室墓群	宋	共45座，为石构长方形单室墓。其中，1号墓门宽1.25米高0.93米；墓室长2.40米，高0.70米				两侧壁有仿木石柱十根，柱上置栌斗。后壁有斗拱、亭台楼阁建筑等雕饰					《重庆文物总目》，西南师范大学出版社，1996年，第179页

续表

序号	墓名	年代	墓葬结构			壁面装饰					随葬品	资料来源
			墓室	墓顶	仿木构建筑构件	墓门两侧	左壁	右壁	后壁	墓顶内		
114	重庆大足响滩石室墓群	宋	共10座长方形单室石室墓。其中,1号墓门宽1.20米,高1.48米;墓室长4.74米,宽1.21米,高1.48米				两侧壁有仿木石柱。后壁有两柱,柱上置栌斗和楼阁建筑等雕饰					《重庆文物总目》,西南师范大学出版社,1996年,第179页
115	重庆大足韩家坡石室墓群	宋	共5座,长方形单室石室墓。其中,1号墓门宽1.02米,墓室长3.00米				周壁有仿木结构的斗拱等雕饰,后壁有“口陈寺堂”四字					《重庆文物总目》,西南师范大学出版社,1996年,第180页
116	重庆大足油房坡石室墓	宋	1座,墓门宽1.34米;墓室长4.00米,宽2.30米,高2.70米。墓顶为盝顶				左右两侧壁有执剑武士、“妇人启门”青龙、白虎、儿童团花等雕饰。后壁有仿木结构斗拱、雀替等雕饰				墓门两侧有石刻着甲胄按剑的护卫武士像,内长方形单室,正中藻井四角叠涩,中有栌斗承接,其下檐刻四神图案。墓室两侧壁龛凿出半开门形。后壁三层门楣,中间流苏垂帐下立一人,似为墓主	《重庆文物总目》,西南师范大学出版社,1996年,第180页

续表

序号	墓名	年代	墓葬结构			壁面装饰					随葬品	资料来源
			墓室	墓顶	仿木构建筑构件	墓门两侧	左壁	右壁	后壁	墓顶内		
117	重庆大足黄木石室墓群	宋	共4座长方形单室石室墓。其中，1号墓门宽1.15米，高1.20米；墓室长2.30米，宽1.35米，高1.38米				左右两侧壁有仿木石柱四根，柱上置栌斗。后壁有“妇人启门”等雕饰及题记“壬寅之秋造吉”六字					《重庆文物总目》，西南师范大学出版社，1996年，第180页
118	重庆大足将军坟石室墓	宋	1座长方形盝顶并列双室石室墓。两室均分前、中、后三部分，两室中部相通，形制相同。其中，左墓室总长4.00米，宽2.00米，高3.00米。墓顶为盝顶				周壁均有仿木石柱、斗拱、男女侍者等雕饰					《重庆文物总目》，西南师范大学出版社，1996年，第180页
119	重庆大足神仙洞石室墓	宋	1座长方形多室石室墓。分前、中、后三室。总长7.60米，宽4.70米，高1.50米。前室长2.30米，中室长2.40米，后室长2.90米；前、后室均为盝顶				周壁有仿木石柱及斗拱若干；两侧壁有菩萨、僧人等造像，头均残，高浮雕					《重庆文物总目》，西南师范大学出版社，1996年，第181页

续表

序号	墓名	年代	墓葬结构			壁面装饰					随葬品	资料来源
			墓室	墓顶	仿木构建筑构件	墓门两侧	左壁	右壁	后壁	墓顶内		
120	重庆大足莲花盖石室墓	宋	1座，系和尚墓，长方形并列三室石室墓，三室由一走廊相连；墓室加走廊总长3.90米，宽3.80米；墓室长2.45～2.55米，宽0.85～0.90米				后壁有亭台楼阁建筑等雕饰				该墓前有一喇嘛塔，顶残	《重庆文物总目》，西南师范大学出版社，1996年，第181页
121	重庆大足大石坝石室墓群	宋	5座，为长方形单室石室墓。墓顶为盝顶				M1两侧壁有仿木石柱八根，上置五斗，龛内有朱雀、花卉等雕饰				出有陶碗、罐各一	《重庆文物总目》，西南师范大学出版社，1996年，第181页
122	重庆大足狮子坡石室墓	宋	1座，长方形并列双室石室墓。其中，左室长2.75米，宽1.20米，高1.40米		两侧壁各有仿木石柱四根		两侧壁各有仿木石柱四根。后壁有“妇人启门”斗拱、雀替等雕饰					《重庆文物总目》，西南师范大学出版社，1996年，第181页
123	重庆大足沙子坡石室墓群	宋	1座，长方形并列双室石室墓，两室不相通，各室分前、后两部；其中左墓室长3.70米，宽1.70米，高3.10米				周壁有仿木石柱10根，柱上置栌斗，额枋3根，以及半开门、男侍者等雕饰。右墓室形制与此相同，仅侍者为女性。该墓应为夫妻合葬墓					《重庆文物总目》，西南师范大学出版社，1996年，第182页

续表

序号	墓名	年代	墓葬结构			壁面装饰					随葬品	资料来源
			墓室	墓顶	仿木构建筑构件	墓门两侧	左壁	右壁	后壁	墓顶内		
124	重庆大足半边庙崖墓群	宋	4座墓，墓门作单层门楣，均长方形弧顶单室石室墓。墓室长 4.50 米，宽 2.50 米，高 1.80 米				壁上有龙、花卉、鹿等浮雕图案					《中国文物地图集·重庆分册》下，文物出版社，2010年，第282页
125	重庆大足果园坡墓群	宋	3座平顶长方形石室墓，墓室长 2.60 米，宽 1.30 米，高 1.40 米。室内施仿木建筑部件如斗拱、雀替				室内施仿木建筑部件如斗拱、雀替以及半开门等浮雕内容					《中国文物地图集·重庆分册》下，文物出版社，2010年，第 282–283页
126	重庆大足学堂嘴墓群	宋	2座长方形石室墓				室内后壁有楼阁建筑、方柱等浮雕内容					《中国文物地图集·重庆分册》下，文物出版社，2010年，第283页
127	重庆大足学堂坡墓群	宋	12座长方形平顶石室墓，墓门顶部用弧背形条石封砌				室内周壁施以方柱、半开门等浮雕					《中国文物地图集·重庆分册》下，文物出版社，2010年，第283页
128	重庆大足蒋家坝宋墓	宋	1座长方形平顶石室墓，长 3.70 米，宽 1.78 米				室内周壁有斗拱、方柱、半开门、花卉等雕饰					《中国文物地图集·重庆分册》下，文物出版社，2010年，第283页

续表

序号	墓名	年代	墓葬结构			壁面装饰					随葬品	资料来源
			墓室	墓顶	仿木构建筑构件	墓门两侧	左壁	右壁	后壁	墓顶内		
129	重庆大足黄泥坡墓群	宋	5座墓，长方形平顶石室墓				室内周壁凿有侍者、半开门、斗拱等浮雕内容					《中国文物地图集·重庆分册》下，文物出版社，2010年，第283页
130	重庆大足梅子湾墓群	宋	5座墓，长方形平顶石室墓。其中一座墓长1.96米，宽1.45米，高2.00米				周壁施有动物、半开门等浮雕内容					《中国文物地图集·重庆分册》下，文物出版社，2010年，第283页
131	重庆大足庙子坡墓群	宋	4座墓，长方形平顶石室墓，其中1座墓室长3.60米，宽1.00米，高1.50米				室内周壁有半开门、楼阁建筑等浮雕图案					《中国文物地图集·重庆分册》下，文物出版社，2010年，第283页
132	重庆大足长石僧人墓		1座墓，长方形藻井顶多室石室墓，即分前、中、后三室。前室已毁，总长7.60米，宽4.20米，高1.50米。墓顶为藻井顶		中、后室壁上雕有四根八角柱，其上有大斗，下有圆柱础		中、后室壁上雕有四根八角柱，其上有大斗，下有圆柱础。在八角柱间原有19尊僧人雕像，现存7尊，头已残					《中国文物地图集·重庆分册》下，文物出版社，2010年，第283页

续表

序号	墓名	年代	墓葬结构			壁面装饰					随葬品	资料来源
			墓室	墓顶	仿木构建筑构件	墓门两侧	左壁	右壁	后壁	墓顶内		
133	重庆大足西北宋墓	宋	1座夫妇合葬墓，并列长方形藻井顶双室石室墓。墓室长4.00米，宽2.00米，高2.00米。墓顶为藻井顶				周壁施女侍者、鱼、青龙、白虎、玄武、朱雀、半开门、斗拱等浮雕内容。另1座墓的不同之处是刻男侍者像					《中国文物地图集·重庆分册》下，文物出版社，2010年，第233页
134	重庆大足杠嘴坡墓群	宋	4座墓，长方形平顶石室墓。墓室长4.50米，宽2.10米，高2.00米。墓顶为平顶			门上有朱雀、斗拱等雕饰	两侧壁隐起方柱五根；周壁有青龙、白虎、侍者、鲤鱼戏珠等浮雕内容					《中国文物地图集·重庆分册》下，文物出版社，2010年，第283页
135	重庆大足大坡墓群	宋	12座墓，长方形平顶石室墓，墓室长5.60米，高2.95米。墓顶为平顶				墓周壁有花鸟、鱼、建筑等浮雕内容					《中国文物地图集·重庆分册》下，文物出版社，2010年，第283页
136	重庆大足保竹宋墓	宋	1座合葬墓，并列长方形藻井顶双石室墓。墓室长2.50米，宽1.08米。墓顶为藻井顶				周壁施额枋、斗拱、侍者等雕饰					《中国文物地图集·重庆分册》下，文物出版社，2010年，第283页

续表

序号	墓名	年代	墓葬结构			壁面装饰					随葬品	资料来源
			墓室	墓顶	仿木构建筑构件	墓门两侧	左壁	右壁	后壁	墓顶内		
137	重庆江津烟灯堡石室墓	宋	双室石室墓。墓顶为券顶								后室有二石棺，上有龙形浮雕，另有石桌、石凳。随葬品多已散失，仅存石马一尊，高0.40米，长0.80米；陶俑一个，高0.30米，宽0.20米	《重庆文物总目》，西南师范大学出版社，1996年，第225页
138	重庆江津钢改厂石室墓	宋	双室石室墓，两室均长1.99米，宽1.66米，高1.20米				两侧壁上有浮雕花、鸟、兽等，有“寿山、福海、安乐、清闲”八字。壁龛用仿木结构，歇山顶，下施斗拱；正中为墓主人浮雕像，左右各一侍者，龛高1.00米，深0.18米					《重庆文物总目》，西南师范大学出版社，1996年，第226页
139	重庆江津金庙崖墓群	宋	墓群3座墓。墓门做三层门楣，皆长方形横穴式平顶或弧顶墓。其中1座长2.10米，高1.20米，进深0.70米				墓壁上有骑射、杀戮等浅浮雕内容，外壁上施线刻马、鱼等形象					《中国文物地图集·重庆分册》下，文物出版社，2010年，第141页

续表

序号	墓名	年代	墓葬结构			壁面装饰					随葬品	资料来源
			墓室	墓顶	仿木构建筑构件	墓门两侧	左壁	右壁	后壁	墓顶内		
140	重庆江津石篙滩墓群	宋	4座长方形石室，墓室长3.20米，宽2.90米，高1.50米				墓壁施牡丹等浅浮雕装饰					《中国文物地图集·重庆分册》下，文物出版社，2010年，第141页
141	重庆江津四牌坊宋墓	宋	长方形石室墓，墓室长1.99米，宽1.16米，高1.21米				周壁雕刻有“寿山”“福海”“安乐”“清闲”八字，以及墓主、侍者、斗拱、牡丹花、鸟兽、花瓶等浮雕图案					《中国文物地图集·重庆分册》下，文物出版社，2010年，第141页
142	重庆江津苏伯瑜墓	宋	双室石室墓，有前廊，通长4.40米，宽2.70米。两室各有石椁一具，长2.60米，宽0.79米，高0.71米								《蜀中名胜记》载，苏伯瑜眉山人氏，叔党之后，侨居江津县圣钟里，曾将苏东坡所书《醉翁亭记》藏其家中	《中国文物地图集·重庆分册》下，文物出版社，2010年，第141页
143	重庆江津朝天嘴宋墓	宋	双室石室墓。两室以过道相连，墓室皆长4.00米、宽3.50米、高2.00米		室内周壁有门、窗等浮雕形式的仿木建筑构件		室内周壁有门、窗等浮雕形式的仿木建筑构件					《中国文物地图集·重庆分册》下，文物出版社，2010年，第141页
144	重庆永川梭草坡石室墓	宋	并列双室石室墓，形制相同，互不相通。一室长3.00米，宽1.70米，高1.60米				左壁有三龛，雕有仕女、花卉、半开门等。右壁壁有三龛，雕有仕女、花卉、半开门等。					《重庆文物总目》，西南师范大学出版社，1996年，第240页

续表

序号	墓名	年代	墓葬结构			壁面装饰					随葬品	资料来源
			墓室	墓顶	仿木构建筑构件	墓门两侧	左壁	右壁	后壁	墓顶内		
							后壁龛深0.40米，宽0.90米，高0.70米，为半开门，门上有仿木结构的斗拱					
145	重庆永川佛耳岩石室墓群	宋	13号墓为宋墓，长方形墓室，长3.00米，宽1.70米，高2.00米				墓室左壁有仿木结构的斗拱，壁龛上雕有牡丹花、鹿、白鹤等浮雕。右壁已毁					《重庆文物总目》，西南师范大学出版社，1996年，第240页
146	重庆荣昌牛擦石村石室墓群	宋	3座，均单室石室墓。其中，1号墓长4.50米，宽1.70米，高3.50米				左壁刻有卷草雕饰。右壁刻有卷草雕饰。后壁龛上有仿木结构斗拱、替木、阑额，龛内板门刻深浮雕仕女				曾出有自瓷碗和黑瓷碗各1件	《重庆文物总目》，西南师范大学出版社，1996年，第247页
147	重庆荣昌叶家山石室墓	宋	长方形墓室，长5.00米，宽4.00米，高3.00米		墓内刻有仿木结构的斗拱共、阑额、雀替等		墓内刻有仿木结构的斗拱、阑额、雀替等，壁上有浅龛及人物雕刻					《重庆文物总目》，西南师范大学出版社，1996年，第247页
148	重庆荣昌大坡地墓地M5	宋					左右壁龛内皆为仿木格扇门，每扇门由上至下棂子、绦环板、裙板内分别雕刻花卉、卷草、瑞鹿衔草。后龛内为仿木格扇门，					《重庆市第三次全国文物普查重要新发现》，重庆出版社，2011年，第68–71页

续表

序号	墓名	年代	墓葬结构			壁面装饰					随葬品	资料来源
			墓室	墓顶	仿木构建筑构件	墓门两侧	左壁	右壁	后壁	墓顶内		
							绦环板侧刻有铺首，棂子、绦环板、裙板内为菊花、卷草、花卉雕刻，右扇门微开，外立一男性，面部损毁，直立，手握书一本					
149	重庆荣昌大坡地墓地M10	宋					左右壁龛内皆为仿木格扇门，每扇门由上至下棂子、绦环板、裙板内分别雕刻花卉、卷草、瑞鹿衔草。后龛内雕刻则表现为垂帐妇人图，妇人于正中直立，面部微笑，右手将垂帐挽起					《重庆市第三次全国文物普查重要新发现》，重庆出版社，2011年，第68–71页
150	重庆荣昌大坡地墓地M12	宋					左右壁无雕刻。后龛内为仿木格扇门，绦环板侧刻有铺首，棂子、绦环板、裙板内为菊花、卷草、花卉雕刻，右扇门微开，外立一女性，上身遭破坏，余下半身可辨有对襟旋袄及裙等服饰形象					《重庆市第三次全国文物普查重要新发现》，重庆出版社，2011年，第68–71页

续表

序号	墓名	年代	墓葬结构			壁面装饰					随葬品	资料来源
			墓室	墓顶	仿木构建筑构件	墓门两侧	左壁	右壁	后壁	墓顶内		
151	重庆九龙坡骑龙石室墓群	宋	共14座，石室墓。其中，13号墓门楣厚0.38米，门高0.85米，宽0.80米，墓室长1.90米，宽0.70米，高0.80米				M13后壁有石龛、卷草纹饰等					《重庆文物总目》，西南师范大学出版社，1996年，第305页
152	重庆大渡口八一村宋墓	宋	该墓为同茔异穴合葬石室墓，由墓道、风门、墓室组成，墓道两侧保存有石挡墙。封门由两扇石板对接而成。左、右室不共用墓室壁，墓室壁、后壁均开龛，单层藻井顶。盖板石在发掘之前的基建挖掘中被破坏，墓室底部用两块石板平铺为棺床，棺床四周设排水沟				墓室后龛雕刻有精美的莲花、折枝花、仿木建筑等浅浮雕图案				该墓出土随葬品10件，其中左室2件，右室8件，均为瓷器，以青釉瓷为主，另有黑釉、黄褐釉等，器型有碗、执壶、罐、盏等	《重庆市第三次全国文物普查重要新发现》，重庆出版社，2011年，第66-67页

续表

序号	墓名	年代	墓葬结构			壁面装饰					随葬品	资料来源
			墓室	墓顶	仿木构建筑构件	墓门两侧	左壁	右壁	后壁	墓顶内		
153	重庆北碚峁老山石室墓	宋	双室。椭圆形，为土冢石室，长5.50米。其中，左室内空长2.60米，宽1.50米				墓室内多仿木结构雕刻，后壁浮雕斗栱、额枋、格扇门、侍女、雌雄卧狮等，侧壁刻莲花图案及立柱等					《重庆文物总目》，西南师范大学出版社，1996年，第325页
154	重庆南岸上新街石室墓	宋	长方形单室石室墓。墓室长2.40米，宽1.20米；				左壁刻有莲花，花均涂朱。右壁刻有牡丹花，花均涂朱。后壁刻有花篮				铜钱	《重庆文物总目》，西南师范大学出版社，第285页
155	重庆南岸觉林寺石室墓	宋	长方形单室石室墓，长2.50米，宽0.90米，高1.20米。墓额雕刻有斗拱花纹									《重庆文物总目》，西南师范大学出版社，1996年，第285页
156	重庆长寿八字宋墓	宋	1座，凸字形石券墓，甬道长3.30米，宽1.40米，高1.90米；墓室长度不详，宽3.20米，高1.70米				墓壁上有仿木结构的斗拱、门窗等建筑构件，壁龛内有二龙戏珠、鹿、花卉等雕刻				有石棺1具	《中国文物地图集·重庆分册》下，文物出版社，2010年，第202页
157	重庆万盛岳龙山宋墓	宋	1座夫妇合葬墓，并列双室石室墓，形制均同，为长方形平顶单室墓，长5.50米，宽2.60米，高1.50米				侧壁隐起石方柱，其间有莲花浮雕图案。后壁施人物、狮子、半开门等浮雕图案					《中国文物地图集·重庆分册》下，文物出版社，2010年，第196页

续表

序号	墓名	年代	墓葬结构			壁面装饰					随葬品	资料来源
			墓室	墓顶	仿木构建筑构件	墓门两侧	左壁	右壁	后壁	墓顶内		
158	重庆南川柏杨堡宋墓	宋	1座夫妇合葬墓，长方形石室墓，长3.00米，宽1.78米，高2.00米								曾出土褐釉执壶	《中国文物地图集·重庆分册》下，文物出版社，2010年，第218页
159	重庆南川花坟山宋墓	宋	合葬墓，长方形藻井顶石室墓，长2.50米，宽1.10米，高1.50米。墓顶为藻井顶				侧壁龛刻对称的荷花图案及“福”“海”“寿”“山”“荣”“华”“富”“贵”字样及龟、鹤等浮雕图案。墓室后壁龛刻有一佛二僧的佛教造像					《中国文物地图集·重庆分册》下，文物出版社，2010年，第219页
160	重庆南川花坟堡宋墓		合葬墓，长方形藻井顶石室墓4座，形制均同。其中一座长3.00米，宽1.90米，高2.90米				墓壁龛内施以浮雕图案				出土有金银首饰	《中国文物地图集·重庆分册》下，文物出版社，2010年，第219页
161	重庆万州金狮湾墓群	宋	石室墓				1座后壁上有阴刻四叶纹地双鱼、盘口壶和“大吉利”铭文等图案					《中国文物地图集·重庆分册》下，文物出版社，2010年，第93页
162	重庆万州龚家湾墓群	宋	长方形石室墓		门楣作仿木结构，檐下施三朵斗拱							《中国文物地图集·重庆分册》下，文物出版社，2010年，第93页

续表

序号	墓名	年代	墓葬结构			壁面装饰					随葬品	资料来源
			墓室	墓顶	仿木构建筑构件	墓门两侧	左壁	右壁	后壁	墓顶内		
163	重庆万州周家院宋墓	宋	石室墓		仿木结构的石墓门，檐下施二重斗拱，门楣撰有“公堂”二字							《中国文物地图集·重庆分册》下，文物出版社，2010年，第93页
164	重庆开县麻柳宋墓	宋	1座墓，双石室券顶墓，两室并列相通，带有墓道				室内有8龛莲花等浮雕图案					《中国文物地图集·重庆分册》下，文物出版社，2010年，第388页
165	四川泸州南宋石室墓	南宋	双室石室墓，室形制大小一致。单室长2.50米、宽1.80米、高2.20米。墓顶为藻井		不详	不详	墓室内有石质雕刻11件，分别位于墓门、墓壁、墓底上，有力士像4、青龙2、牡丹和缠枝花2、捧盒仕女1、托盒仕女1、执酒壶侍童1、启门仕女1			不详	不详	谢荔等：《泸州市发现南宋石室墓》，《四川文物》1995年第2期
166	四川叙永天池09SLXXM1	南宋	长方形并列双室，长2.27米、宽3.00米、高1.76米。墓顶为盝顶		有仿木构石柱	无	祥瑞花草，瑞鹿勾首顾盼，身体前倾。左壁青龙，右壁白虎。左室后龛后壁为女主人及1女侍。右室后龛后壁中间人像遭凿毁，左侧1男侍，右侧1女侍			无	不详	四川省文物考古研究所：《四川叙永天池宋墓清理简报》，《四川文物》2010年第2期

续表

序号	墓名	年代	墓葬结构			壁面装饰					随葬品	资料来源
			墓室	墓顶	仿木构建筑构件	墓门两侧	左壁	右壁	后壁	墓顶内		
167	四川叙永天池09SLXTM1	南宋	长方形单室墓，长3.40米、宽1.80米、高2.27米。墓顶为藻井顶			武士2	左壁为花瓶插花，二仕女插花。右壁为花瓶插花，侍女捧花瓶。墓主人坐像，左侧1女性，坐姿；右侧为1女侍				铜簪1，铁钱40，圣元通宝3	同上
168	四川叙永天池09SLXTM2	南宋	长3.10米、宽1.46米、高2.35米。墓顶为盝顶		有仿木构石柱		左右壁为祥瑞花草、侍者。后壁为墓主人夫妇坐像、侍者				不详	同上
169	四川叙永天池09SLXPM1	南宋	长3.50米、宽1.84米、高2.28米。墓顶为藻井顶			武士2	左壁为青龙、祥瑞花草、牵马图。右壁为白虎、祥瑞花草、花瓶。后壁为帷幔之下墓主人、左右女侍				陶罐1	同上
170	四川内江大菩萨山画像石墓	宋	单室石室墓，墓室长3.10米、宽2.10米、中部高2.93米、两端高2.30米。墓顶为藻井		墓室内三壁及墓顶均雕刻仿木结构房屋建筑	不详	东壁：持斧武士、屋形龛、戏剧人物、青龙、吹笛女、击鼓女。 西壁：屋形龛、白虎戏珠、抱物女、戏剧人物。后壁：屋形龛、持盘女、持壶女			藻井有秋菊图、双凤朝阳图	不详	雷建金等：《内江顺河大菩萨山宋代画像石墓》，《四川宋墓》1993年第1期
171	四川威远皇坟坝宋墓	宋	长方形单室石室墓，长6.20米、宽4.10米、高4.00米。墓顶为藻井		不详	不详	左、右壁上各筑龛7个，大小相同、左右对称。龛与龛之间均采用一根高2.16米、宽			藻井刻牡丹花卉图案两幅	无存，据村民回忆，有瓷器、陶器及铁质钱币	威远县文管所等：《威远永利皇坟坝宋墓》，《四川文物》1993年第2期

续表

序号	墓名	年代	墓葬结构			壁面装饰					随葬品	资料来源
			墓室	墓顶	仿木构建筑构件	墓门两侧	左壁	右壁	后壁	墓顶内		
							0.47米的长方体石柱相隔,柱正面刻人物图像。后壁龛宽2.20米、高1.90米、深0.47米,中刻“妇人启门”图					
172	四川威远永利宋墓(东室)	宋	长方形双室并列石室墓,边长3.20米,宽1.65米、高1.72米		不详	不详	东室左壁二龛,与西壁龛面大小相同,对称。右壁二龛,与东壁龛面大小相同,对称。后龛均雕刻仿木构檐柱,柱础、柱上饰以斗拱。龛上部饰云彩、花卉图案。龛内正中为“妇人启门”图			不详	狗俑1、匍伏俑2、武士俑1、持笏俑29、侍女俑1、十二时俑1、侍俑18件。棺钉2件、陶钵、陶缸、陶罐口沿、残片及1水牛足。	威远县文管所等:《威远永利皇坟坝宋墓》,《四川文物》1993年第2期
173	四川威远永利宋墓(西室)	宋	长方形双室并列石室墓。长3.20米、宽1.65米、高1.72米			不详	西室左壁二龛,与西壁龛面大小相同、对称。右壁二龛,与东壁龛面大小相同、对称。后龛均雕刻仿木构檐柱,柱础、柱上饰以斗拱。龛上部饰云彩、花卉图案。龛内正中为“妇人启门”图				狗俑1、匍伏俑2、武士俑1、持笏俑29、侍女俑1、十二时俑1、侍俑18件。棺钉2件、陶钵、陶缸、陶罐口沿、残片及1水牛足	同上

续表

序号	墓名	年代	墓葬结构			壁面装饰					随葬品	资料来源
			墓室	墓顶	仿木构建筑构件	墓门两侧	左壁	右壁	后壁	墓顶内		
174	四川威远围子湾宋代墓群	宋	4座。其中一座为券顶石室墓,长6.00、宽1.65米、高3.13米。墓室顶有圆雕龙头两对,左右有飞天		不详	门前两柱上刻浅浮雕侍女图	不详			不详	不详	《威远县志》,巴蜀书社,1994年,第725页
175	四川荣县先农坛墓群	宋	4座,单室石室墓。其中一墓长7.60米、宽2.40米、高2.90米。墓顶为藻井		有斗拱	不详	墓室内雕有斗拱、藻井、壁龛和枕龛。墓室两侧和后龛龛沿浮雕忍冬藤蔓和牡丹			不详	不详	《自贡市志》下册,方志出版社,1997年,第1368页
176	四川松林坡墓群	宋	9座		不详	不详	不详			不详	M1中出土陶房、陶骆驼、镇墓武士和乘驼的墓主,共56件	《自贡市志》下册,方志出版社,1997年,第1368页
177	四川资中县龙王沟石室墓群	宋	石室墓		不详	不详	墓内有官员及子孙,侍从像,有青龙、白虎、朱雀、玄武等浮雕			不详	不详	《资中县志》,巴蜀书社,1997年,第612页
178	四川泸县青龙镇M1	宋	长方形仿木结构石室墓,墓室长3.56米、宽1.74米、高3.51米。墓顶有仿木结构装饰,前部砌作方形藻井,藻井上部作人字形屋面:墓顶后部砌作三角形藻井		墓室两侧壁及后龛有仿木结构装饰		墓室两侧的后一根壁柱上分别压地隐起青龙、白虎,两侧柱子与后一根壁柱间的条石上安置仿木结构雕刻的门。两侧壁柱间有仿木结构的壁龛。墓室后壁有壁龛					《泸县宋墓》,文物出版社,2004年,第6页

续表

序号	墓名	年代	墓葬结构			壁面装饰					随葬品	资料来源
			墓室	墓顶	仿木构建筑构件	墓门两侧	左壁	右壁	后壁	墓顶内		
179	四川泸县青龙镇M2	宋	长方形单室仿木结构石室墓,墓室长3.63米。墓顶前部凿作方形藻井,后部造成三角形藻井。墓室顶有仿木结构装饰		墓室顶部有仿木结构装饰	墓门两柱内侧剔地起突高浮雕武士各一	墓室左右侧壁基真面分别浅刻青龙、白虎,壁柱上部刻栌斗,其他石刻内容有门扇、花卉、男侍、瑞兽衔草等			不详		《泸县宋墓》,文物出版社,2004年,第23页
180	四川泸县青龙镇M3	宋	长方形单室仿木结构石室墓,墓室长3.36米、宽1.50米、高3.50米。墓顶前部做方形藻井、后部为三角形藻井		顶部横梁及过梁上雕刻有仿木结构斗拱	墓门左右两侧门柱相对的一侧剔地起突高浮雕武士各一	左右两侧壁的中间一根内柱正面分别压地隐起青龙、白虎,两侧的内柱间安置仿木结构建筑的单扇门。其他石刻内容有女侍、花卉、卷草、狮子绣球、莲花、荷花等。后壁有后龛				墓门外两侧的挡土墙内,出土一尊斜置的圆雕石人坐像	《泸县宋墓》,文物出版社,2004年,第38页
181	四川泸县奇峰镇M1	宋	长方形单室仿木结构石室墓。墓顶前后为盝顶,后部斜铺石板封顶		在墓室左右两壁的门柱与后部的壁柱间镶砌仿木结构构件	墓门左右两侧门柱相对应的一侧剔地起突高浮雕武士各一	在墓室左右两壁的门柱与后部的壁柱间镶砌仿木结构构件,构筑壁龛,龛内安置仿木结构的双扇门。在两侧后部壁柱之间壁基上竖立石条,石条正面剔地起突高浮雕女侍各一			不详	白瓷碗2件	《泸县宋墓》,文物出版社,2004年,第74页

续表

序号	墓名	年代	墓葬结构			壁面装饰					随葬品	资料来源
			墓室	墓顶	仿木构建筑构件	墓门两侧	左壁	右壁	后壁	墓顶内		
182	四川高县胜天乡下桥石室墓	北宋初期	并列三室石室墓。墓室长3.45、宽1.35米、高2.00米。墓顶为藻井顶		不详	不详	东壁有四个壁龛，有后龛。三室有石刻像50余处。有持斧武士、浮雕老翁、浮雕官人、妇人启门、青龙、白虎、仙鹿、铺首、栌斗、太阳纹、狮子、风、缠枝花纹等					《四川文物志》上册，巴蜀书社，2005年，第164页
183	四川彭山宋墓M1	宋	长方形平顶单室石室墓，长4.20米、宽1.60米、高2.50米。墓顶为平顶				两名武士、棺室四壁雕四神。后壁有壁龛，壁龛上浮雕山水，作“蓬莱仙岛”的题款					任锡光：《四川彭山发现宋墓两座》，《文物参考资料》1958年第3期
184	四川资中县龙王沟石室墓群	宋					墓内有官员及子孙，侍从像，有青龙、白虎、朱雀、玄武等浮雕					《资中县志》，巴蜀书社，1997年，第612页
185	四川渠县新和乡狮牌村M1	宋	墓道和后室平顶，墓室中部券拱				正壁及左右壁有龛，雕刻人物、花卉、动物等图案					马幸辛：《川东北历代古墓葬的调查研究》，《四川文物》2001年第2期

参考文献

一、宋代巴蜀地区石室墓葬发掘报告

1. 王世襄:《四川南溪李庄宋墓》,《中国营造学社汇刊》1944年第7卷第1期。

2. 莫宗江:《宜宾旧州坝白塔宋墓》,《中国营造学社汇刊》1944年第7卷第1期。

3. 邓之金:《四川大足县发现带有雕刻的宋墓》,《文物》1954年第10期。

4. 刘师德:《四川宜宾堰沟有带雕刻的古墓》,《文物参考资料》1954年第12期。

5. 蒋美华:《四川大足县继续发现带精美雕刻的宋墓》,《文物》1955年第8期。

6. 刘师德:《四川泸州凤凰山发现带雕刻的宋墓》,《文物》1955年第11期。

7. 陆德良:《四川金堂县的宋代石室墓》,《考古》1957年第6期。

8. 任锡光:《四川彭山发现宋墓两座》,《文物》1958年第3期。

9. 沈仲常、陈建中:《四川昭化县曲回乡的宋墓石刻》,《考古》1957年第12期。

10. 重庆市博物馆历史组:《重庆井口宋墓清理简报》,《文物》1961年第11期。

11. 三台县文化馆:《四川三台县发现一座宋墓》,《考古》1973年第6期。

12. 四川省博物馆、荣昌县文化馆:《四川荣昌县沙坝子宋墓》,《文物》1984年第7期。

13. 四川省文物管理委员会:《虞公著夫妇合葬墓》,《考古学报》1985年第3期。

14. 杨祖恺:《资中宋右丞相赵雄墓记实》,《四川文物》1995年第6期。

15. 四川文物考古研究所:《华蓥安丙墓》,北京:文物出版社,2008年。

16. 何志国:《四川绵阳杨家宋墓》,《考古与文物》1988年第1期。

17. 方鸣:《彭山凤鸣乡发现宋墓》,《四川文物》1992年第5期。

18. 曾清华:《井研县北宋黄念四郎墓清理简报》,《四川文物》2002年第1期。

19. 四川省博物馆、广元县文管所:《四川广元石刻宋墓清理简报》1982年第6期。

20. 邛崃县文物管理所:《邛崃县北宋墓清理简报》,《四川文物》1985年第4期。

21. 王昌文:《永川发现宋代崖墓》,《四川文物》1989年第6期。

22. 李成渝、林青、马彦:《四川省广元县罗家桥一二号墓伎乐石雕的研究》,《音乐探索·四川音乐学院学报》1985年第1期。

24. 孙晓明:《资中发现宋代石室墓》,《四川文物》1992年第1期。

25. 徐雄伟,李茂清:《富顺县发现大型宋墓》,《四川文物》1989年第2期。

26. 雷建金、罗仁忠:《内江顺河大菩萨山宋代画像石墓》,《四川文物》1993年第1期。

27. 雷建金:《威远永利皇坟坝宋墓》,《四川文物》1993年第2期。

28. 邓天富:《北川县香泉宋墓》,《四川文物》1991年第5期。

29. 乐山市文管所:《乐山宋墓清理报告》,《考古与文物》1993年第6期。

30. 重庆大足石刻艺术博物馆:《重庆大足龙水镇明光村磨儿坡宋墓清理简报》,《四川文物》2002年第5期。

31. 四川文物考古研究所等:《泸县宋墓》,北京:文物出版社,2004年。

32. 四川省文物考古研究所、新津县文物管理所:《新津县邓双乡北宋石室墓发掘简报》,《成都考古发现(2002)》,北京:科学出版社,2004年。

33. 张明扬:《达县九岭乡发现宋代墓葬》,《四川文物》2000年第4期。

34. 马幸辛:《川东北历代古墓葬的调查研究》,《四川文物》2001年第2期。

35. 马幸辛:《达川市发现宋代墓葬》,《四川文物》1999年第1期。

36. 四川省文物考古研究所、邻水县文物保护管理所:《邻水县合流镇后坝南宋墓清理简报》,《四川文物》2003年第3期。

37. 四川省文物考古研究所、广安市文物管理所、华蓥市文物管理所:《四川华蓥许家堝宋墓清理简报》,《四川文物》2010年第6期。

38.资中县文物管理所、四川省文物考古研究院:《四川资中县烂泥湾宋墓发掘报告》,《四川文物》2015年第2期。

39.四川省文物考古研究所、南充市嘉陵区文物管理所、南充市高坪区文物管理所:《南充市嘉陵区木老乡韩家坟宋墓清理简报》,《四川文物》2004年第2期。

40.王励、罗仕杰:《合川市近年发现古代墓葬述略》,《重庆历史与文化》2004年第1期。

41.陈明光:《大足城西宋墓三座清理简报》,《重庆历史与文化》2013年第1期。

42.唐毅烈:《简述大足宋墓的建筑结构与雕刻艺术》,《重庆历史与文化》2002年第1期。

43.北碚区文物管理所:《北碚澄江苦塘沟宋代墓群抢救清理简报》,《重庆历史与文化》,2014年第2期。

44.四川省文物考古研究院、绵阳博物馆、三台县文物管理所:《四川三台县永明镇杨凳寺宋墓清理简报》,《四川文物》2009年第3期。

45.四川省文物考古研究院、广安市文物管理所、华蓥市文物管理所:《华蓥许家堝宋墓清理简报》,《四川文物》2010年第6期。

46.四川省文物考古研究院、泸州市博物馆、叙永县文物管理所:《四川叙永天池宋墓清理简报》,《四川文物》2010年第2期。

47.仪陇县文物管理所:《四川仪陇县新政镇宋代石室墓清理简报》,《四川文物》2013年第5期。

48.四川省文物考古研究院、井研县文物管理所:《四川井研县金井坪宋代墓地发掘简报》,《四川文物》2012年第1期。

49.重庆市文化局等:《重庆文物总目》,重庆:西南师范大学出版社,1996年。

50.卞再彬:《宋代石刻墓惊现石牛村》,《成都文物》2001年第4期。

51.成都市文物考古研究所:《成都市2001年田野考古工作述要》,《成都文物》2001年第1期。

52.田建文、李永敏:《马村砖雕墓与段氏刻铭砖》,《文物世界》2005年第1期。

二、历史文献

1.[汉]司马迁:《史记》,北京:中华书局,1959年。

2.[汉]孔安国传,[唐]孔颖达疏:《尚书正义》,上海:上海古籍出版社,2007年。

3.[汉]郑玄注,[唐]贾公彦疏:《周礼注疏》,上海:上海古籍出版社,2010年。

4.[汉]班固:《汉书》,北京:中华书局, 1962年。

5.[汉]刘安:《淮南子》,上海:上海古籍出版社,1989年。

6.[晋]葛洪:《抱朴子内篇》,北京:中华书局,1985年。

7.[晋]常璩:《华阳国志》,北京:中华书局,1985年。

8.[刘宋]范晔:《后汉书》,北京:中华书局,1956年。

9.[晋]郭璞著:《葬经》,文渊阁四库全书本。

10.[隋]萧吉著,[日]中村璋八校注:《五行大义校注(增订版)》,日本:汲古书院,1999年。

11.[南朝宋]范晔撰,[唐]李贤等注:《后汉书》,北京:中华书局,1965年。

12.[唐]魏徵等:《隋书》,北京:中华书局,1973年。

13.[后晋]刘昫等:《旧唐书》,北京:中华书局,1975年。

14.[宋]李昉:《文苑英华》,北京:中华书局,1982年。

15.[宋]李昉:《太平广记》,北京:中华书局,1961年。

16.[宋]苏轼:《苏轼文集》,北京:中华书局,1986年。

17.[宋]欧阳修、宋祁等:《新唐书》,北京:中华书局,1975年。

18.[宋]司马光:《温国文正司马公文集》,四部丛刊本

19.[宋]朱熹:《朱子全书》,上海:上海古籍出版社,2002年

20.[宋]程颐、程颢:《二程集》,北京:中华书局,2004年。

21.[宋]王应麟:《玉海》,南京:江苏古籍出版社、上海:上海书店,1987年影印本。

22.[宋]晁公武:《郡斋读书志校证》,上海:上海古籍出版社,2011年。

23.[宋]王洙编,金身佳校注:《地理新书校理》,湘潭:湘潭大学出版社,2012年。

24.[宋]洪迈:《夷坚志》,北京:中华书局,1981年。

25.[宋]黎靖德:《朱子语类》,北京:中华书局,1986年。

26.[宋]张洞玄:《玉髓真经》,明嘉靖二十九年 福州府刊,国家图书馆典藏本。

27.[宋]范祖禹:《范太史集》,文渊阁四库全书本。

28.[宋]方大琮:《铁庵集》,文渊阁四库全书本。

29.[宋]黄榦:《勉斋集》,文渊阁四库全书本。

30.[宋]李心传:《建炎以来系年要录》,北京:中华书局,2013年。

31.[宋]罗大经:《鹤林玉露》,《唐宋史料笔记丛刊》,北京:中华书局,1983年。

32.[宋]魏了翁:《鹤山全集》,四部丛刊本。

33.[宋]岳珂:《金陀续编》,光绪九年浙江书局刊本。

34.[宋]陆游:《陆游集》,北京:中华书局,1981年。

35.[宋]王辟之:《渑水燕谈录》,北京:中华书局,1981年。

36.[宋]吕元素:《道门定制》,《道藏》,北京:文物出版社、上海:上海书店、天津:天津古籍出版社,1988年。

37.[宋]吕太古:《道门通教必用集》,《道藏》,北京:文物出版社、上海:上海书店、天津:天津古籍出版社,1988年。

38.[宋]李焘:《续资治通鉴长编》,北京:中华书局,1992年。

39.[宋]洪迈:《容斋随笔》,《唐宋史料笔记丛刊》,北京:中华书局,2015年。

40.[宋]郭允蹈、赵炳清注:《蜀鉴校注》,北京:国家图书馆出版社,2010年。

41.[宋]郑樵:《通志》,杭州:浙江古籍出版社,1988年。

42.[宋]欧阳忞撰,李勇先、王小红校注:《舆地广记》,成都:四川大学出版社,2003年

43.[元]马端临:《文献通考》,北京:中华书局,2011年影印本。

44.[元]脱脱等:《宋史》,北京:中华书局,1977年。

45.佚名:《大汉原陵秘葬经》,《永乐大典》,北京:中华书局,1986年影印本。

46.[清]徐松辑:《宋会要辑稿》,北京:中华书局,1957年。

47.[清]傅增湘:《宋代蜀文辑存》,北京:北京图书馆出版社,2005年。

48.[清]董浩:《全唐文》,北京:中华书局,1983年。

49.[清]丁宝桢:《四川盐法志》,文渊阁四库全书本。
50.[清]董浩:《全唐文》,北京:中华书局,1983年点校本。
51.李修生:《全元文》,南京:江苏古籍出版社,1998年。
52.曾枣庄、刘琳:《全宋文》,成都:巴蜀书社,1990年。
53.曾枣庄:《宋代传状碑志集成》,成都:四川大学出版社,2012年。

三、学术专著

(一)国内著述

1.白彬、张勋燎:《中国道教考古》(第九辑),北京:线装书局,2006年。
2.程民生:《宋代地域经济》,郑州:河南大学出版社,1992年。
3.程民生:《宋代地域文化》,郑州:河南大学出版社,1997年。
4.陈华文:《中国社会民俗史丛书:丧葬史》,上海:上海文艺出版社,1999年。
5.陈世松、贾大泉:《四川通史》,成都:四川大学出版社,1994年。
6.陈世松:《四川简史》,成都:四川省社会科学院出版社,1986年。
7.戴显群:《唐五代社会政治史研究》,哈尔滨:黑龙江人民出版社,2008年。
8.冯时:《中国天文考古学》第2版,北京:中国社会科学出版社,2010年。
9.葛兆光:《中国思想史(三卷本)》,上海:复旦大学出版社,2013年。
10.贺西林:《古墓丹青——汉代墓室壁画的发现与研究》,西安:陕西人民美术出版社,2001年。
11.胡孚琛、吕锡琛:《道学通论——道家、道家、仙学》,北京:中国社会科学文献出版社,1999年。
12.霍巍、黄伟:《四川丧葬文化》,成都:四川人民出版社,1992年。
13.高朋:《人神之契:宋代买地券研究》,北京:中国社会科学出版社,2011年。
14.姜生:《汉帝国的遗产:汉鬼考》,北京:科学出版社,2016年。
15.蓝勇:《中国图像史学》,北京:科学出版社,2015年。
16.李清泉:《宣化辽墓:墓葬艺术与辽代社会》,北京:文物出版社,2008年。

17. 梁思成注:《营造法式注释》卷8,北京:生活·读书·新知三联书店,2013年。

18. 李淞:《"宋代的视觉景象与历史情境"会议实录》,桂林:广西师范大学出版社,2017年。

19. 刘大椿:《玄镜——道学与中国文化》,北京:人民出版社,1996年。

20. 鲁西奇:《中国古代买地券研究》,厦门:厦门大学出版社,2014年。

21. 蒙文通:《巴蜀古史论丛》,成都:四川人民出版社,1981年。

22. 牟钟鉴、张践:《中国宗教通史》,北京:中国社会科学出版社,2000年。

23. 乔志强:《二十世纪中国美术史学史研究》,广州:广东人民出版社,2016年。

24. 秦大树:《宋元明考古》,北京:文物出版社,2004年。

25. 卿希泰、詹石窗:《道教文化新典》,上海:上海文艺出版社,1995年。

26. 任继愈:《中国道教史》,上海:上海人民出版社,1990年。

27. 宿白:《白沙宋墓》(第2版),北京:文物出版社,2002年。

28. 唐圭璋:《全宋词》,北京:中华书局,1965年。

29. 王康等:《神秘的白石崇拜》,成都:四川民族出版社,1992年。

30. 王铭铭:《想象的异邦——社会与文化人类学》,上海:上海人民出版社,1998年。

31. 吴敬:《南方地区宋代墓葬研究》,北京:社会科学文献出版社,2015年。

32. 邢义田:《画为心声:画像石、画像砖与壁画》,北京:中华书局,2011年。

33. 徐吉军、贺云翱:《中国丧葬礼俗》,杭州:浙江人民出版社,1991年。

34. 徐吉军:《中国丧葬史》,南昌:江西高校出版社,1998年。

35. 徐吉军等:《中国风俗通史:宋代卷》,上海:上海文艺出版社,2001年。

36. 姚瀛艇:《宋代文化史》,郑州:河南大学出版社,1992年。

37. 杨泓:《南北朝墓的壁画和拼镶砖画》,《中国考古学论丛》,北京:科学出版社,1993年。

38. 杨泓:《汉唐美术考古和佛教艺术》,北京:科技出版社,2000年。

39. 杨泓:《美术考古半世纪——中国美术考古发现史》,北京:人民美术出版社,2015年。

40. 杨宽:《中国古代陵寝制度史研究》,上海:上海古籍出版社,1985年。

41.杨倩描:《南宋宗教史》,北京:人民出版社,2008年。

42.袁庭栋:《巴蜀文化志》,成都:巴蜀书社,2009年。

43.张春新:《南宋川南墓葬石刻艺术》,重庆:重庆大学出版社,2011年。

44.张光直:《美术、神话与祭祀》,北京:生活·读书·新知三联书店,2013年。

45.郑岩:《魏晋南北朝壁画墓研究》,北京:文物出版社,2002年。

46.郑岩:《逝者的面具:汉唐墓葬艺术研究》,北京:北京大学出版社,2013年。

47.邹清泉:《北魏孝子画像研究》,北京:文化艺术出版社,2007年。

48.张捷夫:《中国丧葬史》,台北:台北文津出版社,1995年。

49.朱瑞熙、张邦炜等:《辽宋西夏金社会生活史》,北京:中国社会科学出版社,1998年。

50.《辞源》,北京:商务印书馆,1979年修订本。

51.《中国大百科全书》第2版,北京:中国大百科全书出版社,2009年。

(二)国外著述

1.[美]巫鸿著:《礼仪中的美术:巫鸿中国古代美术史文编》,郑岩,等译,北京:生活·读书·新知三联书店,2005年。

2.[美]巫鸿著:《黄泉下的美术——宏观中国古代墓葬》,施杰,译,北京:生活·读书·新知三联书店,2010年。

3.[美]巫鸿著:《武梁祠:中国古代画像艺术的思想性》,柳杨,等译,北京:生活·读书·新知三联书店,2006年。

4.[美]巫鸿著:《时空中的美术——巫鸿中国美术史文编二集》,梅玫、肖铁、施杰,等译,北京:生活·读书·新知三联书店,2016年。

5.[美]巫鸿著:《全球景观中的中国古代艺术》,北京:生活·读书·新知三联书店,2017年。

6.[美]巫鸿、郑岩:《古代墓葬美术研究》(第一辑),北京:文物出版社,2011年。

7.[美]巫鸿、郑岩:《古代墓葬美术研究》(第二辑),长沙:湖南美术出版社,2013年。

8.[美]巫鸿、郑岩:《古代墓葬美术研究》(第三辑),长沙:湖南美术出版社,

2015年。

9.[美]巫鸿、郑岩:《古代墓葬美术研究》(第四辑),长沙:湖南美术出版社,2017年。

10.[美]巫鸿著:《美术史十议》,北京:生活·读书·新知三联书店,2008年。

11.[美]巫鸿著:《“空间”的美术史》,上海:上海人民出版社,2018年。

12.[英]杰西卡·罗森著:《中国古代的艺术和文化》,孙心菲,等译,北京:北京大学出版社,2002年。

13.[英]杰西卡·罗森著:《祖先与永恒——杰西卡·罗森中国考古艺术文集》,邓菲,等译,北京:生活·读书·新知三联书店,2011年。

14.[英]贡布里希著:《艺术的故事》,杨成凯、范景中,译,南宁:广西美术出版社,2008年。

15.[英]贡布里希著:《象征的图像》,范景中,杨思梁,译,南宁:广西美术出版社,2015年。

16.[英]R.G.柯林武德著:《历史的观念》,何兆武、张文新、陈新,译,北京:北京大学出版社,2010年。

17.[德]欧文·潘洛夫斯基著:《图像学研究》,戚印平、范景中,译,北京:生活·读书·新知三联书店,2011年。

18.[日]绫部恒雄:《文化人类学的十五种理论》,中国社会科学院日本研究所文化室,译,北京:国际文化出版有限公司,1988年。

四、学术论文

1.白彬:《隋唐五代宋元墓葬出土神怪俑与道教》,《中国道教考古》,北京:线装书局,2006年。

2.白彬:《雷神俑考》,《四川文物》2006年第6期。

3.陈朝云:《北宋陵寝制度研究》,《郑州大学学报》(哲学社会科学版)2003第4期。

4.陈云洪:《试论四川宋墓》,《四川文物》1999年第3期。

5.重庆市大足石刻研究会等编:《大足石刻研究文选——四川石窟艺术研讨会暨重庆大足石刻研究会第三年会专集》,1992年。

6. 邓菲:《形式与意涵的多元化——论两宋考古资料中的十二生肖像》,《艺术考古》2015年第6期。

7. 冯继仁:《论阴阳堪舆对北宋皇陵的全面影响》,《文物》1994年第8期。

8. 贺西林:《战国墓葬绘画的风格与图像》,《四川文物》2002年第2期。

9. 洪剑民:《略谈成都近郊五代至南宋的墓葬形制》,《考古》1959年第1期。

10. 霍巍:《谈四川宋墓中的几种道教刻石》,《四川文物》1988年第3期。

11. 江玉祥:《宋代墓葬出土的二十四孝图像补释》,《四川文物》2001年第4期。

12. 金连玉:《试论北宋相州韩氏家族墓地的墓葬位序与丧葬理念》,《故宫博物院刊》2015年第1期。

13. 廖奔:《广元南宋墓杂剧、大曲石刻考》,《文物》1986年第12期。

14. 雷玉华:《唐宋丧期考:兼论风水术对唐宋时期丧葬习俗的影响》,《四川文物》1999年第3期。

15. 李清泉:《墓主像与唐宋墓葬风气之变——以五代十国时期的考古发现为中心》,《美术学报》2014年第4期。

16. 刘毅:《宋代皇陵制度研究》,《故宫博物院刊》1999年第1期。

17. 刘雨茂、荣远大:《北宋宋构夫妇墓葬的发现和初步研究》,《四川文物》1999年第12期。

18. 刘志远、坚石:《川西的小型宋墓》,《文物参考资料》1955年第9期。

19. 荣远大、周科华:《243幅地下石刻——泸县宋墓可与华蓥安丙墓相媲美》,《文物天地》2003年第2期。

20. 唐毅烈:《简述大足宋墓的建筑结构与雕刻艺术》,《重庆历史与文化》2002年第1期。

21. 王家佑:《四川宋墓札记》,《考古》1959年第8期。

22. 吴敬:《试论宋代的葬期》,《华夏考古》2012年第1期。

23. 张邦炜:《两宋时期的丧葬陋俗》,《四川师范大学学报》(社会科学版)1997年第3期。

24. 张丽华:《十二生肖的起源及墓葬中的十二生肖俑》,《四川文物》2003年第5期。

25. 张勋燎:《川西宋墓和陕西、河南唐墓出土镇墓文石刻之研究——道教考古专题研究之三》,《南方民族考古》第五辑,成都:四川科学技术出版社,1993年。

26. 张勋燎、白彬:《成都宋墓出土镇文石刻与“太上真元大道”》,《考古》2004年第9期。

27. 张勋燎:《江苏、陕西、河南、川西南朝唐宋墓出土镇墓文石刻之研究》,《中国道教考古》,北京:线装书局,2006年。

28. 张勋燎:《我国南方宋明墓葬出土墓券堪舆罗经图和有关方位文字考说——兼论堪舆与道教的关系》,《南方民族考古》(第七辑),北京:科学出版社,2011年。

29. 张文:《巴蜀古王考》,载《南方民族史论集·邓子琴先生逝世二十周年纪念文集》,西南师范大学出版社,2005年。

30. 赵超:《式、穹窿顶墓室与覆斗形墓志——兼谈古代墓葬中“象天地”的思想》,《文物》1999年第5期。

31. 朱章义:《四川宋代合葬墓的两个问题》,《成都文物》1992年第3期。

32. 朱章义:《从川西宋墓看当时妇女在家庭中的地位》,《文物考古研究》成都出版社,1993年。

五、学位论文

1. 樊睿:《宋辽金墓葬中的启门图研究》,南京艺术学院硕士学位论文,2013年。

2. 韩悦:《宋代丧葬典礼考述》,浙江大学硕士学位论文,2012年。

3. 薛玉晓:《宋辽金元墓葬中“开芳宴”图像研究》,四川大学硕士学位论文,2007年。

4. 闫丽娟:《试论宋辽金元时期“妇女启门图”》,山西大学硕士学位论文,2013年。

5. 赵鸣衿:《北宋〈地理新书〉中的五姓墓葬法研究》,河北大学硕士学位论文,2014年。

6. 赵忠波:《从葬制葬俗变革看社会变迁》,四川大学硕士学位论文,2007年。